Contents

問題編 目次

Lesson 1 ……… 3
Lesson 2 ……… 7
Lesson 3 ……… 9
Lesson 4 ……… 13
Lesson 5 ……… 17
Lesson 6 ……… 21
Lesson 7 ……… 25
Lesson 8 ……… 29
Lesson 9 ……… 33
Lesson 10 ……… 37
Lesson 11 ……… 41
Lesson 12 ……… 45

関正生の
The Rules
英語長文
問題集
1
入試基礎

別冊 問題編

旺文社

大学入試

関正生の

The Ru

英語長

１ 問題集

入試基礎

別冊 問題編

Lesson 1

大学入試頻出の 「アメリカのさまざまな話」

アメリカが世界の中心であるためか，はたまた大学の先生はアメリカが大好きなためか，とにかく入試にはアメリカの話がよく出ます。昔は政治・経済の話もありましたが，最近の入試では身近な話題が多く，「自動車社会」「肥満などの健康問題」「食文化」「若者の流行」，そして今回のような「スポーツ」といった話がよく出ます。ただし，身近な話題だからといって，「なんとなく読んで，なんとなく解こうとする」と，ミスが増えるものです。今回は最初のLessonとして，英文の読み取り方，解くときの心構えなどをルールとしてまとめながら解説していきます。

目標
⇒「メインの考え」を読み取り，
　「明確な根拠」をもって解く！

語数：535語　　　　**出題校：関東学院大学**

Lesson 1

次の英文を読んで，後の**問1〜5**の設問に答えなさい。

1 There is no doubt that soccer is the most popular team sport in the world. Throughout Europe, Asia, South America and Africa, billions of people play soccer as youngsters and enjoy watching the sport throughout their lives. The World Cup, held every four years, is the most anticipated sporting event in the
5　world. However, the people of the United States of America have always been an exception. They have never gotten very excited about soccer — until recently.

2 Interest in soccer there did grow in the early 1990s, when a professional league called Major League Soccer was established with teams throughout the United States and Canada. In addition, the United States hosted the 1994 World
10　Cup. These events prompted an increase in soccer leagues for children, both boys and girls. Still, Americans today follow baseball, American football, and basketball more avidly than soccer. If asked to name the fourth most popular team sport, most would probably add ice hockey rather than soccer. After all, all four of these popular sports were invented and developed in North America.

15　**3** But in recent years, the attitude of Americans toward soccer has begun to improve. Many people both in and outside the United States believe that soccer is certain to become one of America's top three popular sports within the next twenty years. There are a number of reasons.

4 For one thing, American teams have become stronger in international
20　tournaments. The U.S. women's team has been especially successful, defeating Japan to win the women's World Cup in 2015. (The final match was watched on TV by more Americans than the championship games of professional basketball and ice hockey in the same year.) Moreover, Major League Soccer has added several new teams in the last ten years, so that few regions of the United States
25　now lack a professional soccer team.

5 The increase in participants is even more impressive. In 1974, it was estimated that only 100,000 American children played on organized soccer teams. Today, the number is thirty times greater, with over 3 million children playing soccer. One reason for this surge might be immigration. In these past
30　forty years, many people have moved to the U.S. from such soccer-loving areas as Mexico and Central America.

6 Another reason for the popularity of soccer among children may be related to negative aspects of one of soccer's rivals. American football has always been a violent sport. Opposing players make hard contact with one another on every
35 play. As a result, veteran players face difficulties later in life due to injuries, especially problems with their brains. In recent years, some coaches of American football have said, "I will not let my children play football."

7 American football and soccer have several similarities: both are played on a rectangular field, outdoors, in all kinds of weather. In both sports, teammates
40 cooperate to move a ball towards a goal. On the other hand, soccer is much safer. The contact between players is less frequent and less violent. (　A　), soccer can be played by both boys and girls, whereas American football is considered to be a boys' sport. Thus, as American football loses popularity, it seems (a) natural that soccer's popularity among young people will continue to grow.

問1　According to Paragraph **2**, what is one reason that Americans prefer baseball, American football, basketball and ice hockey to soccer?
　　① Those sports were born in North America.
　　② Those sports are more violent than soccer.
　　③ Americans always win the World Cup of those sports.
　　④ Both boys and girls can enjoy playing those sports.

問2　What is the main idea of Paragraph **5**?
　　① More and more children in the U.S. are playing soccer.
　　② Soccer is now thirty times as popular as football in the U.S.
　　③ The goal of American soccer players is to defeat Mexico.
　　④ Immigrants have too much influence on American culture.

問3　空所Aに入れるのに最も適切な語を次の①〜④の中から１つ選びなさい。
　　① Other　　② Also
　　③ Exactly　　④ After

問4　下線部(a)のnaturalに最も近い意味を表す語を次の①〜④の中から１つ選びなさい。
　　① lucky　　② lovely
　　③ likely　　④ lively

問5　What would be the best title for the passage?
　① Popular Sports Around the World
　② American Football: Exciting or Dangerous?
　③ Soccer vs. American Football
　④ The Rise of Soccer in the United States

Lesson 2

「移民」が与える影響

　世界中でニュースとして取り上げられる「移民問題」は，入試での出題も増えています。移民受け入れに関してはマイナス面ばかりが注目されがちですが，今回の英文は「移民受け入れのメリット」に目を向けているもので，今後，移民に関する英文を読むときの土台になり，自由英作文で役立つこともあるはずです。

　今回のLessonでは「空所補充問題の解法」をメインに学習していきます。何となく意味が通りそうな選択肢を選ぶのではなく，まずは「選択肢の品詞分け」をするだけで，正確に解ける確率が上がり，大幅な時間短縮につながりますよ。

目標
⇒空所補充問題は「形」から解こう！

語数：165語　　　出題校：近畿大学

Lesson 2

次の英文の1~6の空所に入れるのに最も適当な語を，後の**ア~ク**から選びなさい。ただし，同じものを繰り返し用いてはならない。

Since the end of the 19th century, Canada has been accepting immigrants from around the world. This policy has had a (　1　) effect on the development of Canadian society. While there will always be a certain amount of (　2　), today most Canadians agree that the effects have been largely
5　positive. Of primary importance is the fact that immigrants (　3　) significantly to the growth of the Canadian economy. They open businesses, create new jobs, and build strong commercial connections with their (　4　) homelands. Additionally, from a social perspective, immigrants help (　5　) awareness of what happens in the world. They make the media and the public
10　pay attention to (　6　) that take place outside of Canada. Their presence in the country makes the Canadian government more conscious of its responsibility to help developing nations, for example. Moreover, as the general public becomes more and more familiar with the traditions and values of people from various cultures, there is a greater degree of tolerance and understanding in society.

ア contribute　**イ** criticism　**ウ** damaging　**エ** events　**オ** former

カ profound　**キ** raise　**ク** states

Lesson 3

病気に必要なのは
薬だけじゃない！

　病気の治療と言えば「医療的なケア」ばかりに目が行きがちですが，今回の英文では違った角度からのアプローチを紹介してくれます。しかもその方法は，今アメリカでとても注目を集めているもので，たびたびニュースに取り上げられているのです。

　また，今回の英文では「疑問文」や"even"の働きを学んでいきます。どちらも「意味」は簡単ですが，長文での「働き」を意識できている受験生はきわめて少ないのです。こういったものの働きに注目することで，英文の流れを今までとは段違いに理解できるようになります。

目標
⇒長文中での疑問文の役割を知ろう！

語数：493語　　**出題校：武蔵大学**

試験本番での 目標時間 **20**分　この本での 目標時間 **25**分　▶解答・解説 本冊 p.44

次の英文を読んで，後の**問1～9**の設問に答えなさい。

What do you think a sick child needs most during the healing process? Of course, the physical care that doctors and nurses (1) <u>administer</u> to children is vital for recovery. However, as many health care workers believe, the spiritual care of sick children is every bit as important as medical care. Caring for a young boy or
5 girl's emotional needs, that is to say, providing "love, nurturance[*1], and connection," is essential to holistically[*2] heal the child and ease his or her suffering.

Some researchers argue that stories and storytelling have the power to actually heal as well. Imagine the following situation: a boy was injured in an
10 airplane accident and had major surgery. He was alone in the hospital, because his parents had died in the accident. How should hospital caregivers respond to his anxious questions about （　3　） he would ever be the same after such an accident? A direct answer might be too painful for him. It could harm him and even （　4　） him of his will to live. Some experienced nurses say that in such
15 cases they often tell the young patient a story, in which a character such as a pony or other animal has a similar traumatic[*3] experience. By listening to and sharing the story, the child is given the emotional distance necessary to cope with his or her own personal adversity[*4]. The story also helps the child recognize that he is understood and is not alone in his experiences. In fact, storytelling has
20 the power to help children make meaning out of their experiences, to face and accept their emotional and physical pain, and to renew their hope.

Moreover, through the act of storytelling, caregivers and children can （　6　） time and space during which the emotional needs of the latter are nurtured naturally. As a matter of fact, this shared experience can often be the
25 best medicine to speed healing. Storytelling is not a one-way process, however; it is （　7　）. The listener's reaction (8) <u>feeds</u> the teller, who may accordingly change the way he or she handles the story. The experience of sharing stories is so vital, direct and personal that through this experience children in hospital are able to develop and sustain connections with life and other people — and,
30 ultimately, get better.

Finally, storytelling is not just for sick children. You can tell a story to anybody, not only in a medical or educational institution, but also within your family or circle of friends. The pleasure that both the teller and the listener derive from storytelling often takes over, and provides each with a sort of quality time. Such an experience is conducive*5 to the emotional health of people of all ages. Furthermore, stories have the power not only to entertain, but also to help us reframe our experiences. They challenge our old ways of thinking and give us a fresh perspective on life. We tell each other stories in order to live. So let's do it.

語注　＊1 nurturance 世話　＊2 holistically 全体的に　＊3 traumatic 精神的に痛手となる
＊4 adversity 逆境　＊5 conducive よい結果に導く

問1 下線部(1) administer の言い換えとして最も適切な語を①〜④の中から1つ選びなさい。
① give　② heal　③ spend　④ watch

問2 第1段落(What do you ... or her suffering.)の内容と一致するものを①〜④の中から1つ選びなさい。
① Sick children believe spiritual care is better than medical care.
② Sick children must have boyfriends or girlfriends for emotional healing.
③ Sick children only need medical care to get better.
④ Sick children require emotional connections to others.

問3 空所(　3　)に入れるべき最も適切な語(句)を①〜④の中から1つ選びなさい。
① that　② what　③ whether or not　④ why

問4 空所(　4　)に入れるべき最も適切な語を①〜④の中から1つ選びなさい。
① ask　② cure　③ deprive　④ remind

問5 第2段落(Some researchers argue ... renew their hope.)の内容と一致するものを①〜④の中から1つ選びなさい。
① Children should be given direct answers to their questions about their painful experiences.
② It is better to leave an injured boy alone in the hospital.
③ Stories about sick animals can make children anxious.
④ Stories give children enough emotional distance to overcome personal trauma.

問6 空所(6)に入れるべき最も適切な語を①～④の中から1つ選びなさい。
① buy ② kill ③ pass ④ share

問7 空所(7)に入れるべき最も適切な語を①～④の中から1つ選びなさい。
① chemical ② friendly ③ interactive ④ selfish

問8 下線部(8) feeds の言い換えとして最も適切な語(句)を①～④の中から1つ選びなさい。
① consumes
② cooks for
③ gives some money to
④ provides information to

問9 最終段落(Finally, storytelling is ... let's do it.)の内容と一致するものを①～④の中から1つ選びなさい。
① Storytelling can be very fun, but only between friends.
② Storytelling can help us to look at our lives in new ways.
③ Storytelling is only beneficial for children in hospitals.
④ Storytelling must be based on your own personal experiences.

Lesson 4

記憶力を上げるには?

　受験生のみなさんなら「記憶力を上げたい」と思いますよね。今回の英文は「記憶力と運動」についての研究を紹介してくれます。近年「脳×運動」はホットな研究テーマで，大学入試でも出題されています。

　今回は本格的な記述問題です。記述というだけで苦手意識が先行してしまう受験生も多いと思いますが，特に難しいわけではありません。「マーク式と違って部分点がもらえる」，「すぐにあきらめる受験生も少なくない（ので他の人と差がつきやすい）」，などの理由で，苦手意識を払しょくできれば実は大きな武器になるのです。「記述の心構え」から丁寧に解説していくので，安心して取り組んでください。

目標
⇒ 記述問題の解法をマスターしよう!

語数：229語　　　**出題校：東京福祉大学**

次の英文を読んで，後の**問1〜5**の設問に答えなさい（固有名詞はそのまま使用してよい）。

Here's a possible strategy to boost[*1] memory — exercise four hours after you learn something. In a study published in the July 11, 2016, *Current Biology*, researchers found that exercise after learning may improve your memory of the new information, but only if done in a specific time window[*2].

5 　In the study, 72 participants learned 90 picture-location associations mentally linking an image with new information in order to improve recall — over a 40-minute period. They were then randomly[*3] assigned to one of (1) three groups: one group exercised immediately, the second exercised four hours later, and the third did not exercise. The exercise routine consisted of 35 minutes of interval
10 training on a fitness bike at an intensity of up to 80% of maximum heart rate.

　After 48 hours, the participants' memory was tested while their brains were scanned[*4] via MRI[*5]. Those who exercised four hours after the learning session retained[*6] information better than the other two groups. The MRI also showed that (2) the hippocampus[*7], the brain region involved with learning and memory,
15 was more active when information was recalled correctly.

　Newly learned information turns into long-term knowledge through a process that requires certain brain chemicals that are released during exercise, but more research is needed to understand (3) this phenomenon. (4) It is also not clear why four hours was more beneficial, or if another time frame might produce a similar
20 effect.

出典："Need to remember something? Exercise four hours later" *Harvard Health Publishing Online* Oct. 2016（IKT）

語注　＊1 boost 高める　＊2 window 時間　＊3 randomly 無作為に　＊4 scan 調べる
＊5 MRI 磁気共鳴断層撮影装置　＊6 retain 保持する　＊7 hippocampus 海馬

問1　下線部(1)はどのようなものを指すのか，日本語で具体的に答えなさい。

問2　本文中の研究の参加者はどのような運動を行ったのか，日本語で具体的に述べなさい。

問3　下線部(2)を日本語に訳しなさい。

問4　下線部(3)はどのようなことを指すのか，日本語で具体的に述べなさい。

問5　下線部(4)を日本語に訳しなさい。

Lesson 5

共通テスト型
「広告問題」(1)

　12題ある本書の英文も，すでに3分の1が終わりました。中盤戦は少し路線を変えて，共通テストや資格試験でもよく見られる，広告，スケジュールなどの英文に取り組みます（私大の入試でもこの形式の出題は増えていくと思われます）。

　スケジュール表や料金表などが含まれていて，どう読んでいけばいいのか，いまいち自信が持てない人も多いでしょうが，広告問題の「解法」や「特有表現」をきちんと解説していきます。

目標
⇒広告問題での「特有表現」をマスターしよう！①

語数：217語　　　**出題校：武蔵大学**

Lesson 5

試験本番での
目標時間

この本での
目標時間

 分 分

▶解答・解説 本冊 p.76

次の英文を読んで，後の**問**1，2の設問について最も適切な答えを①〜④の中から
それぞれ1つずつ選びなさい。

Musashi Public Theatre Backstage Tour

Discover what goes on behind the scenes on a walking tour with one of our
company members. The tour begins with a talk about the history of our theatre.
Backstage tours visit production areas not usually seen by the general public.
5 The tour will increase your understanding of how the company works.

Tours run Mondays through Saturdays.

Monday	10:00 a.m. & 2:30 p.m.
Tuesday	10:00 a.m. & 2:30 p.m.
Wednesday	10:00 a.m.
Thursday	10:00 a.m. & 2:30 p.m.
Friday	10:00 a.m. & 2:30 p.m.
Saturday	10:00 a.m.

To book a tour, go to the booking page and fill in the online form. Groups of
over 10 people should contact the box office. Please complete your booking at
15 least 24 hours before your tour starts. Each tour lasts approximately 90 minutes.

Please remember that you are visiting a working theatre. Plans may change at
short notice. We don't run afternoon tours on Wednesdays or Saturdays. On
Sundays the theatre is closed.
On Friday April 12, there will be no 10:00 a.m. tour because of a charity
20 performance.
On Sunday April 21, there will be a special tour for schoolchildren at 1:00 p.m.

The tour route is fully accessible to wheelchair users. Please e-mail the box
office if you have any questions regarding access.

問1 If you join the tour on April 12, approximately when will it finish?
　① 11:30 a.m.
　② 1:00 p.m.
　③ 2:30 p.m.
　④ 4:00 p.m.

問2 Which statement is true?
　① Backstage tours are guided.
　② If you are a member of a group of more than 10 people, you do not have to book in advance.
　③ There is no wheelchair access at the theatre.
　④ Visitors must e-mail the box office 12 hours in advance.

Lesson 6

共通テスト型
「広告問題」（2）

　前回に引き続き，今回も共通テストなどで出る特殊なパターンの対策をしていきます。短いので2題用意しましたが，どちらも身近な話題で，入試に出るだけではなく，資格試験や海外旅行でも役立ちます。

　ぜひ前回学んだ「解法の手順」を活用してみてください。その上で，今回は広告問題における「反応すべき意外な箇所」まで解説していきます。

目標
⇒広告問題での「特有表現」をマスターしよう！②

語数：［A］108語　　**出題校**：摂南大学
　　　　　［B］121語

次の広告と文章を参照し，設問に答えなさい。

[A] 問1，2の設問の答えとして最も適切なものを，①〜④の中からそれぞれ1つずつ選びなさい。

The Brooklyn Culinary Institute

We'd like to welcome you to The Brooklyn Culinary Institute, one of the most famous cooking schools in the nation. We are now offering a wide variety of courses to the general public for everyone from children to professionals. Check our spring course listing below for more details.

Course	Duration	Time	Fee
Pizza and Pasta*	Feb 25 — May 13	Mon 4PM	$295
Indian Curries	Mar 6 — Apr 3	Wed 7PM	$450
Pastries and Pies	Apr 4 — May 9	Thu 6PM	$515
Barbecues and Roasts	Apr 6 — May 25	Sat 2PM	$685

For more details, check our website: http://www.brooklynculinary.com
*Children's Course (limited to ages 8-14)

問1　Which course is not available for adults?
　① Pizza and Pasta
　② Indian Curries
　③ Pastries and Pies
　④ Barbecues and Roasts

問2　If a person wants to take a course on the weekend, how much will it cost?
　① $295
　② $450
　③ $515
　④ $685

[B] 問 1 ～ 3 の英文の空所に入る最も適切なものを，①～④の中からそれぞれ 1 つずつ選びなさい。

**Access free WiFi
in Shikoku Subway stations!
It's easy and fast,
and it's just a few clicks away.**

(1) Choose the network named ⟨WiFi_Shikoku_Subway⟩.

(2) Once connected, open your web browser.

(3) Fill in the registration form and click the "Log in" button to connect to the Internet.

You can use WiFi services in all the stations on the Shikoku Subway Line, completely free of charge. Mobile Internet access gets you online even in the train cars. Your smartphone is the best way to stay connected to the Internet while on the train. If you cannot connect your device or need other technical support, or if your device frequently loses connection, call 205-599-XXXX.

Technical support hours are 8:00 a.m. - 4:30 p.m., Monday through Friday.

問 1 This advertisement is to inform passengers that ＿＿ .
① they can access WiFi services at Shikoku subway stations for a fee
② their mobile devices can be connected to the Internet using these instructions
③ free WiFi services are limited to only a few areas on the subway platforms
④ free WiFi services can only be used in the first car of the trains

問 2 The telephone number is provided in case ＿＿ .
① passengers need to make a reservation beforehand
② trains are delayed or canceled due to mechanical failure
③ the battery of a passenger's phone is low
④ passengers have some problems with the subway Internet service

問3 According to this information, ____ .
① passengers can stay online when using this transportation service
② the WiFi service often drops out
③ technical support is available online
④ technical problems can be fixed 24 hours a day, 7 days a week

Lesson 7

「親子」の話で
よくあるオチは?

　今回の長文も前回に引き続き，英文の内容は硬くありません。筆者が過去の体験を振り返ったもので，内容自体は難しくないのですが，こういったタイプの英文に慣れていないという理由で苦手意識を持つ受験生も多いようです。

　現代文の「心情の読み取り」のような難しいことは，英語の問題では出てきません。ただちょっとした「感情表現」に反応するだけで十分なのです。その発想もしっかり解説していきます。

目標
⇒ちょっとした単語に反応しよう！

語数：491 語　　　**出題校：清泉女子大学**

Lesson 7

試験本番での
目標時間

この本での
目標時間

(18) 分 (24) 分 ▶解答・解説 本冊 p.102

次の英文を読んで, 後の**問**1～6の各設問に対する答えが本文の内容と適合するように, ①～④の中から最も適切なものをそれぞれ1つずつ選びなさい。

As a child, whenever I had a mid-week holiday from school, I would almost always go into the city with my father. There I would spend hours in one place, the state museum — no game centers or movies with school friends for me. I loved going alone while my father was at work.

5 　Like any museum, it was peaceful and it was neither too hot nor too cold in any season. It was a pleasant place to spend time. I did not mind that things were much the same and in the same places each time. I could imagine them differently each time. Best of all, there were never many people and sometimes I would have whole rooms to myself!

10 　I would visit each exhibit. I still remember the first one off to the left was engineering and had lots of old cars. Also, in another room I could do simple tests for my eyes, hearing and other things to learn and see how the human body works. Without fail, I did them all, sometimes twice. Another section about geology was all rocks of amazing shapes and colors. But, especially, I couldn't 15 wait to get to the rooms full of fish, birds, insects, animals and such. At the door was a glass case with a giant snake! They were all frozen in time, but they were alive to me.

My father always asked me if I was not bored seeing the same things again and again. He suggested that I could read somewhere quietly or do some school 20 work at the museum cafe. But I always wondered why people would sit having a coffee and reading a newspaper in a museum full of wonderful things to see.

As I grew up, other things took up my free time. I went to university, then I lived abroad and saw new museums. I got married and had children. When they were old enough, I took them to my old hometown museum. Imagine my 25 surprise when we walked in the old doors. Same smell. Same walls. Same feeling. But it was not a museum anymore. Only books! Lots and lots of books!

A question at the information desk and a short walk took us to the new state museum. The modern building was full of light, color and sound. There were many new exhibits to show the new digital world and special exhibits from other 30 famous museums. So much had changed, but what was most obvious was that it was full of people: school groups, parents with children, and couples of all ages.

I had mixed feelings. On one hand, I felt I had lost part of my childhood. On the other hand, my children were so excited. It was also good to see so many people interested in museums. My feelings were decided and I was glad when
35 we went around a corner and my son shouted, "Daddy! Daddy! There's a giant snake!"

問1　With whom did the writer go to the museum when he was a child?
① His father.
② Old friends.
③ No-one.
④ School friends.

問2　Why did the writer like the museum so much?
① Because it was always lively.
② Because it was never crowded.
③ Because it was never humid.
④ Because it was always changing.

問3　What was the writer's favorite part of the museum?
① Natural sciences.
② Engineering.
③ Human science.
④ Art.

問4　What did he always do when he visited the museum?
① He took all the small health tests.
② He bought a cup of hot coffee.
③ He read a local newspaper.
④ He did his school homework.

問5　What happened to the old museum?
① It became a cafe.
② It moved to another country.
③ It became a library.
④ It became a game center.

問6 Why was the writer so happy in the new museum?
① There were many books in the new museum.
② His son was happy to see more people in the new museum.
③ Some new exhibits in the new museum are interesting.
④ In the new museum, his son found something the writer had loved.

Lesson 8

ネコの鳴き声に関する研究

　入試の英文ではどんな話題であれ,「実験・研究結果」を説明するものがたくさんあります。その場合は当然,「実験・研究で使われる表現」が多用されるので,それをマスターしておく必要があります。

　また, 実験・研究に関する英文では「実験・研究の背景・目的・方法」→「結果」→「まとめ, 考察」のような展開が多いので, それを知っているかどうかで, 読みやすさがまるで変わってきます。今回の英文を通して, よくある「実験・研究」系の英文に慣れておきましょう。

目標
⇒「実験・研究」系の英文を攻略する!

語数：575語　　　出題校：麗澤大学

Lesson 8

次の英文の内容に合うように，後の**問1〜5**の設問の解答として最も適切なものを
①〜④の中からそれぞれ1つずつ選びなさい。

　　Some scientists are now hoping to find out whether domestic[*1] cats have
"accents" in their meows[*2] and whether cat dialects[*3] are determined by their
owners' voices. They will study how cats change the melody, or intonation, of
their meows when "talking" to other cats and humans. They aim to produce a
5　"dictionary" of cat sounds.

　　"It seems cats know how to vary their intonation or melody, perhaps to send
a certain message, perhaps to change or increase the importance of a message, or
emotions," said Susanne Schötz, a researcher in phonetics[*4] at Lund University
and leader of the project. "We want to find out how domestic cats are influenced
10　by the language and dialect that humans use to speak to them, because it seems
that cats use slightly different dialects in the sounds they produce. In this project
we will use phonetic analysis to compare cat sounds from two dialect areas in
Sweden — Stockholm in the central part of Sweden, and Lund in the very south
of Sweden. We will compare the melodies of these vocalizations[*5] to see if cats
15　speak different dialects," said Schötz.

　　The project, which the scientists have named "melody in human-cat
communication," or "meowsic" for short, will be carried out over the next five
years. The team will focus on intonation, voice and speaking style in human
speech used toward cats, as well as in cat vocalizations used toward humans to
20　find out how the two communicate. While this may seem unusual, the results
may help how people treat cats in animal hospitals, care homes and shelters to
make them feel comfortable.

　　Since their domestication about 10,000 years ago, cats have learned to
communicate with humans using visual as well as vocal signals. Some families
25　of cats, such as Siamese and Birman cats, appear to be more talkative than many
other kinds, showing that the breed[*6] may also be a factor in the way a cat
"talks."

　　Wild and street cats usually have no need to continue meowing after
becoming adults when their mother leaves them, but many domestic cats
30　continue meowing as a way to communicate with or gain attention from humans.

However, many aspects of the cat's vocal ranges are not well understood.

"We know that cats vary the melody of their sounds widely, but we do not know how to interpret these differences," Dr. Schötz said. "We will record vocalizations of about 30 to 50 cats in different situations, for example, when they want to go to other places, when they are satisfied, friendly, happy, hungry, bothered or even angry — and try to identify any differences in their phonetic patterns."

While the project has not yet officially begun, the researchers last month tested their recording machines and techniques by recording examples of "cat melodies." In one trial, they noticed meows rise slowly in pitch[7] when a cat is begging for food, while the pitch drops gradually when a cat is unhappy when visiting an animal hospital, for example.

Another goal is to study whether cats react differently to various aspects of human speech, such as different voices, speaking styles, and intonation patterns. "For example, we want to know if cats prefer to speak to humans, or to be spoken to by humans," Dr. Schötz said.

Speech started by cats tends to be a high-pitched speech that some adults use for children, for example. "We still have much to learn about how cats understand human speech," according to Schötz.

語注 ＊1 domestic 飼育されている ＊2 meow ニャオ（という猫の鳴き声） ＊3 dialect 方言
＊4 phonetics 音声学 ＊5 vocalization 発声 ＊6 breed 血統 ＊7 pitch 音の高さ

Adapted from Sarah Griffiths, "Does your cat have an ACCENT? Study hopes to reveal if felines 'speak' with different meows based on where they live," *Mailonline*, March 10, 2016.

問1　How does Susanne Schötz plan to find out if cats have accents?
① By comparing vocalizations of cats and their owners in two dialect areas.
② By analyzing the pronunciation of people who live in Stockholm and Lund.
③ By finding cats that speak different dialects all over the world.
④ By examining how cats sing to different melodies and music.

問 2　Which is TRUE about the "meowsic" project?

① It has been carried out for the past five years.

② It tries to find out if the cat's meowing is influenced by the owner's speech.

③ It will help cats to communicate better with other cats.

④ It will teach cats to communicate with their owners in a human language.

問 3　Which is TRUE about cat vocalizations?

① Siamese and Birman cats do not meow as much as other kinds of cats.

② Cats of any breed use the same amount of visual and vocal signals.

③ Domestic cats use vocal signals to get attention from their owners.

④ Wild cats meow to remember their mothers long after they leave them.

問 4　What has the project found so far?

① Cats' vocal ranges are unlimited and hard to understand.

② Cats' pitches drop suddenly when they are unhappy.

③ Cats' meowing rises slowly when they want food from humans.

④ Cats' intonations rise gradually when visiting an animal hospital.

問 5　What is one of the goals of this study?

① To see if humans speak in different dialects to different breeds of cats.

② To understand why humans want to speak to cats or to be spoken to by cats.

③ To identify differences in human phonetic patterns.

④ To find out if cats respond differently to various human speech patterns.

Lesson 9

イルカの睡眠様式

　今回は「イルカの睡眠」に関する英文ですが，実は「イルカ」は大学入試で超頻出のテーマなんです。イルカは独特なコミュニケーション方法と高度な知性を持っていることはわかっているものの，現在でも未解明の部分が多く，新たな発見があれば論文が発表され，それが入試でも扱われるわけです。

　また，主張の発見方法に関して，多くの人が「butの後は主張」と思っていますが，現実の英文ではbutが消えることが非常に多いのです。そのときに「どうやって消えたbutに気付くか」がポイントになります。

　本書もいよいよ終盤です。英文が難しくなっていきますが，なんとか頑張っていきましょう。

目標
⇒"not *A* but *B*"のバリエーションを
　マスターする！

語数：261語　　　　**出題校：京都産業大学**

Lesson 9

次の英文を読んで，空所 (1) ～ (5) に入れるのに最も適切なものを
それぞれ1つずつ選びなさい。

　　For humans, sleep involves partial or total unconsciousness, the inactivation of all consciously controlled muscles, and the suspension of senses such as vision and smell. However, the same thing isn't true for dolphins. (1), they have an unusual form of sleep called 'slow-wave sleep.' Slow-wave sleep is a
5 type of sleep thought to help the brain strengthen new memories and recover from daily activities.

　　When it's time to rest, a dolphin will shut down only one half of its brain, and close the opposite eye. (2) the left eye will be closed when the right half of the brain sleeps, and the right eye will be closed when the left half of the brain
10 sleeps. During this time, the other half of the brain monitors what's going on in the environment and controls breathing functions. Sometimes, dolphins will float motionlessly at the surface of the water during sleep, while at other times, they may swim slowly. In total, each half of the brain gets about four hours of slow-wave sleep within a 24-hour period.

15 　　There are three main reasons why dolphins may have developed this sleeping style. First, dolphins would (3) if they didn't keep half of their brain active, because their breathing always has to be consciously controlled. Second, slow-wave sleep allows the animals to look out for danger (4). Third, this type of sleep allows dolphins to sustain certain body processes, such as muscle
20 movement, that help the warm-blooded animals maintain the (5) they need to survive in freezing oceans.

(1)　① Rather　　　　　　② In addition
　　　③ Reluctantly　　　　④ Despite that

(2)　① No wonder　　　　　② That is to say,
　　　③ That's because　　　④ On the contrary,

(3)　① breathe easier　　　　② be likely to drown
　　　③ probably be awake　　④ always be motionless

(4) ① in their brains   ② in their bodies
    ③ while they rest   ④ when they breathe

(5) ① memory   ② sleep hours
    ③ environment   ④ body temperature

Lesson 10

プラスチック汚染

　日本でもレジ袋有料化に伴い，脱プラスチックへの動きは加速しています。ウミガメがストローを吸い込んでしまった痛ましい動画を1つのきっかけとして，プラスチック汚染への懸念は世界中に広まり，非常に深刻な問題となっているのです。この動きに合わせて，最近の入試では「プラスチック汚染」の話題が激増しています。この勢いは当分止まらないでしょうから，最新テーマ対策としても重要な英文です。

　また，今回は長文でありながらも「文法力」が必要だと体感できる問題です。文法は長文を読む上で大事なだけでなく，設問で問われることもあると実感できる，とてもよい素材です。

目標
⇒ 長文でも問われる「文法力」を身に付けよう！

語数：430語　　　**出題校：**専修大学

Lesson 10

試験本番での
目標時間

この本での
目標時間

18 分　**24** 分　▶解答・解説 本冊 p.150

次の英文を読んで，後の **問1〜10** の設問に答えなさい。なお，＊印の語(句)には文末に注がついています。

You might have seen the photos of dead seabirds[*1], their stomachs full of small pieces of plastic. You've probably also heard of the microplastics polluting our seas: pieces of plastic that have been broken down into tiny fragments, smaller than 5 mm, that can harm fish and other wildlife. （ ア ） marine
5 plastic pollution has been studied for decades, the extent and effects of plastic pollution elsewhere is only just beginning to be explored.

In the past few years, scientists have found microplastics in our soil, tap water[*2], bottled water, beer and even in the air （ イ ）. And there's growing (ウ) concern about the potential health risks they pose to humans. Some studies
10 have suggested there are more microplastics on land than there are in our oceans. Globally, more than 330 million tons of plastic is produced each year, (エ) leaving potential sources of microplastic pollution all around us. Fertilizers[*3] are thought to be one of the leading (オ) contributors. Sewage[*4] sludge[*5] is used in many countries to fertilize agricultural fields. But the sludge can contain
15 microplastics in the form of clothing fibers that get into sewage systems when clothes made of chemical material are washed with a washing machine.

Exactly what happens to these plastics (カ) once they're in the environment is largely unknown. "It's crucially important that we get a hold on what's happening on the land," said professor Anne Marie Mahon of the Galway-Mayo Institute of
20 Technology[*6]. She studies microplastic pollution and has found it in Irish tap water. Other research recently found microplastics in bottled water around the world. Though there's little known about the effect of microplastics on plants or on the wider food chain, studies have shown that earthworms[*7] living in soil containing microplastics have slower growth and higher death rate.

25 As well as polluting the land, microplastics have been detected in the air. Professor Frank Kelly, director of the Environmental Research Group at the University of London, is researching the presence of microplastics in London's air. "(キ) They're definitely present," he said. One source of microplastics in the air is the same fertilizers that pollute the ground; as these fertilizers dry out, some of
30 the plastics may get carried away by wind. And you can't avoid the plastics by

staying at home: they've also been detected in buildings. "Fibers could be released from carpets, and by putting on and taking off our clothes," Kelly said. The big question is what effect these plastics have on humans. The (**ク**) answer is that we just don't know, but scientists, including Kelly and Mahon, believe there is a potential health risk.

語注 ＊1 seabird 海鳥　＊2 tap water 水道水　＊3 fertilizer 肥料　＊4 sewage 下水
　　　＊5 sludge 沈殿物，ヘドロ
　　　＊6 Galway-Mayo Institute of Technology ゴールウェイ・メイヨー工科大学（アイルランドにある大学）
　　　＊7 earthworm ミミズ

問1　空所（　**ア**　）に入る最も適切なものを①〜④の中から1つ選びなさい。
　　① In order to　　② While
　　③ Then　　　　　④ Why

問2　空所（　**イ**　）に入る最も適切なものを①〜④の中から1つ選びなさい。
　　① we breathe　　② breathing
　　③ our breath　　④ take breathe

問3　下線部（**ウ**）と置き換えられるものとして最も適切なものを①〜④の中から1つ選びなさい。
　　① angry　　　　② accent
　　③ attack　　　　④ alarm

問4　下線部（**エ**）と文法的にほぼ同じ用法の〜ingを含む文を①〜④の中から1つ選びなさい。
　　① A bomb exploded in the station, causing confusion and panic.
　　② The two girls were, to my surprise, dancing on the table.
　　③ At this temperature, remaining snow fields will melt.
　　④ As you know, eating too much chocolate will make you sick.

問5　下線部（**オ**）のこの文脈における具体的な意味内容として最も適切なものを①〜④の中から1つ選びなさい。
　　① その事業の財政的後援者
　　② その事象を引き起こす要因
　　③ その発見に貢献した研究者
　　④ その被害の拡大を食い止める要素

問6 下線部（**カ**）とほぼ同じ意味・用法の once を含む文を①〜④の中から1つ選びなさい。

① There was once such a time, and it was not so long ago.

② Once you've started your work, you must go through with it.

③ It's impossible to meet everyone's needs at once.

④ The audience demanded the singer to sing once more.

問7 下線部（**キ**）の意味内容として最も適切なものを①〜④の中から1つ選びなさい。

① それが含まれることは確かである

② それは間違いなく贈り物である

③ それがそこに存在することが決定打になる

④ それが決定したのは現在のことである

問8 空所（　**ク**　）に入る最も適切なものを①〜④の中から1つ選びなさい。

① short　② great　③ sadly　④ reason

問9 本文の内容と一致するものとして最も適切なものを①〜④の中から1つ選びなさい。

① Scientists have been investigating the plastic pollution of the land for decades.

② Fertilizers used in many countries contain tiny chips of plastics.

③ Microplastics are not present in the ground.

④ It is certain that plants are harmed by microplastics.

問10 この英文のタイトルとして最も適切なものを①〜④の中から1つ選びなさい。

① Microplastics everywhere

② Health risk of drinking water

③ Plastic pollution of air and water

④ Facts and findings about agriculture

Lesson 11

文化によって考えは異なる

　「文化の違い」は昔からよく出る定番テーマです。今回は「贈り物」に関する文化ごとの違いです。日本の中ですら，地域や世代によって贈り物のルールや価値観が違うのですから，世界に目を向ければ，それはときとして，とても大きな違いになるでしょう。

　今回の英文には，たくさんの国名が出てきますが，固有名詞の役割を意識することで，格段に読みやすくなるはずです。

　さあ，本書の英文もいよいよあと2つです。これまで出たルールももう一度出てくるので，復習をしながら，さらなる高みを目指していきましょう。

....

目標
⇒「固有名詞」を整理しながら読む！
⇒「主張」の発見方法をマスターする！

....

語数：624語　　　　**出題校：日本大学**

次の英文を読んで，その文意にそって後の**問1〜8**の英文を完成させるのに最も適切なものを，それぞれの選択肢①〜④から1つずつ選びなさい。
＊の付いた語には［**Notes**］があります。

　　In the early part of the twentieth century, an American woman named Emily Post wrote a book on etiquette. This book explained the proper behavior Americans should follow in many different social situations, from birthday parties to funerals. This book, *The Emily Post Book of Etiquette*, continues to sell
5　well today, although some of the rules Ms. Post gave needed to be updated by the publishers over the years. But in modern society, it is not enough to simply know the proper rules for behavior in your own country. International travel for work and pleasure now makes it necessary for people to understand the rules of etiquette in other cultures as well.

10　　Take, for example, the etiquette required in giving and receiving gifts. As a business traveler, it might be necessary from time to time to give a gift to a client or co-worker from another culture. Or, as a visitor in another country, a person might receive a gift of welcome or of thanks from members of the host culture. In both giving and receiving gifts, one should not assume that the rules of
15　etiquette are the same or even similar to the rules in one's own culture.

　　Cultural differences may appear even in such simple processes as giving or receiving a gift. In Western cultures, a gift can be handed over to the receiver with relatively little ceremony. When a gift is offered, the receiver typically takes the gift while expressing his or her thanks. However, in some Asian cultures, the
20　act of giving is an important aspect of gift-giving, and this process may appear confusing or frustrating to Westerners. In Chinese culture, a receiver will typically refuse to accept the gift at first, with the understanding between the giver and receiver that after being turned down two or three times, the gift will finally be accepted. In addition, to show respect for the receiver, it is customary
25　in several Asian cultures to use two hands when offering a gift to another person.

　　After receiving a gift, tradition may demand that the person open the gift right away or, alternatively, wait before opening the gift. In many Western cultures, etiquette requires the receiver to open the gift immediately and show appreciation for the thoughtfulness of the giver. In Asian cultures, on the other hand, the gift

30 may be accepted with appreciation and then set aside to be opened later. The gift will then be opened in private to avoid appearing greedy or impatient.

Another tip for cross-cultural gift-giving relates to wrapping presents, especially in choosing the color of paper used to wrap a gift. In Japan, for example, white or very bright colors are traditionally not good choices for
35 wrapping a gift. In Japanese culture, white is the color associated with mourning[*1] and bright colors may be considered by some people to be vulgar[*2] because they are too flashy. Plain white and black are also to be avoided when wrapping presents in China because of the relation of these colors to funerals. Joyful colors such as red, yellow, and pink are preferred in Chinese culture. In
40 contrast, Europeans seem to prefer more subdued[*3] colors for wrapping presents. A good rule of thumb for wrapping gifts, especially for business travelers, is to travel with unwrapped gifts, and then wrap the gift with paper bought in the country where the gift will be given.

Finally, when choosing the appropriate gift to give, a good rule to bear in
45 mind is the following: "Never give vodka to Russians, chocolate to Belgians, or beer to Germans." It is better to travel with quality gifts from one's own region or culture. These are much more likely to be appreciated in other cultures because of their unique nature.

出典：Casey Malarcher, *Reading Advantage 4*（3rd Edition）

[Notes] ＊1 mourning 服喪 ＊2 vulgar 下品な ＊3 subdued 控えめな

問1 A book titled *The Emily Post Book of Etiquette*
① was written for an American girl named Emily.
② was published about one hundred years ago.
③ has not been revised since it was first published.
④ deals mainly with good manners in the workplace.

問2 According to the passage, in modern society,
① rules of etiquette are getting more and more similar all over the world.
② there are no proper rules for behavior for international travel.
③ basic rules of etiquette have radically changed over the century.
④ you should learn about the rules of etiquette in other cultures.

問3 If you do business abroad,
① you should be careful when you are giving a gift.

② gift giving is hardly ever required in most countries.

③ clients often exchange gifts with their co-workers.

④ it is not always necessary to follow the international rules.

問4　According to the third paragraph, in Chinese culture,

① the process of giving and receiving a gift should be kept simple.

② it is considered impolite to turn down a gift even once.

③ the receiver of a gift must express thanks before opening it.

④ people normally refuse a gift a few times at first.

問5　According to the fourth paragraph, in many Western cultures,

① you are supposed to use both hands when offering a gift to someone.

② a receiver opens the gift right away to thank the giver.

③ a gift won't be accepted once it is turned down.

④ some gifts are supposed to be set aside to be opened in private.

問6　It would be wise of business travelers to

① choose wrapping paper of bright colors in order to express delight.

② remember that joyful colors are avoided in Asian countries.

③ buy wrapping paper in the country in which they will be giving the present.

④ wrap a locally sold gift with the paper you brought from your own country.

問7　A good rule of giving gifts is that

① you should give people what they love, like giving vodka to Russians.

② inexpensive gifts are always more suitable than expensive ones.

③ a good gift you bought in your own country will make a good gift in other countries.

④ sweets such as chocolate are welcome in any country in the world.

問8　The most suitable title for this passage is

① Tips on Gift Giving across Cultures.

② Misunderstanding Other Cultures.

③ The Importance of Gift Wrapping.

④ The Universal Nature of Gift Giving.

Lesson 12

それって，本当に必要なの?

　いよいよ最後の英文ですね。今回の英文はかなり難しいので，ここでヒントを出しておきます。もし「とりあえずヒントはいらない」という人は，ここから先を読まずに英文に入ってください。

　今回の英文はwantとneedの違いを述べています。「欲しいもの」と「必要なもの」ということで，これだけなら簡単そうに思えるかもしれませんが，実際に英文を読んでいると混乱してしまうかもしれません。そこでもし英文を読んでいて，いまいち内容が頭に入ってこないときは（wantとneedがごっちゃになりそうなときは），その英文の内容が"want"なのか，それとも"need"なのかを（あえて訳さずに）整理・判断していくとスッキリすると思います。

　また，「下線部解釈問題」「NOT問題」「内容一致問題」の解法など，最後のLessonでも重要なルールが盛りだくさんです。英文が難しいからこそ，ルールを駆使して入試問題を攻略していきましょう。

目標
⇒makeを見たらSVOCを予想しよう！

語数：439語　　　**出題校：大阪学院大学**

Lesson 12

次の英文を読んで，後の**問**1〜8の設問に答えなさい。

1 One thing that confuses some people and messes up their money is thinking, "I *need* this." Maybe it's a pair of shoes, a bottle of body lotion, or a magazine. Very often we talk about the things we want as things we need because (A) we want them so badly they feel like needs.

5 **2** Children speak this way: "But Mom, I need those new sandals." The shoes Molly is wearing still fit. There are no holes in the soles. They look good. But they are not this year's style. Molly is sure she *needs* those new sandals. She wants them so badly it actually feels painful not to get them.

3 Money and emotions are closely (B) tied together. (C) Pleasure centers in our 10 brains respond when we spend money. Some people become addicted to the drugs their brains release when they go shopping. Shopping creates a sense of well-being. *Not* shopping creates a sense of loss.

4 And that is how *wants* become *needs*. We convince ourselves to go out and buy something we want by telling ourselves we need it. This wouldn't be a 15 problem if we had the money to (D) satisfy all our wants. The problem comes when we don't have the money — the cold hard cash — and we must turn to credit to scratch our shopping itch.

5 I meet people all the time who can't tell the differences between a need and a want. *Needs* are the things we must have to keep our lives working. We need a 20 place to live. We need food to eat. We need to be able to get to and from work or school or church.

6 *Wants* are the things we really like. While we need a roof over our heads, we want a four-bedroom, three-bathroom house on a nice lot, with parking, schools close by, and not too much traffic. While we need food, we want steak. And 25 while we need to get to work, we want to arrive in a snappy car our friends will admire.

7 People who confuse needs with wants can't imagine not having all the cable channels available. They have fancy cell phones with expensive call features. And they think that because they work hard they deserve a vacation in Florida in 30 the winter. People who confuse needs and wants simply can't imagine their lives without all the extras they see others enjoying. They want to enjoy those pleasures, too. And if they have to use credit, that's what they'll do.

[8]　Here's a heads-up[*]: since none of your wants stand between you and a grave, they aren't needs, plain and simple, no matter how badly you may want them.

語注　＊heads-up　警告

問1　下線部Aが表す内容として最も適当なものを①〜④の中から1つ選びなさい。

① we feel that we need them because we want them very much

② though we may want them, they are not worth getting

③ we want to get what other people like

④ it is bad of us to want what we need

問2　第2パラグラフ（段落）の内容に**合致しないもの**を①〜④の中から1つ選びなさい。

① Molly wants new sandals.

② Molly's shoes are getting too tight.

③ Molly does not really need the new sandals.

④ Molly thinks she needs the new sandals.

問3　下線部Bが本文中で表している内容に最も近いものを①〜④の中から1つ選びなさい。

① shut　　　　② examined

③ connected　④ fixed

問4　下線部Cが表す内容として最も適当なものを①〜④の中から1つ選びなさい。

① Money is central to the quality of our lives.

② It makes us happy to spend money.

③ Our brain controls how we spend money.

④ It is difficult to decide how to spend money.

問5　下線部Dが本文中で表している内容に最も近いものを①〜④の中から1つ選びなさい。

① identify　　② fulfill

③ require　　④ surprise

問6 第5パラグラフ(段落)の内容に合致するものを①～④の中から1つ選びなさい。

① There are many people who don't realize what they really need.

② We have to keep working as long as we live.

③ Having a place to live is a want rather than a need.

④ Access to work or school is not always necessary.

問7 本文の内容に合致するものを①～⑥の中から**2つ**選びなさい。ただし解答の順序は問わない。

① It is necessary to distinguish what you need and what you want.

② Children consider their wants to be their needs but not adults.

③ We should buy only what we need.

④ We do not have to worry about the price when we buy what we need.

⑤ Some people take it for granted that they should enjoy pleasures others have.

⑥ Using credit is the ideal solution to take care of our wants.

問8 本文のタイトルとして最も適当なものを①～④の中から1つ選びなさい。

① Money and the Brain

② Needs and Wants

③ How to Save Money

④ Shopping Tips

Obunsha

学ぶ人は、
変えて
ゆく人だ。

目の前にある問題はもちろん、

人生の問いや、

社会の課題を自ら見つけ、

挑み続けるために、人は学ぶ。

「学び」で、

少しずつ世界は変えてゆける。

いつでも、どこでも、誰でも、

学ぶことができる世の中へ。

旺文社

関正生の The Rules 英語長文 1 問題集

入試基礎

はじめに

長文読解に必要な3つの力をルールにまとめました

　大学入試の長文読解には，3つの知的作業が求められると考えます。一文をしっかり把握する「構文力」，英文の展開を理解する「読解力」，設問の狙いを見抜いて解く「解法力」です。この3つの力は目新しいものではありません。しかしながらこの3つの力に関して，明確な手順・ルールに従って「読み・解き進めている」受験生はかなり少ないと思います。その場しのぎの作業で乗り切ってしまっているのではないでしょうか。

　そういった場当たり的な勉強では，「英語力の経験値」が蓄積されないので，そのままでは，世間でよく聞く「たくさん長文やってるんだけど，どうも伸びない」という状態になってしまうのです。

　「なんとなく読み解く」の対極が，「確固たるルールに基づいて読み解く」ことです。この本では，大学入試に出る長文対策として，僕の30年ほどの英語講師としての経験から練り上げ，極限まで洗練させた法則を"RULE"としてまとめました。

　本書のタイトルで使われている，The Rules は〈the＋複数形〉の形で，これを英文法の観点から解説すると，〈the＋複数形〉は「特定集団」を表すと言えます。昔はバンド名などによく使われました（The Beatles など）。また，the United States of America「アメリカ合衆国」は「（50の州が集まった）特定集団」ですし，the United Arab Emirates「アラブ首長国連邦（UAE）」は「ドバイなどの首長国が集まった特定集団」です。

　本書のルールはその場しのぎのものではありません。僕自身が30年前から洗練させてきたもので，それが近年の問題でも通用することを本書の解説で証明していきます。英文を正しく読む，つまり英語の真の姿を理解するために受験で大活躍し，さらにその先でも使える，「厳選された，強力なルールの特定集団」という意味を持つのが，The Rules です。

関 正生

Contents

はじめに ……………………… 1

本書の特長 ………………… 3

本書の使い方 ………………… 3

採用した英文について ……… 5

「思考力を問う問題」について … 5

「ルール」について ………… 6

『The Rules』全84ルール一覧 ……… 7

音読について ………………… 10

音声の利用法 ………………… 11

名詞句・節／形容詞句・節／
副詞句・節の働きと注意点 ……… 12

Lesson 1	解答・解説 ………… 14
	文構造の分析 ……… 22
	音読をしよう！ …… 30
Lesson 2	解答・解説 ………… 32
	文構造の分析 ……… 39
	音読をしよう！ …… 42
Lesson 3	解答・解説 ………… 44
	文構造の分析 ……… 55
	音読をしよう！ …… 62
Lesson 4	解答・解説 ………… 64
	文構造の分析 ……… 71
	音読をしよう！ …… 74
Lesson 5	解答・解説 ………… 76
	文構造の分析 ……… 82
	音読をしよう！ …… 86
Lesson 6	解答・解説 ………… 88
	文構造の分析 ……… 96
	音読をしよう！ …… 100

Lesson 7	解答・解説 ………… 102
	文構造の分析 ……… 108
	音読をしよう！ …… 114
Lesson 8	解答・解説 ………… 116
	文構造の分析 ……… 127
	音読をしよう！ …… 134
Lesson 9	解答・解説 ………… 138
	文構造の分析 ……… 144
	音読をしよう！ …… 148
Lesson 10	解答・解説 ………… 150
	文構造の分析 ……… 161
	音読をしよう！ …… 168
Lesson 11	解答・解説 ………… 170
	文構造の分析 ……… 178
	音読をしよう！ …… 186
Lesson 12	解答・解説 ………… 190
	文構造の分析 ……… 199
	音読をしよう！ …… 206

関 正生 せき・まさお

1975年東京生まれ。埼玉県立浦和高校, 慶應義塾大学文学部（英米文学専攻）卒業。TOEIC® L&Rテスト990点満点取得。現在はオンライン予備校『スタディサプリ』講師として, 毎年, 全国の中高生・大学受験生140万人以上に授業, 全国放送CMで「英語の授業」を行う。著書に『英単語Stock3000』（文英堂）,『英語長文ポラリス』（KADOKAWA）,『サバイバル英文法』（NHK出版）,『東大英語の核心』（研究社）など100冊以上。

編集協力：株式会社オルタナプロ

校正：(株)シナップス, 大河恭子, Jason A. Chau

組版：日之出印刷株式会社

録音：ユニバ合同会社

ナレーション：Ann Slater, Guy Perryman

装幀・本文デザイン：相馬敬徳（Rafters）

装幀写真撮影：曳野若菜

編集担当：高杉健太郎

本書の特長

● どのレベルでも使える長文読解のための「ルール」

　学んだことは，試験本番で「再現」できないと意味がありません。本書で扱うルールは，大学や英文のレベル・問題形式を問わず再現性が高い，一生モノのルールです。

● わかりやすい圧倒的な解説力

　本書をスムーズに進めるために，そして入試問題を解くうえで必要十分な解説を施しました。これは実際に解説を読んでいただければすぐに実感できると思います。

● 解説でも英語力を高められる

　解説中では，できるだけ本文から「英文」を引用していますので，本文に戻らずスムーズに解説を読めます。また，本シリーズ4つのうちレベル1・2では「英文と共に和訳」を入れますが（基礎力完成を目指す段階なので），レベル3・4では「英文のみ」です。これによって日本語を読んで理解した気になることがなくなり，「英語で考える」習慣が養成されます。

● 「思考力問題」対策も万全

　具体的に「どういった思考を要するのか」を「ここが思考力！」のコーナーで解説しています（⇒「思考力を問う問題」についての詳細はp.5）。

● 全文の「文構造の分析」と「音読用白文」

　英文すべてに構文の解析をつけてありますので，精読の練習としても使えます。また，音読用の白文も用意しました（⇒音読と音声についての詳細はp.10, 11）。

● 記述問題も豊富に収録

　記述問題も多く採用しています。「自分の志望校には記述問題はないから」という受験生も，ぜひトライしてみてください。どれも「英語の実力」をつけるのに効果的なものばかりで，記述の力をつけておくと，マーク問題の精度も格段に上がります。

本書の使い方

❶ まずは目標時間を意識して 問題にトライ！

　「この本での目標時間」を目指して問題を解いてみてください。その後，時間を気にせず気になるところ，辞書で確認したいところなどにじっくり取り組むのも実力養成になります。

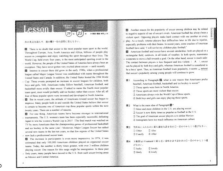

❷解説をじっくりと読み，ルールを身に付ける！

正解した問題も，解説を読むことで，正しい考え方・解き方・補足事項などが身に付きます。解説中に出てくる長文読解のルール（⇒詳細はp.7）を自分のものにしていきましょう。

> 思考力……「思考力を問う問題」に付しています。
>
> **難易度★★★**……設問ごとの難易度を，
> ★～★★★の3段階で表示しています。
>
> ※難易度はあくまでそれぞれのレベルでターゲットとする大学を基準にしています。

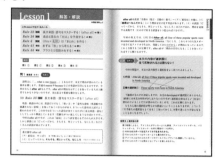

❸「文構造の分析」で構文と語句をチェック！

わからない英文は，ここでじっくりと確認してください。

> 〈 　〉……名詞句・節
> ［ 　］……形容詞句・節
> （ 　）……副詞句・節
> S V O C ……主節の要素
> S′ V′ O′ C′ ……従属節の要素
> (S)(V)(O)(C) ……節中のさらなる細かい
> 　　　　　　　　要素
> ☐ ……従属接続詞　▨……相関表現
> ┄┄ ……等位接続詞　{ 　} ……省略可能
> φ ……関係詞節内で目的語が欠ける場所
> 　　（名詞が本来ある場所）

❹「音読」で仕上げ！

英文の仕上げは音読です。まず音声を聞いて，正しい発音・英文のリズムなどを確認し，声に出して読みましょう。英文を読むスピードアップや理解力の向上につながります（⇒詳細はp.10）。

> // ……必ず切りたい
> / ……切ってもOK

採用した英文について

●「語数」にこだわらず，レベルに応じた「優れた英文」を採用

語数と難易度は関係ない

　「短いから易しい」「長いから難しい」というのは思い込みです。東京大・大阪大・早稲田大では必ず短い文章が出ますが，難易度はかなり高いです。本書では長さにとらわれることなく「優れた英文・設問」を採用しました。

中堅大学であっても，長文はすごく「長い」

　基礎・標準レベルの問題集は，とにかく短めの文章を採用しがちですが，志望校が決まっていれば，ぜひその過去問を見てください。想像以上に「長い」ことがほとんどだと思います。本書はあくまで実際の入試に沿っているので，結果的に他の問題集よりも長い文章が多くなりますが，それは現実を踏まえた結果だと考えています。

●英文の掲載順について

　ルールを習得するために，一番効率的な順番に載せています。最初は「読む」が中心になるため，どうしても難しい英文が前半にきます（難しい英文でも「読める」ルールを解説するため）。その後，「解く」や「細かいこと」を扱うルールが増えるため，後半のほうに易しい英文がくることもありますが，それは本文が全体で1つの授業，1つのストーリーになっていることの結果です。

※そもそも同レベルの大学の問題を収めているので，不都合なほど差が出ることはありません。

「思考力を問う問題」について

　これからの入試で重要となる「思考力を問う問題」には 思考力 マークを付けています。ただし，本書では「要約問題」や「タイトル選択問題」などの「形式」だけで「思考力を要する問題」だと判断することこそ思考力の欠如とみなしており，たとえ普通の四択問題であっても，そこに複雑な思考を要するものは ここが 思考力 として補足説明をしています。具体的には，「暗記事項を当てはめるとミスするもの／受験生の知識レベルを超えているもの，英文の構造や文脈から考えれば解答を導けるもの／単純な直訳では対応できないもの」などに「どんな思考が求められるのか」という解説を追加しています。

> 補足　近年（特に2019年以降）の入試問題は，英字新聞・ネット記事などからの出題が増えており，「情報を提供する」英文が主流をなしています（早稲田大・慶應大などを中心に）。そういった英文はそもそも要約に向かないので，大学側も設問として出題していません。そこに無理やり要約問題を追加したり，英文の展開図を示すことは，受験生をいたずらに惑わせることになると思います。
> ※決して「要約問題なんていらない」ということではなく，「要約に向かない英文を（出題者の意図を無視して）要約させることは効果的な勉強とは言えない」ということです。

「ルール」について

●3種類のルール

本書に出てくるルールは，大きく次の3種類に分類できます。

> **読解** 読解ルール……「英文の主張・具体例などをつかむ」ための，英文のつながり・
> 展開などに関するルール
>
> **解法** 解法ルール……「読めても解けない状態を解消する」ための，設問解法のルール
>
> **構文** 構文ルール……「一文をしっかり読む」ための，構造把握に必要な文法・構文に
> 関するルール

●1冊の中で同じルールが何度も出てくる

この1冊の中で，何度も出てくるルールもあります。その理由と目的は以下のとおりです。

> ●その解法がさまざまな問題で使えることを実際の入試問題の中で実感できる
> ●大事なルールの復習になる
> ●入試の「偏っている現実」がわかる：たとえば固有名詞は「具体例」の合図！（*Rule 12*）や，〈this+名詞〉は「まとめ」を作る！（*Rule 4*）は，ものすごくたくさんの入試問題で使えるルールです。そのようなルールは，本書の中でも何度も出てくるので「入試の現実」を体感できる。

※ちなみに，ルールが最初に出てきたときに「詳しくは後ほど」と言う場合もあります。これは「そこで扱うと冗長になる／後のLessonで扱うほうがそのルールを詳しく解説できる」などの理由で，常にルールを最大限に効率よくマスターするためです。

●レベルが違っても同じルールが出てくる

本シリーズは4レベルありますが，ルールはどのレベルの英文にも通用するものなので，レベル1に出てきたルールがレベル2，3，4（のいずれか，もしくはすべて）に出てくることも多々あります。

他のレベルでも同じルールが出てくるメリットは次のとおりです。

> ●どんなレベルの入試問題でも，同じルールが通用する（その場限りのルールではない）ことを実感できる。
> ●1冊を終えて次のレベルの本に進んだときにも同じルールが使えることで復習にもなる。

『The Rules』全84ルール一覧

●本書に収録されているルールは色文字で示されているものです。（⇒ L00）は掲載Lessonを示しています。
●1234 はそれぞれ次の本を表しています。1：1入試基礎，2：2入試標準，3：3入試難関，4：4入試最難関。
●同じルールNo.でも，種類が複数あるものもあります。
　例）Rule 46「過剰」選択肢のパターン：「all系」と「only系」の2種類

Rule 1	読解	消えたbutに気づいて「主張」を発見する! ⇒L9	1234
Rule 2	読解	「重要な」という意味の重要単語に注目!⇒L3	1234
Rule 3	読解	In factを意識する!	1234
Rule 4	読解	〈this+名詞〉は「まとめ」を作る!⇒L1	1234
Rule 5	読解	「まとめ単語」による言い換えを見抜く!⇒L6	1234
Rule 6	読解	「疑問文」の大事な役割を意識する!⇒L3	1234
Rule 7	読解	「クオーテーションマーク」の役割を意識する!	1234
Rule 8	読解	〈A+名詞〉を見たら「具体例」と考える!	1234
Rule 9	読解	Ifを見たら「具体例」と考える!	1234
Rule 10	読解	命令文は「具体例」の合図!⇒L3	1234
Rule 11	読解	具体物や行動の羅列は「具体例」と考える!⇒L2	1234
Rule 12	読解	固有名詞は「具体例」の合図!	1234
Rule 13	読解	数字を見たら「具体例」だと考える!	1234
Rule 14	読解	「具体例」を導く表現に反応する!	1234
Rule 15	読解	「イコール」関係を作る表現に反応する!	1234
Rule 16	読解	「因果表現」を正しく把握する!⇒L10	1234
Rule 17	読解	「前後関係」の表現に注目!	1234
Rule 18	読解	「従属接続詞」に反応する!⇒L10	1234
Rule 19	読解	「総称のyou」の意味に注意!	1234
Rule 20	読解	「感情表現」に注目する!⇒L7	1234
Rule 21	読解	「一般論」と「主張」を把握する!⇒L3	1234
Rule 22	読解	「対比」を表す表現に反応する!⇒L2	1234
Rule 23	読解	「対比」は繰り返される!	1234
Rule 24	読解	過去と現在の「対比」を予測する!⇒L1	1234
Rule 25	読解	「同じ形」なら「同じ意味」だと考える!	1234
Rule 26	読解	「似ている・同じ」と明示する反復表現を意識する!	1234

Rule 27 読解 even は「反復」の目印!⇒L3 〔1〕2 3 4

Rule 28 読解 本文の前に「タイトル」に目を通す! 〔1〕2 3 4

Rule 29 読解 本文の前に「語句の注釈」と「設問」をチェック! 〔1〕2 3 4

Rule 30 読解 provide 型の動詞は意味が類推できる! 〔1〕2 3 4

Rule 31 読解 more than ～ は 3 つの意味を考える! 〔1〕2 3 4

Rule 32 読解 無生物主語・第3文型は「受動態」で訳す! 〔1〕2 3 4

Rule 33 読解 省略は「機械的に」補う! 〔1〕2 3 4

Rule 34 読解 "-ly" で終わる単語は「すごく」と考えてみる!⇒L12 〔1〕2 3 4

Rule 35 読解 長文単語・語句をマスターする!⇒L1,3,9,12 〔1〕2 3 4

Rule 36 読解 「実験・研究」系での頻出表現をマスターする!⇒L8 〔1〕2 3 4

Rule 37 読解 「実験・研究」を主語にとる動詞をマスターする! 〔1〕2 3 4

Rule 38 読解 「自然・災害」関係の語彙をマスターする! 〔1〕2 3 4

Rule 39 読解 「広告」の頻出表現をマスターする!⇒L5,6 〔1〕2 3 4

Rule 40 読解 グラフ特有表現をマスターする! 〔1〕2 3 4

Rule 41 解法 まずは「形」から考える!⇒L1 〔1〕2 3 4

Rule 42 解法 NOT 問題の解法⇒L12 〔1〕2 3 4

Rule 43 解法 内容一致でnotを見たら隠してみる! 〔1〕2 3 4

Rule 44 解法 プラス0.5回読みをする!⇒L1 〔1〕2 3 4

Rule 45 解法 「強調」系の語句に反応する!⇒L7 〔1〕2 3 4

Rule 46 解法 「過剰」選択肢のパターン⇒L3,11 〔1〕2 3 4

Rule 47 解法 「入れ替え」選択肢のパターン⇒L8 〔1〕2 3 4

Rule 48 解法 「数字」を使ったひっかけパターン⇒L11 〔1〕2 3 4

Rule 49 解法 印象の強い単語・同じ単語を使ったひっかけパターン 〔1〕2 3 4

Rule 50 解法 指示語・代名詞の表す内容を特定する! 〔1〕2 3 4

Rule 51 解法 指示語の答えは「前」! ヒントは「後ろ」! 〔1〕2 3 4

Rule 52 解法 意外と訳しづらいwhatを攻略! 〔1〕2 3 4

Rule 53 解法 下線部和訳のパターンを知る! 〔1〕2 3 4

Rule 54 解法 関係詞の「訳し方」を整理する! 〔1〕2 3 4

Rule 55 解法 「変化・増減」を正しく把握する! 〔1〕2 3 4

Rule 56	解法	知らない熟語は「正しい直訳」から攻める!	1 2 3 4
Rule 57	解法	設問文を正確に把握する!	1 2 3 4
Rule 58	解法	広告問題では「注意事項」に反応する!⇒L6	1 2 3 4
Rule 59	解法	空所補充問題の解法⇒L2	1 2 3 4
Rule 60	解法	下線部解釈問題の解法⇒L12	1 2 3 4
Rule 61	解法	記述問題の心構え⇒L4	1 2 3 4
Rule 62	解法	説明問題の解法	1 2 3 4
Rule 63	解法	文整序・段落整序問題の解法	1 2 3 4
Rule 64	解法	要約問題の取り組み方	1 2 3 4
Rule 65	解法	ビジュアル問題を解く手順⇒L5	1 2 3 4
Rule 66	構文	andは「対等の品詞」を結ぶ!⇒L4	1 2 3 4
Rule 67	構文	使役・知覚動詞とSVOCを徹底マスター!⇒L12	1 2 3 4
Rule 68	構文	〈名詞+S´V´〉を見たら関係代名詞の省略!⇒L10	1 2 3 4
Rule 69	構文	「同格のthat」をとる名詞⇒L2	1 2 3 4
Rule 70	構文	〈SV that〜〉は「Sは〜と思う・言う」の意味!	1 2 3 4
Rule 71	構文	〈V A as B〉は「AをBとみなす」という意味!	1 2 3 4
Rule 72	構文	分詞構文の訳し方のコツ⇒L10	1 2 3 4
Rule 73	構文	「任意倒置」のパターン⇒L2	1 2 3 4
Rule 74	構文	「強制倒置」のパターン	1 2 3 4
Rule 75	構文	「強調構文」の必殺即断パターン	1 2 3 4
Rule 76	構文	〈S out+動詞 O〉はS>Oの関係になる!	1 2 3 4
Rule 77	構文	「数字表現」の意味を正確にとる!	1 2 3 4
Rule 78	構文	第1文型は「存在・移動」と考える!	1 2 3 4
Rule 79	構文	「動名詞の意味上の主語」の要注意パターン	1 2 3 4
Rule 80	構文	SVOCになる形に注意!	1 2 3 4
Rule 81	構文	「接続詞as」の識別をマスターする!	1 2 3 4
Rule 82	構文	〈SV+人+to 〜〉を使いこなす!⇒L9	1 2 3 4
Rule 83	構文	名詞構文に注目して意訳する!	1 2 3 4
Rule 84	構文	特殊なSVMに注意!	1 2 3 4

音読について

●音読で意識すること

❶文法・構文を意識して10回

　文構造を意識しながら，ときには日本語訳を確認しながら10回音読してください。ゆっくりでOKです。

❷内容を意識して10回

　「意味・内容が浮かぶように」10回音読してください。これをこなしていくうちに，日本語を介さずに英文を理解できるようになっていきます。その英文が伝える内容が「画像として浮かぶくらい」まで音読できればベストです。内容優先ですから，自分で理解できるスピードでOKです。

❸スピードを意識して10回

　「自分が本番で読むときの理想のスピード（自分が理解できる範囲でのマックスのスピード）」に徐々に近づけながら，10回読んでみてください。

●スケジュール

❶目安は1日30分

　3カ月くらいで効果が出るはずです。ただ読むだけの「ダラダラ音読」は絶対にしないように，集中して取り組みましょう！

❷分配

　同じ英文を一気に30回も読む必要はありません。1日5回×6日＝合計30回が目安です。

●音読の「注意点」

　音読は必ず声に出してください。黙読だと難しい箇所を無意識のうちに飛ばしてしまうからです。ただし，声の大きさは無関係なので，ボソボソで十分です。ボソボソでも声を出すことによって，息継ぎが必要になります。英文を適切なところで区切るときに息継ぎをすることで，より自然な読み方が身に付くようになります。

●音読用白文について

❶2種類のスラッシュ

// ……必ず切りたい　　　　/ ……切ってもOK

❷スラッシュを入れる方針

　英文にスラッシュを入れること自体は昔からあるものです。本書でも基本方針は同じですが，従来のものと違うのは次の2点です。

- 英語ネイティブとアメリカで生まれ育った帰国子女の協力により「本物の感覚」でスラッシュを入れたこと。
- 英文を広く捉えるために，スラッシュを「あまり入れすぎない」こと。

　従来は文法的区切り（たとえば前置詞の前）に機械的に入れるのが普通でしたが，それだとあまりに区切りが多くなってしまい，むしろ不自然な音読の習慣がついてしまいます。細かい区切りや修飾関係は「文構造の分析」でやることなので，ここでは英文をもう少し大きく捉える訓練も兼ねるという方針でスラッシュを入れています。

音声の利用法

●ウェブサイトで聞く方法

❶パソコンからインターネットで専用サイトにアクセス

（右のQRコードからもアクセスできます）

https://www.obunsha.co.jp/service/rules/

❷お持ちの書籍をクリック

❸パスワード「rules01k」をすべて半角英数字で入力して，音声ファイルをダウンロード

（またはウェブ上で再生）

注意 ●ダウンロードについて：音声ファイルはMP3形式です。ZIP形式で圧縮されていますので，解凍（展開）して，MP3を再生できるデジタルオーディオプレーヤーなどでご活用ください。解凍（展開）せずに利用されると，ご使用の機器やソフトウェアにファイルが認識されないことがあります。デジタルオーディオプレーヤーなどの機器への音声ファイルの転送方法は，各製品の取り扱い説明書などをご覧ください。●スマートフォンやタブレットでは音声をダウンロードできません。●音声を再生する際の通信料にご注意ください。●ご使用機器，音声再生ソフトなどに関する技術的なご質問は，ハードメーカーもしくはソフトメーカーにお願いします。●本サービスは予告なく終了することがあります。

●スマートフォンアプリで聞く方法

　音声をスマートフォンアプリ「英語の友」でも聞くことができます。「英語の友」で検索するか，右のQRコードからアクセスしてください。パスワードを求められたら，上記の❸と同じパスワードを入力してください。

名詞句・節／形容詞句・節／副詞句・節の働きと注意点

❶名詞句・名詞節…〈 〉とんがりかっこ
❶名詞の働き → S・O・Cのどれかになる
- ●Sになる　例：〈The sheep〉crossed the street.　そのヒツジは道を渡った。
- ●Oになる　例：I dropped〈a book〉on my toes.　私は足の指に本を落とした。
- ●Cになる　例：He is〈an amazing pianist〉.　彼はすごいピアニストだ。
❷注意すべき〈とんがりかっこ〉その1
- ●不定詞の名詞的用法
  - 例：It's not easy〈to raise a child〉.　子どもを育てるのは簡単なことではない。
- ●動名詞
  - 例：I stopped〈going to the swimming pool〉.　私はプールに行くのをやめた。
❸注意すべき〈とんがりかっこ〉その2
- ●接続詞のthat・if・whether
  - 例：I found out〈that my friend plays the *shamisen*〉.
    - 私は友だちが三味線を弾くと知った。
- ●疑問詞
  - 例：Only the author knows〈who the enemy really is〉.
    - 敵の正体［敵が本当は誰なのか］を知っているのは作者だけだ。
- ●関係代名詞のwhat
  - 例：My parents never get me〈what I want〉.
    - 私の両親は私が欲しいものを全然買ってくれない。
- ●複合関係代名詞
  - 例：His parents buy him〈whatever he wants〉.
    - 彼の両親は彼の欲しいものを何でも買ってあげる。

❷形容詞句・形容詞節…［ ］しかくかっこ
❶形容詞の働き → 名詞修飾 or Cになる
- ●名詞を修飾する（限定用法）
  - 例：That is a［giant］cake.　あれは巨大なケーキだ。
- ●Cになる（叙述用法）
  - 例：That cake is［giant］.　あのケーキは巨大だ。
❷注意すべき［しかくかっこ］その1
- ●不定詞の形容詞的用法
  - 例：Do you have enough money［to buy a sandwich］?
    - あなたはサンドイッチを買う（十分な）お金を持っていますか。

●名詞修飾の分詞
　例：The boy [dancing on stage] is my brother.
　　　ステージで踊っている少年は私の弟だ。
●前置詞句
　例：The eruption [of a volcano] destroyed the whole village.
　　　火山の噴火によって，村全体が破壊された。
❸注意すべき［しかくかっこ］その2
●関係代名詞
　例：I know the man [who made this beautiful cup].
　　　私はこの美しいコップを作った男性を知っている。
●関係副詞
　例：This is the house [where the famous author lived].
　　　これは有名な作家が住んでいた家だ。
●前置詞＋関係代名詞
　例：This is the house [in which the famous author lived].
　　　これは有名な作家が住んでいた家だ。
●名詞＋SV→関係詞の省略
　例：I think I know the book [you are talking about].
　　　私はあなたが話している本を知っていると思う。

❸副詞句・副詞節…（　　　　　　　）まるかっこ

❶副詞の働き → 名詞以外を修飾（動詞・形容詞・副詞・文を修飾）
　例：I traveled (from Tokyo to Osaka) (on foot).
　　　私は東京から大阪まで歩いて旅をした。※動詞traveledを修飾
❷注意すべき（まるかっこ）その1
●不定詞の副詞的用法
　例：I went home early (to celebrate my son's birthday).
　　　私は息子の誕生日を祝うため，早めに帰宅した。
●分詞構文
　例：(Having finished his dinner), he went to his room and played games.
　　　彼は夕食を済ませた後，自分の部屋に行ってゲームをした。
●前置詞句
　例：I treated the old book (with great caution).
　　　私はとても慎重にその古い本を扱った。
❸注意すべき（まるかっこ）その2
●従属接続詞（when・if型の接続詞）
　例：(If I get a perfect score on my test), my parents will buy me a game.
　　　もし私がテストで満点を取ったら，両親がゲームを買ってくれる。
●複合関係詞
　例：(Wherever you go), you will meet strange people.
　　　たとえどこへ行っても，不思議な人に出会うだろう。

Lesson 1 　解答・解説

このLessonで出てくるルール

Rule 35 読解 　長文単語・語句をマスターする！（after all）⇒ 問1
Rule 24 読解 　過去と現在の「対比」を予測する！⇒ 問2
Rule 4 読解 　〈this＋名詞〉は「まとめ」を作る！
Rule 41 解法 　まずは「形」から考える！⇒ 問3
Rule 44 解法 　プラス0.5回読みをする！⇒ 問5

解答

問1 ①　　問2 ①　　問3 ②　　問4 ③　　問5 ④

問1　難易度 ★★☆　　思考力

　設問文に「..., what is one reason ...」とあるので，本文で理由が書かれている箇所を探します。普通はreasonやbecauseなどの単語が目印になるのですが，今回はなんと **after all** なんです。after allが理由を示すことを知っている人は上級者でもかなり少ないのですが，実は長文で重要な働きをします。

≫≫ *Rule 35* 読解 長文単語・語句をマスターする！（after all）

　単語・熟語の中には，訳語だけでなく，「使い方」や「意外な意味（単語帳では強調されない意味）」を知っておくべきものがあり，そういった語句は入試でよく狙われるのです。この本ではそういった語句が出てくるたびに「長文単語・語句」としてしっかり解説していきます（受験生がつい流してしまうものばかりです）。
　今回はafter allですが，これは「結局」という訳を覚えるだけの人が大半です。しかし辞書には「だって〜だから，そもそも，何といっても，なにしろ」などたくさんの訳語が並んでいます。

```
長文語句 after all
（ア）結局は，やっぱり　※「予想に反して」という感じで使われる
（イ）だって〜だから，そもそも，何といっても，なにしろ　※前の文の理由になる
```

　after all は直訳「全部の（発言・言動の）後で」→（ア）「結局は」の他に，（イ）「結局は〜なんだから」という理由を付け足す用法があります。（イ）の訳語「だって〜だから，そもそも，何といっても，なにしろ」はどれであれ，理由を追加する表現です（その中で好きな訳語を1つ覚えれば十分です）。

　今回の英文では，13行目の **After all**, all four of these popular sports were invented and developed in North America.「なにしろ，これら4つの人気スポーツは全て北アメリカで生まれ，発展してきたのだから」が理由になっているので，これと合致する①が正解です。after all が「理由の目印になる」ことを知っていればすぐに解けるのです。

> **ここが 思考力**　**本文の内容が選択肢に
> 全て反映されるとは限らない！**
>
> 　今回の問題で，本文の該当箇所と選択肢をよく比べてみましょう。
>
> **13行目**：After all, all four of these popular sports were invented and developed in North America.
>
> **正解の選択肢①**：Those sports were born in North America.
>
> 　下線部がそれぞれ対応しますが，本文の developed が選択肢にありません。（厳密には本文の内容が少し足りないのですが）選択肢自体は正しい（本文に書かれていることだけが書かれている）ので，これは正解になります。
> 　もちろん他の選択肢が明らかな間違いということもありますが，こういう「片手落ちの選択肢もよくある」と知っておくと，本番で迷ったり不安になることもなくなるでしょう。

設問文と選択肢の訳

第2段落によると，アメリカ人がサッカーよりも野球，アメリカンフットボール，バスケットボール，アイスホッケーを好む理由の1つは何か。
① それらのスポーツは北アメリカで生まれたから。
② それらのスポーツはサッカーよりも暴力的だから。
③ アメリカ人はそれらのスポーツのワールドカップでいつも優勝しているから。
④ それらのスポーツは男女ともにプレーを楽しめるから。

この第5段落では「**対比**」が使われているので，パターンを知っていれば，問われている主張（要旨）を見抜くのはかなり楽になります。

>>> *Rule 24* 読解 過去と現在の「対比」を予測する！

英文で「**昔は**」を表す語句が出てきたら，その後に「**しかし今は違う！**」という現在の内容が続くことを予想してください。**過去と現在の内容が対比**される，典型的なパターンなんです。この場合（ほぼ間違いなく）**「現在の内容」が主張**になります。しかも，「昔は…」の内容の後にbutなどが使われることはまれで，いきなり「現在」の内容がくるのが現実の英文の書かれ方なんです。

以下の表で，左（昔）を見たら，右（今）がくることを予想するわけです。

「昔は…」の表現のバリエーション	「でも今は…」の表現のバリエーション
☐ ～ ago ～前に ☐ at first ～ 初めは～ ☐ previously 以前は ☐ in former times 以前は ☐ in 過去の西暦 ○○年には ☐ once かつては ☐ in the past 昔は ☐ traditionally 昔から，従来は ☐ conventionally 昔から，従来は ☐ originally もとは，初めは ☐ initially 最初は ☐ for the long time 長い間	☐ now 今は ☐ today 今日は ☐ these days 最近は ☐ nowadays 最近は

この段落では，26行目の In 1974 が「過去，昔」のことで，その後に Today で「現在」の内容がきています。

In 1974, it was estimated that only 100,000 American children played on organized soccer teams. Today, the number is thirty times greater, with over 3 million children playing soccer.

「1974年には，組織だったサッカーチームでプレーをしているアメリカの子どもはたったの10万人しかいなかったと推定されていた。それが現在では，そ

の人数は30倍に増加し，300万人以上の子どもがサッカーをしている」

　つまり「昔は少なかった。しかし今は違う！」という大枠がわかれば，主張は「今はたくさんいる」だとわかります。これに合致する選択肢は，①しかありませんね。本文をきちんと読みとれれば，設問を解くのは一瞬なんです。

　ちなみに，設問とは直接関係ありませんが，今回の主張を表す英文（Today, ～）の後に，その理由を示す英文（One reason for ～）がきています。その英文内で，this surge「この急増」という表現が使われていますが，多くの受験生はsurgeの意味を知りませんよね。ここで1つ大事なルールがあるんです。

ここでもルール

Rule 4 読解 〈this + 名詞 〉は「まとめ」を作る！

　英文中の〈**this + 名詞**〉には，その直前の内容を「**まとめる**」働きがあります。筆者が何かしらを説明して，そこまでの内容をいったん整理する目的で，〈this + 名詞 〉でまとめるわけです。

　thisの後ろの「名詞」は，そこまでの内容を一語にギュッと凝縮した単語が使われます。ということは，英文を読んでいて〈this + 名詞 〉が出てきたら次のように考えればいいのです。

① 〈**this + 名詞**〉までの内容が難しい場合

　「そこまでの内容をまとめると，その名詞になる」とわかります。たとえば難しい内容が続いていても，その後に this experiment「この実験」があれば，その長々とした難しい内容は experiment「実験」のことなんだとわかります。

② **this**の後の名詞を知らない場合

　〈this + 名詞 〉はどうせ「まとめ」なので，「今言ったこの こと 」と考えれば，文意をつかむことができます。

　〈this + 名詞 〉は入試の設問でも超頻出事項なので，ここに注目することはものすごく大事です。また，〈these + 名詞 〉も全く同じ発想です。

　この文の場合，もしsurgeの意味を知らなければ，「今言ったこのこと（の1つの理由は）」と考えれば困ることはありませんし，もしsurge「急増」を知っていれば，「その前の文は『上昇・増加』について言っているんだ」と気付くこともできるのです。これも今回の設問を解くヒントになるはずです。

第5段落の要旨は何か。

① **ますます多くのアメリカの子どもがサッカーをするようになってきている。**

② サッカーは現在アメリカで，フットボールの30倍の人気を誇っている。

③ アメリカのサッカー選手の目標はメキシコを倒すことである。

④ 移民はアメリカ文化に影響を与えすぎている。

ここが ⟨ 思考力 ⟩ ▶ 「全体を問う・主張を問う問題」の対処方法

　　今回のような，全体を問う・主張を問う問題は「**思考力を問う問題**」の代表と言ってもいいでしょう。この手の問題は「筆者の主張を見抜こう」などの漠然としたアドバイスをされるだけということも多いのですが，そんなことだけ言われても困りますよね。

　　みなさんは本書のルール（今回なら「過去と現在の対比」）を駆使することで，本文を読んだ時点で（選択肢を見る前から）「どこが大事なのかを読み取る」ことができるようになっていくはずです。「思考力を問う問題」といえども，きちんと英文のルールをマスターしていくことで，確実にクリアできるようになりますよ。

問3　難易度 ★★☆

　　空所に語句を入れる問題などでは，多くの受験生が「適切な訳・自然な意味になるもの」を最初に考えてしまいます。しかしそれでは「訳すのに時間がかかる」「知らない単語がある→訳せない→解けない」ということがよく起きます。

≫≫ *Rule 41* 解法 　まずは「形」から考える！

　　英語では「形」が大事です。「形」とは「品詞，語順，文型，語法」などのことですが，問題を解くときは，**まずは「品詞」から考える**習慣をつけてください。出題側も「普段から品詞を意識して読んでる？」と言わんばかりに，品詞の問題を出してきます。

　　空所があったらすぐに選択肢を見るのではなく，まずはその空所にどんな品詞が入るかを予想するようにしてください。品詞の他には，「〈S（主語）＋V（動詞）〉を見つける」，「関係詞をきっちり把握する」などの構造面も考えていきましょう。

　　とはいえ，「そんなこと考えたことなかった」「品詞ってよくわかんない」という受験生もたくさんいるので，本書では常にその視点で解説していきます。これ

からしっかり確認していけば大丈夫です。

　ちなみに，特によく狙われるのが「**副詞・前置詞・接続詞の区別**」なので，まずはここでそれを確認しておきましょう。

	SVの前にくる場合	**SVの間にくる場合**	**SVの後ろにくる場合**
副詞	(副詞), SV.	S, (副詞), V.	SV, (副詞).
前置詞	(前置詞 名詞), SV.	S, (前置詞 名詞), V.	SV (前置詞 名詞).
接続詞	(接続詞 S´V´), SV.	S, (接続詞 S´V´), V.	SV (接続詞 S´V´).

※（　　）は副詞のカタマリを表します。

　今回は，（　　），soccer can be played という形なので，空所には「副詞」が入るはずです（上の表の左上にある，(副詞), SV. のパターン）。選択肢を見ると，① Other は形容詞，② Also と③ Exactly が副詞，④ After は前置詞・接続詞です。形から考えることで，一瞬で② Also と③ Exactly の2択に絞って，後は意味を考えます（厳密に言えば，たとえば after には副詞もあるなど上記以外の品詞もありますが，受験生が意識する必要は一切ありません）。訳だけで考えると① Other を「他に」と思って，これにひっかかります。

　空所の前後にはそれぞれ「サッカーのプラス面」が並んでいます。前には soccer is much safer「サッカーのほうがはるかに安全である」，後ろは soccer can be played by both boys and girls「サッカーは男女どちらでもプレーできる」とあるので，「並列，追加」を表す② Also が正解です。今回のような文頭にくる Also はあまり見慣れないかもしれませんが，現実にはよく使われます。

選択肢の訳

① 他の　　② **また**　　③ 正確に　　④ 〜の後で

問4 難易度 ★★★

　natural は「自然の」→「（そう考えるのが自然なくらい）もっともな，当然の」という意味があり，It is natural that 〜「〜ということは当然だ」の形でよく使われます（今回は is が seems に変わっているだけです）。

　選択肢で，意味的に natural に置き換えられそうなものは，③ likely「ありそうな，起こりそうな」のみです。

　また，likely も It is likely that 〜「〜ということが起こりそうだ」の形をよく

とるので，本文（it seems natural that ～）と同じ形です。このように形からの視点も役立ちます。選択肢が全て形容詞なので，完全に語彙問題（意味で解くしかない問題）のように思えて，実は「形」もヒントになるわけです。

選択肢の訳

① 幸運な　　② 愛らしい　　③ 起こりそうな　　④ 元気いっぱいの

問5 難易度 ★★★　思考力

　英文前半は「昔はアメリカではサッカーの人気がなかった」という内容ですが，後半は「サッカーの人気上昇」をアメリカンフットボールと対比するなどして説明しています。タイトルにはsoccerが絶対に必要で，かつ，American footballなど他のスポーツはあくまで比較対象に過ぎないという視点から，④ The Rise of Soccer in the United States「アメリカ合衆国におけるサッカーの隆盛」が正解となります。③だと，サッカーとアメリカンフットボールが「対等（同じ重要さ）」になって，どちらに重点があるのかわからないので不正解です。

■受験生のよくある悩み

　「長文を読んでいると，前の内容を忘れる」「要約問題・タイトル選択問題が苦手」という悩みをよく聞きます。こういった悩みに対して，「段落ごとにメモをとろう」と言われるのが普通ですが，そもそも難しい英文のメモを的確にとれる受験生はほとんどいないでしょう。まずは本文をしっかり読むことが大前提です。

■ザザッと読み直してから選択肢を見る

　そこでぜひ知ってほしい方法が「＋（プラス）0.5回読み」です。本文を読み終えて，すぐに選択肢を見るのではなく，本文（場合により各段落のみ）を（もう1回読み直すのではなく），「0.5回」という感じでザザッと読み直す方法です。

≫≫ *Rule 44* 解法 プラス0.5回読みをする！

　● 「＋0.5回読み」はどう読む？

　あまり形にこだわらなくていいのですが，とりあえずはこの本で紹介するルールを使いこなしていけばOKです。たとえば今みなさんは「過去と現在の対比（*Rule 24* ▶ p.16）」を知ったわけですから，あらかじめ該当箇所に下線を引くなどして印をつけておき，＋0.5回読みするときは「過去は～だったな，現在は～だよな」と意識しながら大事そうな部分だけを再確認していけばいいのです。

● 「＋0.5回読み」のメリット

(1) **時間がかからない**（のに英文の理解度は格段に上がるので，正答率が上がる！）。

(2) **段落最後の「余計な情報」に引きずられない**（一度読むだけだと，段落の最後にある補足がどうしても頭に残るのですが，＋0.5回読みでそれも解消できます）。

　今回も＋0.5回読みを行うことで，「英文の最初からサッカーの話だったな・昔はサッカーの人気がなかったんだよな」と再確認できますし，最後の段落のアメリカンフットボールの内容に引きずられなくなります（これが最後に出てくる「余計な情報」というものです）。

設問文と選択肢の訳

この文章に最もふさわしいタイトルは何か。
① 世界中の人気スポーツ
② アメリカンフットボール：楽しいのか危険なのか？
③ サッカー対アメリカンフットボール
④ **アメリカ合衆国におけるサッカーの隆盛**

ここが（思考力） **タイトルを選ぶ問題の対処方法**

　タイトルを選ぶ問題は「全体の論旨・段落展開を把握する必要がある」と言われます。確かにその一面もありますが，「全体の把握をしよう」と言われたところで，どうしていいかわかりませんし，ミスするものはしてしまいますよね。

　まず大事なのは「**対比があれば，そこに主張がある**」「**主張の後には理由がくることが多い**」「**具体例につられない**」などで，それは今後，ルールとして習得していきます。さらに今回の「＋0.5回読み」を使えば必ず対処できるようになります。

1 There is no doubt ⟨that soccer is the most popular team sport (in the world)⟩.
　　　 V　 S　　　　　　 S′　 V′　　　　　　　 C′

> **訳** サッカーが世界で最も人気のあるチームスポーツであることは疑う余地がない。

> **語句** There is no doubt that S′V′. S′V′であることには疑う余地がない。

> **文法・構文** that ～ は「同格のthat」で，doubt「疑い」の内容を具体的に説明しています。

(Throughout Europe, Asia, South America and Africa), billions of people play
　　　　　　　　　　　　　　　　　　　　　　　　　 S　　　　　　 V
soccer (as youngsters) and enjoy watching the sport (throughout their lives).
　O　　　　　　　　　　　　　 V　　　　 O

> **訳** ヨーロッパ，アジア，南米，そしてアフリカ中で，何十億もの人々が子どもの頃にはサッカーをして，生涯にわたってサッカー観戦に興じる。

> **語句** throughout 前 ～中で／billions of ～ 何十億もの～／youngster 名 子ども

> **文法・構文** 2つ目のandは動詞2つ（play ～／enjoy ～）を結んでいます。

The World Cup, (held every four years), is the most anticipated sporting event [in
　　　 S　　　　　　　　　　　　　　　 V　　　　　　　 C
the world].

> **訳** 4年に1度開催されるワールドカップは，世界で最も人々が楽しみにしているスポーツイベントだ。

> **語句** hold 動 開催する／anticipated 形 期待された，待ち望んでいた

> **文法・構文** held every four yearsは分詞構文で，直前にあるThe World Cupの説明をしています。

(However), the people [of the United States of America] have always been an
　　　　　　　　　　　　 S　　　　　　　　　　　　　　　　 V
exception.
　C

> **訳** しかし，アメリカ合衆国の国民はこれまでずっと例外であった。

> **語句** people 名 国民，民族 ※「人々」という意味の他にこの意味があることもチェックを！／exception 名 例外

> **文法・構文** 「アメリカ合衆国の国民はずっと例外であった」とは，「アメリカ国民はこれまでワールドカップを楽しみにしてこなかった」ということです。

They <u>have never gotten</u> very excited (about soccer) ― (until recently).
 S   V

> **訳** 彼らはサッカーにそれほど関心を示すことはなかった―最近まででは。

> **文法・構文** get p.p. の形で，受動態（*be* p.p.）とほぼ同じ意味を表しています。

> 強調の did

2 <u>Interest in soccer there</u> <u>did grow</u> (in the early 1990s), [when <u>a professional</u>
         S   V   S′
<u>league</u> [called Major League Soccer] <u>was established</u> (with teams [throughout
                                            V′
the United States ¦and¦ Canada])].

> **訳** アメリカにおけるサッカーへの関心が高まったのは，アメリカおよびカナダ中の
> チームでメジャーリーグサッカーというプロリーグが設立された1990年代初頭
> のことだった。

> **語句** establish 動 設立する

> **文法・構文** did grow の did は「強調の助動詞」で，「（それまでアメリカでのサッカー熱は
> さほどではなかったが）1990年代初頭に実際に関心が高まった」ことを強調してい
> ます（人称・時制によって，did は do や does になります）。また，, when ～ は関係
> 副詞の非制限用法で，the early 1990s に何が起こったのかを補足説明しています。

(In addition), <u>the United States</u> <u>hosted</u> <u>the 1994 World Cup</u>.
                 S   V   O

> **訳** さらにアメリカ合衆国は，1994年ワールドカップの主催国となった。

> **語句** host 動 主催する

> children の同格

<u>These events</u> <u>prompted</u> <u>an increase</u> [in soccer leagues for children], both boys and
 S   V   O
girls.

> **訳** こういった出来事は，男女ともに子ども向けサッカーリーグの増加を促進した。

> **語句** prompt 動 促進する／increase 名 増加

(Still), <u>Americans today</u> <u>follow</u> baseball, American football, ¦and¦ basketball
          S   V   O
(more avidly than soccer).

それでもなお現代のアメリカ人は，サッカーよりも野球，アメリカンフットボール，そしてバスケットボールの話題を熱心に追いかけている。

語句 follow 動 （スポーツなどの話題を）追いかける／avidly 副 熱心に

(If asked to name the fourth most popular team sport), most would probably add
〔S＋be動詞の省略〕   S   V

ice hockey (rather than soccer).
O

訳 4番目に人気のあるチームスポーツを挙げるように言われたら，おそらくほとんどのアメリカ人はサッカーではなくアイスホッケーを挙げるだろう。

語句 name 動 名前を挙げる

文法・構文 If asked ～ は If {Americans are} asked ～ から〈S＋be動詞〉が省略された形です。今回のように主節の主語と異なる場合でも，文脈上「主語が明らかな場合」には省略されることがあります。また，今回の name は動詞「名前を挙げる」です。

〔「理由」を表す〕

(After all), all four of these popular sports were invented and developed (in
                S   V

North America).

訳 なにしろ，これら4つの人気スポーツは全て北アメリカで生まれ，発展してきたのだから。

語句 after all なにしろ～なのだから／invent 動 生み出す／develop 動 発展させる，発展する

3 But (in recent years), the attitude of Americans [toward soccer] has begun to
                            S   V

improve.

訳 しかし近年，アメリカ人のサッカーに対する考え方は好転し始めている。

語句 attitude 名 考え方，態度／toward{s} ～ 前 ～に対する／improve 動 よくなる，改善する

Many people [both in and outside the United States] believe ⟨that soccer is
　　　　　　　S　　　　　　　　　　　　　　　　　　V　　　　O　　S′
certain to become one of America's top three popular sports ⟨within the next
　　　　　　　V′　　　　　　　　　　　　　　　　C′
twenty years⟩⟩.

> **訳** アメリカ合衆国内外の多くの人々が, サッカーは間違いなく今後20年以内にアメ
> リカの人気スポーツ上位3位以内に食い込むと考えている。

> **語句** *be* certain to 原形 (主語が) 間違いなく～する

> **文法・構文** both *A* and *B* の A に前置詞 in, B に前置詞 outside がきて, その2つの共通の
> 目的語が the United States です。

```
複数名詞 reasons → 羅列を予想
```

There are a number of reasons.
　　　　V　　　　S

> **訳** それには, 多くの理由がある。

> **語句** a number of ～ 複数の～ ※the number of ～「～の数」と区別してください。

> **文法・構文** reasons, ways, problems などの複数名詞を見つけたら, 後ろにはその内容の
> 羅列が続くと予想しましょう。今回も第4段落以降で理由の羅列が続いています。

4 ⟨For one thing⟩, American teams have become stronger ⟨in international
　　　　　　　　　　　　　S　　　　　　V　　　　　　C
tournaments⟩.

> **訳** 1つの理由には, アメリカのチームが国際トーナメントにおいて, より強くなっ
> てきたことが挙げられる。

> **語句** for one thing 1つの理由には

The U.S. women's team has been ⟨especially⟩ successful, ⟨defeating Japan to win
　　　　　S　　　　　　　　V　　　　　　　　　　　　C
the women's World Cup in 2015⟩.

> **訳** アメリカ合衆国女子代表チームは特に好調で, 2015年の女子ワールドカップでは
> 日本を破って優勝した。

> **語句** successful 形 好調である／defeat 動 破る, 負かす／win 動 優勝する

> **文法・構文** defeating ～ は the U.S. women's team を意味上の S とする分詞構文です。ま
> た, to win ～ は不定詞の副詞的用法で,「結果(その結果～だ)」を表しています。

(The final match was watched (on TV) (by more Americans than the championship
— S —   — V —
games of professional basketball and ice hockey [in the same year]).)

> **訳** (そのときの決勝戦は，同年のプロバスケットボールおよびプロアイスホッケー
> の決勝戦よりもアメリカ人のテレビ視聴率が高かった。)

> **語句** final match 決勝戦／championship game 決勝戦

(Moreover), Major League Soccer has added several new teams (in the last ten
                 — S —   — V —   — O —
years), (so that few regions of the United States now lack a professional soccer
                    — S′ —   — V′ — — O′ —
team). 「結果」を表す so that

> **訳** さらに，メジャーリーグサッカーにはここ 10 年でいくつかのチームが新規加盟し
> ており，今では，プロサッカーチームが存在しないアメリカ合衆国の地域はほと
> んどない。

> **語句** region 图 地域／lack 動 ～がない

> **文法・構文** so that S′ 助動詞 V′ は「目的（S′ V′ するために）」を表しますが，"～, so
> that S′ V′" は「結果（～だ。その結果 S′ V′ だ）」となります。

5 The increase [in participants] is even more impressive.
        — S —   — V —   — C —

> **訳** 参加者の増加は，よりいっそう目覚ましい。

> **語句** impressive 形 目覚ましい

> **文法・構文** even は比較級の強調表現「よりいっそう～」です。

(In 1974), it was estimated ⟨that only 100,000 American children played (on
           仮S — V —   真S   — S′ —   — V′ —
organized soccer teams)⟩.

> **訳** 1974 年には，組織だったサッカーチームでプレーをしているアメリカの子どもは
> たったの 10 万人しかいなかったと推定されていた。

> **語句** estimate 動 推定する／organized 形 組織だった

> **文法・構文** it was estimated ～ の時点で仮主語構文だと判断できます（it is [was] p.p.
> that ～の形は必ず仮主語構文）。

(Today), the number is thirty times greater, (with over 3 million children playing
　　　　　　　S　　　V　　　　　　C
soccer).

付帯状況の with

> **訳** それが現在では，その人数は30倍に増加し，300万人以上の子どもがサッカーを
> している。

> **文法・構文** thirty times greater は倍数表現です。thirty times as great as の形しか説明さ
> れないことが多いですが，実際にはこの「比較級を使った倍数表現」も多用され
> ます。また with 以下は with OC の形で，「付帯状況」を表しています。

One reason [for this surge] might be immigration.
　　　　S　　　　　　　　　V　　　　C

this ＋ 名詞 でまとめ

> **訳** この急増の理由の1つは，移民かもしれない。

> **語句** surge 名 急増／immigration 名 移民，移住

(In these past forty years), many people have moved (to the U.S.) (from such
　　　　　　　　　　　　　　　　S　　　　　V
soccer-loving areas as Mexico and Central America).

> **訳** この40年間で，メキシコや中米といったサッカー好きの地域から多くの人々がア
> メリカ合衆国に移住しているのである。

> **語句** such A as B B のような A

6 Another reason [for the popularity of soccer among children] may be related
　　　　　　　　　　　　　　　　　　S　　　　　　　　　　　　　　　　　　V
to negative aspects of one of soccer's rivals.
　　　　　　　　　　　O

> **訳** サッカーが子どもから人気を博しているもう1つの理由は，サッカーと人気を争
> っているスポーツの1つにおけるマイナス面が関係しているかもしれない。

> **語句** be related to ～ ～と関連がある／aspect 名 側面／rival 名 競争相手，匹敵する
> もの

American football has always been a violent sport.
　　　　S　　　　　　　V　　　　　　C

> **訳** アメリカンフットボールは昔から暴力的なスポーツだった。

> **語句** violent 形 暴力的な

Opposing players make hard contact (with one another) (on every play).
　　　　S　　　　　V　　　　O

> **訳** プレーのたびに，敵対する選手たちは互いに激しく接触する。

> **語句** opposing 形 敵対している／make contact with 〜 〜と接触する

(As a result), veteran players face difficulties later in life (due to injuries,
　　　　　　　　　S　　　　V　　　O

especially problems [with their brains]).

> 因果表現

> **訳** その結果，ベテラン選手たちはのちの人生において，損傷，特に脳疾患による困難に直面するのである。

> **語句** as a result 結果として／veteran 形 経験豊かな ※文字どおり「ベテランの」です。／face 動 直面する／later in life のちの人生で／due to 〜 〜が原因で／injury 名 損傷／especially 副 とりわけ

(In recent years), some coaches of American football have said, "I will not let my
　　　　　　　　　　　S　　　　　　　　　　　　　　　　V　　　S　　V

children play football."
　O　　　　C

> **訳** 近年，アメリカンフットボールのコーチの中には「私は自分の子どもには絶対にアメリカンフットボールをさせない」と言っている人もいる。

> **語句** recent 形 最近の／coach 名 コーチ／let 人 原形 人 に〜させる

7 American football and soccer have several similarities: both are played (on a
　　　S　　　　　　　　　　　　V　　　　O　　　　　　S　　V

rectangular field), (outdoors), (in all kinds of weather).

> **訳** アメリカンフットボールとサッカーには，いくつかの類似点がある。どちらも長方形のフィールドで，屋外で，どんな天候でもプレーが行われる。

> **語句** similarity 名 類似点／rectangular 形 長方形の

> **文法・構文** コロン（:）以下で，前文で説明された「いくつかの類似点」を具体的に説明しています。

(In both sports), teammates cooperate to move a ball (towards a goal).
　　　　　　　　　S　　　　　V　　　　　O

> **訳** どちらのスポーツでも，チームメイトは協力してボールをゴールに向かって動かす。

> **語句** cooperate to 原形 協力して〜する

(On the other hand), soccer is much safer.
　　　　　　　　　　　　 S　　V　　　 C

> **訳** 一方で，サッカーのほうがはるかに安全である。

> **語句** on the other hand 一方で

> **文法・構文** much は比較級の強調表現「はるかに〜」です。

The contact [between players] is less frequent and less violent.
　　　　　　　　　　　S　　　　　　　 V　　　　　　　　 C

> **訳** 選手間の接触はそれほど多くなく，それほど激しくもない。

Also, soccer can be played (by both boys and girls), (whereas American football
　　　　 S　　　 V　　　　　　　　　　　　　　　　　　　　　　　　　　 S´
is considered to be a boys' sport).
　　　 V´　　　　　 C´

> **訳** また，アメリカンフットボールは男子のスポーツと考えられているのに対し，サッカーは男女どちらでもプレーできる。

> **語句** whereas S´V´ S´V´ する一方で ※マイナーに思われますが重要な接続詞です。／consider A to be B A を B であるとみなす

> **文法・構文** whereas 以下は，consider A to be B「A を B であるとみなす」が受動態になった形です。

比例の as「〜につれて」

Thus, (as American football loses popularity), it seems natural ⟨that soccer's
　　　　 S´　　　　　　　　　　　 V´　　　 O´　　 仮S　 V　　　 C　　 真S
popularity [among young people] will continue to grow⟩.
　　 S´　　　　　　　　　　　　　　　　　 V´

> **訳** そのため，アメリカンフットボールの人気が低下していくにつれて，若者からのサッカー人気が高まり続けるであろうことは当たり前に思える。

> **語句** thus 副 したがって，そのため／popularity 名 人気／continue to 原形 〜し続ける

> **文法・構文** lose，grow など「変化を表す表現」があることから，as は「比例（〜するにつれて）」の意味だと判断できます。

29

There is no doubt / that soccer / is the most popular team sport in the world. // Throughout Europe, // Asia, // South America // and Africa, // billions of people play soccer as youngsters // and enjoy watching the sport / throughout their lives. // The World Cup, // held every four years, // is the most anticipated sporting event / in the world. // However, // the people of the United States of America / have always been an exception. // They have never gotten very excited about soccer // — until recently. //

Interest in soccer there / did grow in the early 1990s, // when a professional league called Major League Soccer / was established / with teams throughout the United States and Canada. // In addition, // the United States hosted the 1994 World Cup. // These events prompted an increase in soccer leagues for children, // both boys and girls. // Still, // Americans today follow baseball, // American football, // and basketball / more avidly than soccer. // If asked to name the fourth most popular team sport, // most would probably add ice hockey / rather than soccer. // After all, // all four of these popular sports / were invented and developed in North America. //

But in recent years, // the attitude of Americans toward soccer has begun to improve. // Many people both in and outside the United States / believe that soccer / is certain to become / one of America's top three popular sports / within the next twenty years. // There are a number of reasons. //

For one thing, // American teams have become stronger in international tournaments. // The U.S. women's team has been especially successful, // defeating Japan to win the women's World Cup in 2015. // (The final match was watched on TV / by more Americans / than the championship games / of professional basketball and ice hockey / in the same year.) // Moreover, // Major League Soccer has added several new teams / in the last ten years, // so that few regions of the United States / now lack a professional soccer team. //

The increase in participants is even more impressive. // In 1974, // it was estimated / that only 100,000 American children / played on organized soccer teams. // Today, // the number is thirty times greater, // with over 3 million children playing soccer. // One reason for this surge might be immigration. // In these past forty years, // many people have moved to the U.S. / from such soccer-loving areas / as Mexico and Central America. //

Another reason for the popularity of soccer among children // may be related to negative aspects of one of soccer's rivals. // American football has always been a violent sport. // Opposing players make hard contact with one another / on every play. // As a result, // veteran players face difficulties later in life / due to injuries, // especially problems with their brains. // In recent years, // some coaches of American football have said, // "I will not let my children play football." //

American football and soccer have several similarities: // both are played on a rectangular field, // outdoors, // in all kinds of weather. // In both sports, // teammates cooperate to move a ball towards a goal. // On the other hand, // soccer is much safer. // The contact between players / is less frequent and less violent. // Also, // soccer can be played by both boys and girls, // whereas American football is considered to be a boys' sport. // Thus, // as American football loses popularity, // it seems natural that soccer's popularity among young people / will continue to grow. //

日本語訳

　疑う余地がない／サッカーが…ということ／世界で最も人気のあるチームスポーツである。／／ヨーロッパ…中で，／／アジア，／／南米，／そしてアフリカ，／／何十億もの人々が子どもの頃にはサッカーをして，／／サッカー観戦に興じる／生涯にわたって。／／ワールドカップは／／4年に1度開催される／／最も人々が楽しみにしているスポーツイベントだ／世界で。／／しかし，／アメリカ合衆国の国民は／これまでずっと例外であった。／／彼らはサッカーにそれほど関心を示すことはなかった／／—最近までは。／／

　アメリカにおけるサッカーへの関心が／1990年代初頭に高まった／／メジャーリーグサッカーというプロリーグが／設立された／アメリカおよびカナダ中のチームで。／／さらに／／アメリカ合衆国は，1994年ワールドカップの主催国となった。／／こういった出来事は，子ども向けサッカーリーグの増加を促進した／男女ともに。／／それでもなお／／現代のアメリカ人は，野球…の話題を追いかけている，／／アメリカンフットボール，／／そしてバスケットボール／サッカーよりも熱心に。／／4番目に人気のあるチームスポーツを挙げるように言われたら，／／おそらくほとんどのアメリカ人はアイスホッケーを挙げるだろう／サッカーではなく。／／なにしろ，／／これら4つの人気スポーツは全て／北アメリカで生まれ，発展してきたのだから。／／

　しかし近年，／／アメリカ人のサッカーに対する考え方は好転し始めている。／／アメリカ合衆国内外の多くの人々が，／サッカーは…と考えている／間違いなく…になる／アメリカの人気スポーツ上位3種目の1つ／今後20年以内に。／／それには，多くの理由がある。／／

　1つの理由には，／アメリカのチームが国際トーナメントにおいて，より強くなってきたことが挙げられる。／／アメリカ合衆国女子代表チームは特に好調で，／2015年の女子ワールドカップでは日本を破って優勝した。／／（そのときの決勝戦は，テレビで視聴された／多くのアメリカ人に／決勝戦よりも／プロバスケットボールおよびプロアイスホッケーの／同年の。）／／さらに，／／メジャーリーグサッカーにはいくつかのチームが新規加盟しており，／ここ10年で／／（…が存在しない）アメリカ合衆国の地域はほとんどない／今では，プロサッカーチームが存在しない。／／

　参加者の増加は，よりいっそう目覚ましい。／／1974年には，／／推定されていた／（…でプレーをしている）アメリカの子どもはたったの10万人しかいないと／組織だったサッカーチームでプレーをしている。／／それが現在では，／／その人数は30倍に増加し，／300万人以上の子どもがサッカーをしている。／／この急増の理由の1つは，移民かもしれない。／／この40年間で，／多くの人々がアメリカ合衆国に移住しているのである／サッカー好きの地域から／メキシコや中米といった。／／

　サッカーが子どもから人気を博しているもう1つの理由は，／／サッカーと人気を争っているスポーツの1つにおけるマイナス面が関係しているかもしれない。／／アメリカンフットボールは昔から暴力的なスポーツだった。／／敵対する選手たちは互いに激しく接触する／プレーのたびに。／／その結果，／／ベテラン選手たちはのちの人生において，困難に直面するのである／損傷…による／／特に脳疾患。／／近年，／／アメリカンフットボールのコーチの中には言っている人もいる／／「私は自分の子どもには絶対にアメリカンフットボールをさせない」と。／／

　アメリカンフットボールとサッカーには，いくつかの類似点がある。／／どちらも長方形のフィールドで，プレーが行われる／屋外で，／どんな天候でも。／／どちらのスポーツでも，／／チームメイトは協力してボールをゴールに向かって動かす。／／一方で，／／サッカーのほうがはるかに安全である。／／選手間の接触は／それほど多くなく，それほど激しくもない。／／また，／／サッカーは男女どちらでもプレーできる／アメリカンフットボールは男子のスポーツと考えられているのに対し。／／そのため，／／アメリカンフットボールの人気が低下していくにつれて，／／若者からのサッカー人気が…ことは当たり前に思える／高まり続けるであろう。／／

このLessonで出てくるルール

Rule 59	解法	空所補充問題の解法 ⇒1〜6
Rule 22	読解	「対比」を表す表現に反応する！⇒2
Rule 69	構文	「同格のthat」をとる名詞 ⇒3
Rule 73	構文	「任意倒置」のパターン ⇒3
Rule 11	読解	具体物や行動の羅列は「具体例」と考える！

解答

1 カ　　2 イ　　3 ア　　4 オ　　5 キ　　6 エ

　空所補充問題は，いきなり文脈から考えるのではなく，以下の3ステップで考えてください。

⟫⟫⟫ *Rule 59* 解法 空所補充問題の解法

■ステップ1　選択肢を品詞ごとに分ける

　選択肢の品詞がバラバラなときはラッキーです。**空所の前後から入るべき品詞を絞る**ことで，速く確実に解けるようになります。「意味は通るんだけど，品詞が違う」というのが典型的なひっかけパターンです。

※難関大になるほど，品詞が違う問題は出なくなります（選択肢が全部同じ品詞）が，まずは選択肢をチェックする習慣をつけておいてください。

　また，**品詞分けを「やりすぎない」**ことも大事です。たとえばhaveは一般動詞「持つ」と助動詞（完了形を作るhave），besidesは前置詞「〜の他に」と副詞「加えて」があります。やっかいな例ではcanが助動詞ではなく名詞「缶」だった問題もあります。本番では「別の品詞の可能性」も念頭に置いておきましょう。

■ステップ2　空所前後との組み合わせを疑ってみる

　「空所が，前後の単語と組み合わせになるのでは？」と考えてみてください。特によくセットになるのは，次の2パターンです。

> ① 後ろの前置詞とセットになる
> 　　**(a)** **直後の前置詞と「熟語」** 例：(look) for 〜「〜を探す」
> 　　**(b)** **離れた前置詞と「語法」** 例：(provide) *A* with *B*「AにBを与える」
> ② **直後の名詞とセットになる** 例：(waste) time「時間を無駄にする」

■ **ステップ3　文脈で解く**

　形から考えても解けない場合に初めて文脈を考えます。ただし，なんとなく解くのではなく，常にこの本のルールを駆使できないか考えてみてください。

　ルールに従って，まずは選択肢を品詞ごとに分けます。「名詞」や「動詞」などと漢字でいちいち書くのは時間がかかるので，以下のように自分で記号を決めて，その記号でサッと囲んだりすればいいでしょう。

> **ア** <u>contribute</u>　　**イ** 〈criticism〉　　**ウ** ［damaging］　　**エ** 〈events〉
> **オ** ［former］　　　　**カ** ［profound］　　**キ** <u>raise</u>　　　　**ク** 〈states〉
> 　　　　　　　　　　　　　※下線は動詞，〈　〉は名詞，［　］は形容詞です。

　今回は，**ク**のstatesが複数の品詞の可能性がある選択肢で，動詞「述べる」にも，名詞「国家・状態など」にもなり得ます。

　以上を踏まえ，各問い（空所）を見ていきましょう。

選択肢の訳

ア 貢献する　　**イ** 批判　　**ウ** 損害を与えるような，不利な　　**エ** 出来事
オ 以前の　　**カ** 深い，重大な　　**キ** 上げる，高める　　**ク** 述べる／国家，州，状態

1　難易度 ★★☆

　a（　1　）effect on 〜 の形から，名詞effectを修飾する「**形容詞**」が入るとわかります（〈 ［冠詞］＋［形容詞］＋［名詞］ 〉の形）。選択肢の中で形容詞は，**ウ** damaging「損害を与えるような，不利な」／**オ** former「以前の」／**カ** profound「深い，重大な」です。

　ここでは「この政策はカナダ社会の発展に<u>重大な</u>影響を及ぼしてきた」という意味が自然なので，**カ**を選びます。have a profound effect on 〜「〜に重大な影響を与える」という表現はよく使われます。

　ちなみに，**ウ** damagingを入れてしまうと，空所後には主に「よい影響」につ

いて述べられているため，文脈に合いません。

have a 形容詞 influence [impact / effect] on 〜「〜に 形容詞 な影響を与える」の形はとても大事なので，以下で確認しておきましょう。on は本来「接触」の意味ですが，*A* on *B* で，A が単に B に接触するだけでなく，「グイグイと力を加えて影響を与える」イメージです。

「影響・効果」を表す重要表現

☐ have a positive [negative] influence on 〜
　　〜によい [悪い] 影響を与える

☐ have a big [great / significant / profound など] influence on 〜
　　〜に大きな影響を与える

☐ have little influence on 〜
　　〜にほとんど影響を与えない

☐ have a long-term influence on 〜
　　〜に長期的な影響を与える

　※ influence の代わりに impact や effect でも OK

2 　難易度 ★★☆

　a certain amount of （　2　），〜 の形から，空所は「of（前置詞）の目的語」なので「名詞」が入るとわかります。また，空所を含む英文全体は，**While S′ V′, SV.「S′ V′ する一方，SV だ」**なので，前半と後半が対比される（反対の内容になる）はずです。**while** は「〜の間」の他に「**〜の一方で**」という超重要な意味があります。

　後半の today most Canadians agree that the effects have been largely positive 「今日ではほとんどのカナダ人が，その影響はほとんどがプラスのものであったという意見で一致している」は「プラスの内容」なので，それと対比されている前半は「マイナスの内容」になるはずです。選択肢の中で名詞は**イ** criticism「批判」，**エ** events「出来事」，**ク** states「国家，州，状態」の3つで，このうち「マイナス」を表すのは**イ**です。

≫≫ *Rule 22* 読解 「対比」を表す表現に反応する！

　次のような対比表現に「反応」して，「**その前後が反対の内容だと意識する**」ことが大事です。

「対比」を表す表現

- [ ] SV while [whereas] S´V´. SVだ。その一方でS´V´だ
- [ ] despite ～／[ ] in spite of ～ 　～にもかかわらず
- [ ] in contrast to ～ 　～とは対照的に 　　[ ] compared to ～ 　～と比べると
- [ ] unlike ～ 　～とは違って 　　　　　　　[ ] instead of ～ 　～の代わりに，～ではなく
- [ ] far from ～ 　～ではない 　　　　　　　[ ] aside from ～ 　～は別として
- [ ] rather than ～ 　～よりむしろ，～ではなく

---

3 難易度 ★★★

　空所の前にある the fact that ～「～という事実」のthatは「同格のthat」というものです。「**factは同格のthatを伴うことが多い**」のです。

>>> *Rule 69* 構文 「同格のthat」をとる名詞

　同格thatをとる名詞は主に「**事実・認識系**」です。1つ1つ無理に覚える必要はありませんが，系統を知っておくだけで同格のthatに気付きやすくなります。

「同格のthat」をとる主な名詞（事実・認識系）

fact 事実／evidence 証拠／knowledge 知識／news 知らせ／result 結果／
rumor うわさ／sign 証拠, 兆候, 目印／truth 真実／assumption 仮定／
belief 信念／conclusion 結論／hope 希望／idea 考え／thought 考え／fear 心配

　ちなみに，〈事実・認識系の名詞 ＋ that ～〉の後ろは「**完全文**（SやOが欠けていない文）」になることを意識するのも大切なことです（同格のthatは接続詞です）。

　ルールにあるとおり，同格のthatは「接続詞」なので，直後は普通にSVが続きます。この場合，immigrantsがSになるので，空所にはVになる「**動詞**」が入るはずです。Sは複数形（immigrants）なので，3単現のsがない，**ア** contribute と **キ** raise に絞られます。

　次に ***Rule 59*** ▶ p.32の「空所補充問題の解法」ステップ2の①から，空所の後ろにある前置詞toに注目すれば，**ア**を選んでcontribute to ～「～に貢献する」の形だとわかります（間に副詞significantlyが割り込んでいる形）。

　これで問題は解けますが，この英文は非常に大事な要素を含んでいるので，もう少し確認していきましょう。英文全体が，SVCの倒置（CVSの形）なんです。

$$\underset{C}{\underline{\text{Of primary importance}}}\ \underset{V}{\underline{\text{is}}}\ \underset{S}{\underline{\text{the fact}}}\ \langle\boxed{\text{that}}\ \underset{S'}{\underline{\text{immigrants}}}\ \underset{}{(\quad 3\quad)}\ \underset{V'}{\underline{\text{(significantly)}}}$$

$$\underset{O'}{\underline{\text{to the}\sim}}\rangle.$$

「最も重要なのは，移民が〜に大きく（　3　）という事実だ」

>>> *Rule 73* 構文 「任意倒置」のパターン

　英語を勉強していると，文法・読解問わず「**倒置**」という言葉を頻繁に目にすると思うのですが，一口に「倒置」といっても，大きく分けて2種類あります。

2種類の倒置

（1）**任意倒置**：文型によってパターンが決まっている

（2）**強制倒置**：文頭に否定語がきたら倒置（疑問文の語順に）

　「強制倒置」は文法の問題集に必ず載っていますが，「**任意倒置**」は文法では出題されることが少ないので，きちんと説明されることがあまりありません。「任意倒置」はカードをシャッフルするイメージ（英単語の順番が入れ替わるだけ）で，文型ごとにパターンが決まっているんです。

任意倒置：文型ごとのパターン

　　　　　　　　　元の文　→　倒置の文

・第1文型　SVM　→ MVS　※M（＝場所・方向を示す副詞（句））が前に出て，SVが入れ替わる

・第2文型　SVC　→ CVS　※S＝Cの左右が入れ替わるだけ

・第3文型　SVO　→ OSV　※Oが文頭に出るだけ

・第4文型　SVO_1O_2 → O_2SVO_1　※O_2が文頭に出るだけ

・第5文型　SVOC → OSVC　※Oが文頭に出るだけ

　　　　　　　　　　→ SVCO　※O＝Cの左右が入れ替わるだけ

　ちなみに訳すときは「元の形に戻して訳す」でも「英文と同じ語順で訳す」でも，どちらでもOKです（きちんと構文を理解できていることをアピールできそうなほうを優先してください）。

　今回の英文も，元々はSVC（The fact that 〜 is of primary importance.）で，ここからSとCが入れ替わったわけです。of importance は「重要な（＝important）」という意味です（"of＋抽象名詞＝形容詞" という重要な用法）。

with their （ 4 ） homelands の形から，空所には直後の名詞 homelands を修飾する「形容詞」が入るとわかります（〈 所有格 ＋ 形容詞 ＋ 名詞 〉のパターン）。選択肢の中で残っている形容詞は，ウ damaging「損害を与えるような，不利な」/オ former「以前の」です。ここでは「彼らの前の母国との（つながり）」という意味が自然なので，オを選びます。their former homelands で their は「移民」のことを指し，「移民（他の国からカナダに移住してきた人々）の前の母国／彼らがかつて住んでいた場所」を表しています。

ちなみに，They open businesses, create new jobs, and build strong commercial connections with their former homelands.「彼らは起業したり，新たな職を創出したり，かつて住んでいた母国との間に強固な商取引関係を築いてくれたりする」という文は，前文の「移民がカナダ経済の成長に貢献している」ことの具体例になっています。

ここでもルール

Rule 11 読解 具体物や行動の羅列は「具体例」と考える！

　英文中で具体物や行動が複数羅列されていたら「**具体例**」の可能性が高いです。シンプルに主張を言った後，それが抽象的でわかりにくいと書き手が思った場合，その後に複数の具体例を羅列してくれることがよくあるのです。ここで紹介しきれないほど無数のパターンがあるため，明確にルール化することは難しいのですが，これを念頭に置いてたくさんの英文を読んでいけば，必ず自分で気付けるようになります。

> 主張 . ***A, B, and C*** . ～（具体物や行動が羅列されている）
> └→この**A，B，C**などが具体例になる！

具体例だと気付くと，次のような読み方が可能になります。
- ① **主張が理解できているとき**
  具体例の中にわからない語句があっても読み流せばOK

- ② **主張が抽象的であまり理解できていないとき**
  具体例の内容の主張が予測できる

helpの後に空所があるので，つい「名詞が入る」と早とちりしてしまいそうですが，空所直後に名詞awarenessがあるので，"help + 名詞 + awareness" という形はあり得ません（helpの後に目的語が2つ続いてしまうため）。helpは超重要動詞なので，次の使い方を完璧にしておきましょう。

---

helpの語法
(1) 直後に 人 がくる
　　① help 人 to 原形／help 人 原形 「人 が〜するのを手伝う」
　　※ toは省略可
　　② help 人 with 〜 「人 の〜を手伝う」
　　【よくあるミス】
　　〈help 物〉の形は不可
　　例）「私の宿題を手伝う」は，× help my homework／○ help me with my homework
(2) 直後に to 〜がくる
　　help to 原形／help 原形 「〜するのに役立つ」 ※ toは省略可

ここでは，help 原形「〜するのに役立つ」の形が成り立ちます。選択肢で残っている**動詞の原形**は，**キ** raise「上げる，高める」だけで，これが正解になります。また，意味の面からも，raise awareness「意識・関心を高める」という表現はよく使われるので，このままフレーズとして覚えておくといいでしょう。

pay attention to（　6　）that take place outside of Canada「カナダの外で起こっている（　6　）に注意を払っている」では，空所に「前置詞toの目的語」＝「名詞」が入ると考えます（pay attention to 〜「〜に注意を払う」）。

さらに，関係代名詞thatの後にはtake placeがある（3単現のsがついていない）ので，空所は「複数形の名詞」が入ると判断できます。**エ** events「出来事」と**ク** states「国家，州，状態」のうち，文意が通るのは**エ**です。events that take place outside of Canada「カナダの外で起こっている出来事」となります。

ちなみに，英語eventは「場合，出来事」という意味で，「よいこと，悪いこと」両方に使えます。今回も別に「（楽しい）イベント」ではありませんね。

文構造の分析

(Since the end of the 19th century), Canada has been accepting immigrants (from
　　　　　　　　　　　　　　　　　　　S　　　　　V　　　　　　　　O
around the world).

> **訳** 19世紀末以来，カナダは世界中から移民を受け入れ続けている。

> **語句** accept 動 受け入れる／immigrant 名 移民

> **文法・構文** 現在完了進行形（have been -ing）は過去から現在までの「動作の継続」を表します。from around は「二重前置詞」と呼ばれるもので「〜中から」という意味です。

This policy has had a profound effect on the development [of Canadian society].
　　S　　　　　　V　　　　　　　　　　　　　　　　O

> **訳** この政策は，カナダ社会の発展に重大な影響を及ぼしてきた。

> **語句** policy 名 政策方針／have an effect on 〜 〜に影響を及ぼす／profound 形 重大な，計り知れない

> 「対比」を表す while

(While there will always be a certain amount of criticism), (today) most
　　　　　　V´　　　　　　　　　S´　　　　　　　　　　　　　　　　S
Canadians agree ⟨that the effects have been largely positive⟩.
　　　　　　V　　O　　S´　　　　　V´　　　　C´

> **訳** 一定の批判は常にあるだろうが，今日ではほとんどのカナダ人が，その影響はほとんどがプラスのものであったという意見で一致している。

> **語句** criticism 名 批判／largely 副 ほとんど，大部分は／positive 形 プラスの，好ましい

> CVS の倒置　　　　　　　　　　　　　　　　因果表現

Of primary importance is the fact ⟨that immigrants contribute (significantly) to
　　C　　　　　　　　V　S　　　　　　S´　　　V´
the growth [of the Canadian economy]⟩.
　O´

> **訳** 最も重要なのは，移民がカナダ経済の成長に大きく貢献しているという事実だ。

> **語句** of importance＝important 重要な／primary 形 一番の，最上位の／significantly 副 大いに／growth 名 成長

They open businesses, create new jobs, and build strong commercial connections
S   V   O   V   O   V   O
(with their former homelands).

> **訳** 彼らは起業したり，新たな職を創出したり，かつて生まれ育った母国との間に強固な商取引関係を築いてくれたりする。

> **語句** commercial 形 商業上の／former 形 かつての／homeland 名 母国

> **文法・構文** and は open ～, create ～, and build ～ と動詞3つを結んでいます。

(Additionally), (from a social perspective), immigrants help {to} raise awareness
S   V   O
[of ⟨what happens in the world⟩].

> **訳** さらに，社会的な観点から言うと，移民は世界で起こっていることに対する関心を高めるのに一役買っている。

> **語句** additionally 副 さらに／perspective 名 観点／raise awareness 意識を高める

make 人 原形 の形

They make the media and the public pay attention to events [that take place
S   V   O   C
outside of Canada].

> **訳** 彼らのおかげで，報道機関や国民は，カナダの外で起こっている出来事に注意を払っている。

> **語句** public 名 国民, 大衆／pay attention to ～ ～に注意を払う／take place 発生する

> **文法・構文** make 人 原形 「人 に～させる」の形です。直訳「彼らは報道機関や国民に，注意を払わせる」→「彼らのおかげで，報道機関や国民は注意を払っている」となります。

make OC の形

Their presence [in the country] makes the Canadian government more conscious
S   V   O   C
of its responsibility [to help developing nations], (for example).

> **訳** 国内に彼らがいることによって，カナダ政府はたとえば，発展途上国を支援する責任をより強く意識している。

> **語句** presence 名 存在／(be) conscious of ～ ～を意識している

> **文法・構文** 直訳「彼らの存在は，カナダ政府が意識している状態にする」→「彼らがいることによって，カナダ政府は意識している」となります。

(Moreover), (as the general public becomes more and more familiar with the

　　　　　　　　　S´　　　　　　V´　　　　　　　　　C´

比例のas「〜につれて」

traditions and values of people [from various cultures]), there is a greater degree

　　　　　　　　　　　　　　　　　　　　　　　　　　　　V　　S

of tolerance and understanding (in society).

訳 さらに，一般市民がさまざまな文化で育った人々の伝統や価値観にますます慣れ親しむようになるにつれて，社会にはますますの寛容と理解が生まれるのである。

語句 general public 一般市民／become familiar with 〜 〜に慣れ親しむ／tradition 名 伝統／value 名 (複数形 values で) 価値観／great degree of 〜 かなりの〜／tolerance 名 寛容，忍耐

文法・構文 「変化動詞 (become)」や「比較級 (more and more)」があることから，as は「比例（〜するにつれて）」の意味だと判断できます。

Since the end of the 19th century, // Canada has been accepting immigrants / from around the world. // This policy has had a profound effect / on the development of Canadian society. // While there will always be a certain amount of criticism, // today most Canadians agree / that the effects have been largely positive. // Of primary importance / is the fact that immigrants contribute significantly / to the growth of the Canadian economy. // They open businesses, // create new jobs, // and build strong commercial connections / with their former homelands. // Additionally, // from a social perspective, // immigrants help raise awareness / of what happens in the world. // They make the media and the public / pay attention to events / that take place outside of Canada. // Their presence in the country / makes the Canadian government / more conscious of its responsibility / to help developing nations, // for example. // Moreover, // as the general public becomes more and more familiar / with the traditions and values / of people from various cultures, // there is a greater degree of tolerance / and understanding in society. //

日本語訳

　19世紀末以来，//カナダは移民を受け入れ続けている／世界中から。//この政策は，重大な影響を及ぼしてきた／カナダ社会の発展に。//一定の批判は常にあるだろうが，//今日ではほとんどのカナダ人が，意見で一致している／その影響はほとんどがプラスのものであったという。//最も重要なのは，/移民が大きく貢献しているという事実だ／カナダ経済の成長に。//彼らは起業したり，//新たな職を創出したり，//強固な商取引関係を築いてくれたりする／かつて住んでいた母国との間に。//さらに，//社会的な観点から言うと，//移民は意識を高めるのに一役買っている／世界で起こっていることに対する。//彼らのおかげで，報道機関や国民は，/出来事に注意を払っている／カナダの外で起こっている。//国内に彼らがいることによって，/カナダ政府は／責任をより強く意識している／発展途上国を支援するための//たとえば。//さらに，//一般市民がますます慣れ親しむようになるにつれて／伝統や価値観に／さまざまな文化で育った人々の，//ますます（社会における）寛容…が生まれるのである／と社会における理解。//

Lesson 3　解答・解説

▶問題 別冊 p.9

このLessonで出てくるルール

Rule 6 　読解　「疑問文」の大事な役割を意識する！⇒ 問2

Rule 21 　読解　「一般論」と「主張」を把握する！⇒ 問2

Rule 2 　読解　「重要な」という意味の重要単語に注目！⇒ 問2

Rule 46 　解法　「過剰」選択肢のパターン（only系）⇒ 問2

Rule 27 　読解　evenは「反復」の目印！⇒ 問4

Rule 10 　読解　命令文は「具体例」の合図！⇒ 問5

Rule 35 　読解　長文単語・語句をマスターする！（反論・異論表現）

⇒ 問9

解答

問1 ①　　問2 ④　　問3 ③　　問4 ③　　問5 ④
問6 ④　　問7 ③　　問8 ④　　問9 ②

問1 難易度 ★★★

administerの意味を問う問題ですが，まずは「**形（構文）**」を意識するようにしてください（*Rule 41* ▶ p.18）。

> the physical care [that doctors and nurses administer φ to children] is vital (for 〜).
> S　　　　　　　　　　　　S´　　　　V´　　　　　　　　　V　C
>
> 「医師および看護師が子どもに対して（　）する身体的なケアは（〜のために）不可欠である」

　関係代名詞that以下では，doctors and nursesがS´で，administerがV´です。先行詞はthe physical careで，これがO´にあたるので，この形を意識して意味をとると，「医者と看護師が，子どもにadministerする（身体的ケア）」とわかります。
　このように形から攻めれば，「医者と看護師が，子どもに行う・与える（身体的

44

なケア）」のような意味ではないかと予想できるので，① give を選べます。他の選択肢では，先行詞の the physical care や，直後の to と意味が合いません。

ちなみに，administer は単語帳等には「管理する，経営する」と載っているのが普通ですが，医療系の英文では「**（治療を）行う，（薬を）投与する**」という意味で使われます。今回は文脈と形から解ければ十分ですが，特に家政・初等教育・看護系を目指す人は以下の語句をチェックしておきましょう。

「意外な意味」が大事な医療系の単語

- [ ] develop （病気に）かかる，発症する
- [ ] case 症例，患者
- [ ] negative 陰性の
- [ ] conceive 妊娠する
- [ ] contract （病気に）かかる，（筋肉を）収縮させる
- [ ] administer （治療を）行う，（薬を）投与する
- [ ] conception 妊娠，胎児
- [ ] expectant, expecting 妊娠中の　※pregnant「妊娠している」の婉曲語
- [ ] attend 世話をする
- [ ] attack 発作，発病
- [ ] positive 陽性の
- [ ] catch （病気に）感染する
- [ ] practice 開業する／患者
- [ ] deliver （赤ちゃんを）出産する・取り上げる
- [ ] carrier 保菌者，感染者

選択肢の訳

① **与える**　② 治す　③ 費やす　④ 見る

問2 難易度 ★★☆　　思考力

第1段落は**疑問文**で始まっているので，疑問文の大事な役割を確認しましょう。

>>> *Rule 6* 読解　「疑問文」の大事な役割を意識する！

長文中に疑問文が出てきたら，その位置によって次のように考えてみましょう。

疑問文の位置と役割（文章中での疑問文の位置→「その役割」）
（1）**段落の頭** →「テーマの提示」
（2）**文章の最後** →「反語」　※まれに予測できない未来に対する疑問の投げかけ
（3）その他（**文章の途中**など）→「テーマの提示」か「反語」　※文脈判断

特に（1）の「**テーマの提示**」は重要で，その文章全体（もしくは文章の途中まで）のいわば「お題」を提供することになります。こうやって説明すると当たり前のことのように思えますが，入試の長文を読むときにこれを意識できている受験生はかなり少ないはずです。テーマを意識することで，今読んでいる内容が

「脱線」なのか，「大事なところ」なのかの判断ができるようになります。そもそもテーマに関する内容は間違いなく設問で問われるので，ここを意識するかどうかで，長文全体の得点の出来に関わってくるとも言えるのです。

　今回の第1段落は「**(疑問文で) テーマの提示**」→「**(譲歩逆接で) 主張**」の流れになっています。文頭の What do you think a sick child needs most during the healing process?「病気の子どもにとって，治癒過程で最も必要なものは何だろうか」でテーマを提示し，そのテーマに対して Of course 〜. However ...「もちろん〜。しかしながら…」の形で答えているわけです（1行目〜4行目）。当然，However 以降の主張部分「精神的なケアも重要」が問われると予想できます。

>>> *Rule 21* 読解 「一般論」と「主張」を把握する！

> 「一般論 vs. 主張」の典型パターン
> (1) **世間 vs. 主張**
>   **Many people think 〜, but ...** 多くの人は〜と思っているが，…
>
> (2) **譲歩→逆接**
>   **may 〜 but ...** 〜かもしれないが…
>   **Of course 〜 but ...** もちろん〜だが…

　(1)(2) のどちらもまずは「みなさんが〜だと思っているのは知ってますよ」と示しておいてから，「でも実は…なんですよ！」と示す方法です。どちらも英文の中で見抜くのは簡単です。はっきりした目印（but や however）がよく使われ，しかも日本語でもそのまま同じパターンが使われることが多いからです。「確かに〜かもしれないが，…」というパターンは現代文の授業で「譲歩逆接」と呼ばれることがあります。また，(2) で may が might に変わったり，but の代わりにhowever が使われたりする程度の変化はあります。

　今回の英文では，However ... の文だけでなく，その後にもさらに主張内容が続いて，4行目で，Caring for a young boy or girl's <u>emotional needs</u>, that is to say, providing "love, nurturance, and <u>connection</u>," is essential to 〜「少年または少女の精神的な欲求をケアすること，つまり『愛情，心遣い，<u>気持ちのつながり</u>』を与えることが，〜に必要不可欠だ」とあるので，これと合致する④が正解です。
　ここが大事だと見抜くのに，さらにポイントがあります。それはこの英文で使われた **essential** という単語なんです。この単語に反応できるとさらに読解力が高まります（ついでに言えばこの段落にある vital や important も同様です）。

≫≫ *Rule 2* 読解 　「重要な」という意味の重要単語に注目！

　文中で「重要だ」と言っていれば，その部分は大事な内容（つまり設問で問われる）に決まっていますよね。そのため「重要だ」という意味の単語に反応することが大切ですが，importantは有名でも，その類義語は意外と知られていません。多くの単語帳ではsignificantは「意義深い」，fundamentalは「根本的な」，criticalは「批判的な」，vitalは「致命的な」といった訳語を最初に挙げているからです。それも間違いではありませんが，長文ではまず「重要な」という意味を考えることが大切なんです（これらの語を実際に英英辞典で引いてみると，最初の意味に"important"を載せている辞書がたくさんあります）。

「重要な」という意味の重要単語（形容詞編）
☐ crucial／☐ essential／☐ significant／☐ principal／☐ fundamental／
☐ indispensable／☐ critical／☐ vital／☐ key／☐ primary／☐ leading／
☐ priceless／☐ invaluable

「重要だ」という意味の重要単語（動詞編）
☐ matter 動詞 重要だ／名詞 もの，こと　※「中身が詰まった」が原義
☐ count 動詞 数える，重要だ　※「（数に入れるくらい）重要だ」

ここが　思考力 　### 段落の内容と一致する問題

　今回は「段落全体の要旨を把握する必要がある」と言われる問題です。ただ「段落全体を把握する」と言われても，どうすればいいかわかりませんよね。みなさんはこれまで紹介してきた「**疑問文の働き**」「**譲歩逆接**」「**essentialなどの単語**」を意識することで，段落内でどこが大事なのか一目瞭然になるはずです。漠然と考えたり，何度も読み直したりするのではなく，まずはこういったルールを駆使してください。

第1段落の構成

疑問文で「テーマの提示」

What do you think a sick child needs most during the healing process?
「病気の子どもにとって，治癒過程で最も必要なものは何だろうか」

譲歩：「身体的なケアは大事」

Of course, the physical care that doctors and nurses administer to children is vital for recovery.

「もちろん，医師および看護師が子どもに対して行う身体的なケアは回復のために不可欠である」

逆接（主張）：「精神的なケア・
感情的なつながりも大事」

「重要」を表す

However, as many health care workers believe, the spiritual care of sick children is every bit as important as medical care. Caring for a young boy or girl's emotional needs, that is to say, providing "love, nurturance, and connection," is essential to holistically heal the child and ease his or her suffering.

「しかし，多くの医療従事者が考えているように，病気の子どもに対する精神的なケアは，身体的なケアと全く同じくらい重要なのである。少年または少女の精神的な欲求をケアすること，つまり『愛情，心遣い，気持ちのつながり』を与えることが，総合的に子どもを回復させ，彼または彼女の苦しみを和らげるのに必要不可欠なのだ」

　なお，誤答肢の③については，本文では「身体的なケアも精神的なケアも大事」と主張しているのでアウトです。**only**はひっかけの選択肢でよく使われます。

>>> *Rule 46* 解法 「過剰」選択肢のパターン（only系）

　内容一致問題でよく使われるひっかけパターンの1つに，**only**を使ったものがあります。たとえば本文で「2つある」と書いてあるところを，選択肢では「1つしかない」と言い過ぎるといったものです。

only系の単語：不正解の可能性「高」
☐ only 唯一の，単に〜だけ／☐ solely 単に

　選択肢中にonlyが出てきたらチェックしてください。「Aは唯一の○○だ」という選択肢に対して，「**A以外にも○○があるんじゃないの？**」のようにツッコミを入れながら本文を探してください。「A以外にも○○，A以外にも○○…」と頭の中でつぶやきながら探すと，該当箇所が格段に見つけやすくなり，英文の内容

を効率的に処理できます。

　ちなみに，この「onlyに注目する」考え方は，「日本語の選択肢」の場合でも同じです。日本語の選択肢で「〜だけ，〜のみ」とあったら，同じような流れで考えてください（この後に出てくるさまざまな内容一致のルールも全て「日本語でも同じ発想」です）。

選択肢の訳

① 病気の子どもは，身体的なケアよりも精神的なケアのほうがよいと考えている。
　→ 3行目に However, as many health care workers believe, the spiritual care of sick children is every bit as important as medical care. とあります。そもそも「病気の子どもが考えていること」ではありませんし，「同じくらい重要（as 〜 as）」とあります（「比較関係」を利用したひっかけパターンは***Rule 47*** ▶ p.118で扱います）。

② 病気の子どもには，心の癒しのために，彼氏または彼女がいる必要がある。
　→ 4行目に Caring for a young boy or girl's emotional needs, 〜 is essential「少年または少女の精神的な欲求をケアすること，〜必要不可欠なのだ」とありますが，「彼氏または彼女が必要」とは書かれていません。

③ 病気の子どもが回復するためには，身体的なケアだけが必要である。

④ **病気の子どもには，他者との精神的なつながりが必要である。**

問3 難易度 ★★★

　英文中の空所補充問題では，まずは「形」に注目します（***Rule 41*** ▶ p.18）。空所直前のaboutから，空所はaboutの「目的語（名詞のカタマリ）」になるはずです。空所直後はhe would ever be the same after such an accident と「完全な形（名詞が欠けていない）」があります。

> □ **関係代名詞・疑問代名詞** → 後ろには**不完全な形**（SかOが欠けた形）
> □ **それ以外（関係副詞・疑問副詞・接続詞）** → 後ろには**完全な形**

　この時点で，② whatは関係代名詞・疑問代名詞なのでアウト，また，① thatは接続詞と考えても，前置詞の目的語にはなれないのでアウトです。③ whether or not「〜かどうか」と④why「なぜ〜」に絞ってから意味を考えると，「事故後に元の状態に戻るかどうかについての質問」が自然なので，③が正解です。questions about whether or not S´V´「S´V´するかどうかについての質問」となります。

　これも英文中の空所補充問題なので，まずは「形」に注目するのが原則で，空所の後ろにあるofに注目するのですが，残念ながら今回は選択肢全てが〈V 人 of 〜〉の形をとる動詞なので意味から解く問題だと判断します。文脈を考えるために，1つ前の文から見てみましょう。

A direct answer might be too painful for him. It could harm him and even (4) him of his will to live.

「単刀直入な回答は，彼にとってはあまりにつらすぎるかもしれない。それは彼を傷つけ，彼から生きる意志を（ 4 ）可能性さえある」

　空所を含む文の文頭のItは前の文の主語（A direct answer）を指しています。前の文のpainful「つらい」から，同じ主語である次の文の空所にも同様に「マイナス内容」の意味が入ることが予想できます。さらに注目してほしいのが**even**です。evenは繰り返しであることの目印になるからです。

≫≫ *Rule 27* 読解 evenは「反復」の目印！

　even「〜でさえ」の意味は有名ですが，長文で使いこなせる受験生はほとんどいません。実は**even**には「**反復の目印**」という役割があるのです。evenがあったら，その文（evenを含む文）は前の内容と同じになります。たとえるならevenは「歌詞カードのサビ繰り返しマーク（※）」です（古いけどわかりますかね？）。

　大事なところを繰り返す目印です。この発想を日本語で証明してみましょう。たとえば，「大人ならそれができる。子どもでさえ（　　　　　）」とあれば，空所には「（それが）できる」が入るのが自然です。「でさえ（even）」の後に同じ内容がきているわけです。※厳密には，evenは（完全に同じではなく）大げさに反復します。「オーバーに言えば，子どもだってそれができる」ということです。

注意 全てのevenが反復の目印になるわけではありません。「単なる強調」「even if 〜 の形」「比較級の強調」など，文法的な役割のevenもありますし，「小さな反復（文の内容を反復するのではなく，直前の語句を反復するeven）」もあります。ただ，evenを見たらまずは「反復の意味かもしれない」と考えてみることは，難しい長文を読むときに大きな武器になります。もちろん，反復の意味ではなさそうな場合にはスルーすればいいだけです。

　さて，この設問に話を戻すと，空所前にevenがあることから，空所にはharm him「彼を傷つける」の反復内容（厳密には「傷つける」よりもさらにマイナス）がくると考え，③ deprive「奪う」を選びます。deprive him of his will to live「彼

から生きる意志を奪う」となります（このwillは名詞「意志」です）。depriveは〈V 人 of 物〉で「人 から 物 を奪う」の形で，rob型とまとめることができます。

rob型の動詞（基本形：rob 人 of 物「人 から 物 を奪う」）　※ofは「分離」を表す
□ **rob [deprive] 人 of 物**　　　「**人 から 物 を奪う**」
□ **cure 人 of 病気**　　　　　「**人 から 病気 を奪う**」→「**人 の 病気 を治す**」
□ **clear 人 of 物**　　　　　　「**人 から 物 を奪う**」→「**人 の 物 を片付ける**」
□ **ease [relieve] 人 of 不安**　「**人 から 不安 を奪う**」→「**人 を安心させる**」
□ **rid 人 of 物**　　　　　　　「**人 から 物 を奪う**」

選択肢の訳
① (ask 人 of ～ で) 人 に～を求める
② (cure 人 of ～ で) 人 の～を治す　※rob型の動詞
③ (**deprive 人 of ～ で**) 人 から～を奪う　※rob型の動詞
④ (remind 人 of ～ で) 人 に～を思い出させる

問5　難易度 ★★☆

　第2段落はSome researchers ～ の文で始まり，その次の文（9行目）のImagine the following situation「次の状況を想像してほしい」から具体例に入っています。具体例だと見抜けるのはこの文が「**命令文**」だからなんです。

≫≫ *Rule 10* 読解 命令文は「具体例」の合図！

　文章中で**命令文**を見つけたら，その文から**具体例が始まる**と考えます。

A（主張）. 命令文 ～.
　　　　　└→ この文から具体例になる！

　何かを主張した後で，「たとえばこんな場合を考えてみてください」という感じで，具体的な状況を説明するわけです。特に，以下のような**思考系の動詞**「**考える，想像する**」が頻繁に使われます。

具体例の合図が始まるときに使われる動詞　※命令文は動詞で始まるので大文字で表記
□ Think／□ Consider／□ Suppose／□ Imagine

Imagineから「物語や読み聞かせが病気の子どもに効果がある」という具体的な状況を示しています。そして，11行目に**疑問文**How should hospital caregivers respond to his anxious questions about whether or not he would ever be the same after such an accident?「そのような事故の後で自分はいったい元の状態に戻るのだろうかという，不安に満ちた彼の質問に対して，病院の介護者はどのように応じるべきだろうか」があり，テーマを示しています（***Rule 6*** ▶ p.45）。

　このテーマに対し，14行目（Some experienced nurses say that 〜）から明確な回答が始まっています。特に16行目By listening to and sharing the story, the child is given the emotional distance necessary to <u>cope with</u> his or her own personal adversity.「その物語を聞き，共有することによって，その子どもには彼または彼女自身の個人的な逆境に立ち向かうのに必要な，感情的な距離が生まれる」と合致する，④ Stories give children enough emotional distance to <u>overcome</u> personal trauma. が正解となります。本文のcope with 〜「〜に対処する，〜に立ち向かう」が，選択肢ではovercome「乗り越える」に言い換えられています。

　他の選択肢は全て主張と逆方向の内容です。テーマ・主張・具体例をきちんと把握していけば，「主張とベクトルが逆」の選択肢を一瞬で判断できるわけです。

選択肢の訳

　① 子どもは，自身のつらい経験に対する質問に対して，単刀直入な回答を受けるべきである。
　　→ 13行目にA direct answer might be too painful for him.「単刀直入な回答は，彼にとってはあまりにつらすぎるかもしれない」とあります。
　② 負傷した少年は，病院で一人きりにしておいたほうがよい。
　　→ aloneはonlyのようなもので（***Rule 46*** ▶ p.48），「一人きりだけじゃないのでは？」とツッコミながら読んでいきましょう。そうすれば「話をしてあげるとよい」という箇所と矛盾するとすぐに気付くはずで，アウトだとわかります。
　③ 病気の動物に関する物語は，子どもを不安にさせてしまう可能性がある。
　④ 物語は子どもに，自身のトラウマを乗り越えられるだけの，感情的な距離をもたらす。

問6 難易度 ★★☆

　空所の次の文が，As a matter of fact, <u>this shared experience</u> can often be the best medicine to speed healing.「実際のところ，<u>この経験の共有</u>はしばしば，治癒を早めるのに一番効く治療方法となり得る」です。〈this +|名詞|〉を使って，前の内容をthis shared experience「この共有された経験」とまとめています（***Rule 4*** ▶ p.17）。空所は「(経験)を共有する」となるはずなので，④ shareが正解です。

選択肢の訳

① 買う　　② 殺す　　③ 通り過ぎる　　④ **共有する**

問7　難易度 ★★★

　空所の前がStorytelling is not a one-way process, however; ...「読み聞かせは一方的な行為ではなく，…」で，その後に it is （　7　）. と続いています。これは not *A*. {But} *B*.「*A*ではない。*B*だ」の形です（***Rule 1*** ▶ p.138）。ちなみに，ここでは「howeverがbutの代わり」になっているというのは勘違いです。SV, however. の形で，このhoweverは前の文（As 〜）に対する逆接です。

　not *A*. {But} *B*. の形になっており，ここで**A**は**a one-way process**，**B**は**空所**です。つまり空所にはa one-way process「一方的な行為」と対比される内容が入るので，③ interactive「双方向の」が正解です。

選択肢の訳

① 化学的な　　② 友好的な　　③ **双方向の**　　④ 利己的な

問8　難易度 ★★★

　下線部の後に，accordingly「それに応じて」があるので，その前後の意味関係は「聞き手の反応が読み手に〜する」→「**それに応じて，読み手が物語の扱い方を変化させる**」です。「読み手が物語の扱い方を変化させる原因」として適切なのは，④ provides information to 〜「〜に情報を与える」です（実際の試験では，他の選択肢が明らかに違うので消去法でもOKです）。

　feedは本来「食べ物（food）を与える」という意味ですが，今回のように食べ物以外でも「与える」という意味を表せます（サッカーの「前方にパスをフィードする」とは「前にパスを与える」こと）。ちなみに，辞書にも「（情報などを）与える」と載っていますし，日本語でも「ニュースフィード（news feed）」=「新しい情報が与えられて（送られて），それが表示される場所」と使われています。

選択肢の訳

① 消費する，摂取する　　　　② 〜のために料理を作る
③ 〜にいくらかお金を与える　　④ **〜に情報を与える**
　→ ①と②は feed の「食べ物を与える」からの連想を利用したひっかけです。

37行目に They challenge our old ways of thinking and give us a fresh perspective on life.「物語は私たちの古い考え方に疑問を投げかけ, 人生についての新たな考え方をもたらしてくれる」とあり, これに合致する② Storytelling can help us to look at our lives in new ways. が正解です。本文の a fresh perspective on 〜「〜に対する新しい視点（考え方）」が, 選択肢では look at 〜 in new ways「〜を新しい見方でとらえる」と表されています。

ここでは **challenge**「疑問視する, 異議を唱える」に注目できるかどうかも大切で, この後には「**主張**」が出てくることが多いです。ちなみに, テニス, バドミントン, バレーボールなどで「審判の判定に異議を唱える」ことを「チャレンジ」と言います。challenge 以外にも似た働きをもつ単語を覚えておきましょう。

》》 *Rule 35* 読解 長文単語・語句をマスターする！（反論・異論表現）

反論・異論を表す語
- ☐ counter 反論する ☐ reject 拒絶する ☐ challenge 異論を唱える
- ☐ dispute 議論する／議論, 討論 ☐ debate 議論する／議論, 討論, 論争
- ☐ conflict 対立する, 矛盾する／対立, 矛盾 ☐ oppose 反対する
- ☐ contradict 否定する, 矛盾する
- ☐ controversial 賛否両論ある, 物議をかもす ※名詞は controversy「論争」

選択肢の訳

① 読み聞かせはとても楽しくなり得るが, それは友人間の場合だけである。
② **読み聞かせは, 私たちが自分の人生を新しい見方でとらえるのに役立ち得る。**
③ 読み聞かせは, 入院中の子どもにしか効果がない。
→ ①も③も only の内容（友人間だけ・入院中の子どもだけ）にツッコミを入れれば解きやすくなります（*Rule 46* ▶ p.48）。31行目に Finally, storytelling is not just for sick children. You can tell a story to anybody, not only in a medical or educational institution, but also within your family or circle of friends.「最後に, 読み聞かせは病気の子どもだけのためのものではない。医療機関や教育機関においてだけでなく, 家族内や友人関係の中でも, 誰にでも物語を読み聞かせることができる」, 35行目に Such an experience is conducive to the emotional health of people of all ages.「そのような経験は, あらゆる年齢の人々の精神的な健康につながる」とあります。
④ 読み聞かせは, 自分自身の個人的な経験に基づいていなければならない。
→ このようなことは英文のどこにも書かれていません。

文構造の分析

1 What do you think ⟨{that} a sick child needs (most) (during the healing process)⟩?
S V O S′ V′

> **訳** 病気の子どもにとって，治癒過程で最も必要なものは何だろうか。

> **語句** healing 名 治癒

> **文法・構文** 本来は Do you think {that} a sick child needs 名詞 most ～ で，ここから 名詞 が What に変わった形です。

譲歩 → 逆接を予想

(Of course), the physical care [that doctors and nurses administer φ to children]
S

「重要な」を意味する単語

is vital (for recovery).
V C

> **訳** もちろん，医師および看護師が子どもに対して行う身体的なケアは回復のために不可欠である。

> **語句** physical 形 身体的な／administer 動 施す／vital 形 必須の，重要な／recovery 名 回復

(However), (as many health care workers believe), the spiritual care [of sick
S′ V′ S

children] is every bit as important as medical care.
V C

> **訳** しかし，多くの医療従事者が考えているように，病気の子どもに対する精神的なケアは，身体的なケアと全く同じくらい重要なのである。

> **語句** health care worker 医療従事者／spiritual 形 精神的な／every bit as ～ as ... …と全く同じくらい～だ

> **文法・構文** as many health care workers believe の as は，「様態（～するように）」の意味だと判断できます（believe の後ろに省略が起きていることから）。

言い換え表現

Caring for a young boy or girl's emotional needs, (that is to say), providing
S

"love, nurturance, and connection," is essential (to (holistically) heal the child and ease his or her suffering).

V C

> 「重要な」を意味する単語

訳 少年または少女の精神的な欲求をケアすること，つまり「愛情，心遣い，気持ちのつながり」を与えることが，総合的に子どもを回復させ，彼または彼女の苦しみを和らげるのに必要不可欠なのだ。

語句 need 图 欲求／that is to say つまり／nurturance 图 心遣い／connection 图 つながり／essential 形 必要不可欠な／holistically 副 全体論的に，全体的に／ease 動 和らげる／suffering 图 苦しみ

文法・構文 Caring 〜 needs が動名詞のカタマリで文の S になっているとわかります。2 つ目の and は heal 〜 と ease 〜 を結んでいます。

2 Some researchers argue ⟨that stories and storytelling have the power [to
　　　S　　　　　　　V　　　O　　　S′　　　　　　V′　　　O′
actually heal] (as well)⟩.

訳 研究者の中には，物語や読み聞かせにも同様に，実際に治療の効果があると主張する人もいる。

語句 storytelling 图 読み聞かせ／as well 同様に

> 命令文 → 具体例

Imagine the following situation: a boy was injured (in an airplane accident) and
V　　　　　　O　　　　　　　　S　　　V
had major surgery.
V　　O

訳 次の状況を想像してほしい。ある少年が飛行機事故で負傷し，大手術を受けた。

語句 surgery 图 手術

He was alone (in the hospital), (because his parents had died (in the accident)).
S　V　C　　　　　　　　　　　　　　　　　S′　　　　V′

訳 彼の両親はその事故で亡くなっていたので，彼は病院に一人ぼっちだった。

How should hospital caregivers respond to his anxious questions [about ⟨whether
　　　　　　S　　　　　　　　V　　　　　O
or not he would ever be the same (after such an accident)⟩]?
　　　　S′　　V′　　　　C′

> **訳** そのような事故の後で自分はいったい元の状態に戻るのだろうかという，不安に満ちた彼の質問に対して，病院の介護者はどのように応じるべきだろうか。

> **語句** caregiver 名 介護者

> A + 名詞 → 具体例

A direct answer might be too painful (for him).
　　　S　　　　　V　　　　　C

> **訳** 単刀直入な回答は，彼にとってはあまりにつらすぎるかもしれない。

> **語句** painful 形 つらい

> **文法・構文** 〈A + 名詞〉は「具体例」の目印です。前文の「病院の介護者の応じ方」の具体例で，「たとえば介護者が単刀直入な回答をしたら〜」というイメージです。

It could harm him and (even) deprive him (of his will [to live]).
S　　　V　　　O　　　　　　　　V　　　O

> **訳** それは彼を傷つけ，彼から生きる意志を奪ってしまう可能性さえある。

> **語句** harm 動 傷つける／deprive A of B AからBを奪う／will 名 意志

> **文法・構文** and は could harm 〜 と {could} deprive 〜 を結んでいます。

Some experienced nurses say 〈that (in such cases) they (often) tell the young
　　　　　　S　　　　　V　　O　　　　　　　　　　S'　　　　V'　　O'
patient a story, [in which a character [such as a pony or other animal] has a
　　　O'
similar traumatic experience]〉.

> **訳** 経験を積んだ看護師の中には，そのような場合には，ポニーや他の動物などの登場人物が同じような心に傷を負う経験をする物語をその幼い患者に話すことが多いと言う人もいる。

> **語句** experienced 形 経験を積んだ／patient 名 患者／character 名 登場人物／traumatic 形 心に傷を負う

> **文法・構文** 〜, in which 〜 は関係代名詞の非制限用法で，a story を補足説明しています。which に the story を代入して，「その物語では，〜」と考えることで，返り読みせずに理解できます。

> give 人 物 の受動態

(By listening to and sharing the story), the child is given the emotional distance
　　　　　　　　　　　　　　　　　　　　　S　　　V　　　　O
[necessary to cope with his or her own personal adversity].

訳 その物語を聞き，共有することによって，その子どもには彼または彼女自身の個人的な逆境に立ち向かうのに必要な，感情的な距離が生まれる。

語句 distance 名 距離／cope with 〜 〜に対処する／adversity 名 逆境

文法・構文 necessary to 〜 adversity は形容詞のカタマリで，the emotional distance を後ろから修飾しています。

> help 人 原形 の形

The story (also) helps the child recognize ⟨that he is understood and is not alone
　　S　　　　　 V　　　 O　　　 C　　　 that S′　　 V′　　　　 V′　 C′
(in his experiences)⟩.

訳 物語はまた，その子どもが，自分は理解してもらえていて，自分だけがこのような経験をしているのではないということを認識するのにも役立つ。

語句 help 人 原形 人 が〜するのに役立つ／S is not alone in 〜 〜なのはSだけではない

> help 人 原形 の形

(In fact), storytelling has the power [to help children make meaning out of their
　　　　　　　　 S　　　 V　　　　　　　　　　　　　　　　 O
experiences], [to face and accept their emotional and physical pain], and [to
renew their hope].

訳 実際に，読み聞かせには，子どもが経験から意味を見出すのを促し，物語が子どもたちの精神的および身体的な痛みと向き合ってそれらを受け取り，そして希望を取り戻す効果がある。

語句 out of 〜 〜から／face 動 立ち向かう／renew 動 取り戻す

文法・構文 3つ目の and は the power to help 〜, to face and accept 〜, and to renew 〜という形で，the power を修飾する to 不定詞のカタマリ3つを結んでいます。

3 (Moreover), (through the act of storytelling), caregivers and children can share
　　　　　　　　　　　　　　　　　　　　　　　 S　　　　　　　　　 V
time and space [during which the emotional needs of the latter are nurtured
　　　 O　　　　　　　　　 S′　　　　　　　　　　　　　　 V′
(naturally)].

訳 さらに，読み聞かせという行為を通して，介護者と子どもは時間と空間を共有することができ，その間に，後者（子ども）の精神的欲求が自然と満たされる。

語句 moreover 副 さらに／latter 名 後者／nurture 動 育む

文法・構文 during which 〜 は〈前置詞＋関係代名詞〉のカタマリで，the act of storytelling を修飾しています。このように関係詞と先行詞は離れる場合もあります。

(As a matter of fact), this shared experience can (often) be the best medicine [to
　　　　　　　　　　　　　　　　　S　　　　　　　　　V　　　　　　　　C
speed healing].

　　　　　　　　　　　this ＋名詞 → まとめ表現

訳 実際のところ，この経験の共有はしばしば，治癒を早めるのに一番効く治療方法となり得る。

語句 as a matter of fact 実際のところ／medicine 名 薬，治療方法／speed 動 早める

文法・構文 直前の内容がわからなかったとしても this shared experience から，「経験を共有する」という話をしていると判断できます。

　　　　　　　　　　　消える But

Storytelling is not a one-way process, (however); it is interactive.
　　S　　　　　V　　　　　C　　　　　　　　　　　　　　S　V　　　C

訳 しかし，読み聞かせは一方的な行為ではなく，双方向性のあるものだ。

語句 one-way 形 一方的な／interactive 形 双方向の

The listener's reaction feeds the teller, [who may (accordingly) change ⟨the way
　　　　　S　　　　　　　V　　　O
[he or she handles the story]⟩].
　S′　　　　V′　　　O′

訳 聞き手の反応が読み手に情報を与え，読み手はそれに応じてその物語の扱い方を変化させる可能性がある。

語句 feed 動 与える／accordingly 副 それに応じて／the way S′V′ S′V′ する方法／handle 動 取り扱う

　　　　　　　　　　　so 〜 that S′V′ 構文

The experience [of sharing stories] is so vital, direct and personal (that (through
　　　　　　　S　　　　　　　　　　　V　　　　　　　　　　　C
this experience) children [in hospital] are able to develop and sustain
　　　　　　　　　　　　　S′　　　　　　　　　　　　　　V′
connections [with life and other people] — and, (ultimately), get better).
　　O′　　　　　　　　　　　　　　　　　　　　　　　　　　V′　　C′

訳 物語を共有するという経験は，とても人を元気付けるもので，直接的で，個人的なものであるため，入院している子どもはこの経験を通して，世間および他者とのつながりを育み，維持し，最終的に回復することができるのだ。

so 〜 that S′V′ とても〜なのでS′V′する／vital 形 活気のある，生き生きとした／sustain 動 維持する／life 名 世間／ultimately 副 最終的に

are able to develop and sustain connections with 〜の and は develop と sustain を結んでおり，connections with 〜が共通の目的語になっています。最後の and は develop and sustain connections with 〜（VO）と get better（VC）を結んでいます。

4 (Finally), storytelling is not just for sick children.
　　　　　　　　　S　　　　　　V

最後に，読み聞かせは病気の子どもだけのためのものではない。

You can tell a story (to anybody), not only (in a medical or educational
S　　V　　　O
institution), but also (within your family or circle of friends).

医療機関や教育機関においてだけでなく，家族内や友人関係の中でも，誰にでも物語を読み聞かせることができる。

not only A but also B A だけでなく B も／institution 名 機関

The pleasure [that both the teller and the listener derive φ (from storytelling)]
　　　　　　　　　　　　　　　　　　　　　　　　　　　　　S
(often) takes over, and provides each (with a sort of quality time).
　　　　　V　　　　　　　　V　　　　O

読み手と聞き手の双方が読み聞かせから得る喜びは多くの場合，嫌なことなどを忘れさせ，それぞれにある種の充実した時間をもたらす。

pleasure 名 喜び／both A and B A も B も／derive 動 得る／take over 優位になる，主導権を握る／provide A with B A に B を与える／quality time 充実した時間 ※この quality の使い方は，Lesson11 の 46 行目にも出てきます。

The pleasure 〜 takes over は直訳「喜びが（嫌なことなどより）優位になる」→「嫌なことなどを忘れさせる，喜びでいっぱいになる」となります。

Such an experience is conducive to the emotional health [of people of all ages].
　　　S　　　　　　　　V　　　　　　　　　　O

そのような経験は，あらゆる年齢の人々の精神的な健康につながる。

be conducive to 〜 〜につながる

(Furthermore), stories have the power [not only to entertain, but also to help us
　　　　　　　　　 S 　　 V 　　　　　　　　　　　　　　　　　　　　　　　　　　　O
reframe our experiences].

> **訳** さらに，物語には，人を楽しませる力だけではなく，私たちが自分の経験に対する考え方を変えるように促す力もある。

> **語句** furthermore 圖 さらに／entertain 圗 楽しませる／reframe 圗 ～に対する見方を変える

> **文法・構文** not only *A* but also *B* の A・B に to 不定詞のカタマリがきており，どちらも the power を修飾しています。

They challenge our old ways of thinking and give us a fresh perspective [on life].
　S 　　V 　　　　　　O 　　　　　　　　　　　 V 　　O 　　　　　　O

> **訳** 物語は私たちの古い考え方に疑問を投げかけ，人生についての新たな考え方をもたらしてくれる。

> **語句** challenge 圗 反論する，異議を唱える ※本来「悪口（を言う）」→「従来の考えに悪口を言う」→「反論する，異議を唱える」となります。／perspective 图 考え方

We tell each other stories (in order to live).
　S 　V 　　O 　　　O

> **訳** 私たちは，生きるためにお互いに話を語り合うのだ。

> **語句** in order to 原形 ～するために

(So) let's do it.
　　　　V 　O

> **訳** さあ，やってみよう。

What do you think a sick child needs most / during the healing process? // Of course, // the physical care / that doctors and nurses administer to children / is vital for recovery. // However, // as many health care workers believe, // the spiritual care of sick children / is every bit as important as medical care. // Caring for a young boy or girl's emotional needs, // that is to say, // providing "love, // nurturance, // and connection," // is essential to holistically heal the child / and ease his or her suffering. //

Some researchers argue / that stories and storytelling have the power to actually heal as well. // Imagine the following situation: / a boy was injured in an airplane accident / and had major surgery. // He was alone in the hospital, // because his parents had died in the accident. // How should hospital caregivers respond to his anxious questions // about whether or not he would ever be the same / after such an accident? // A direct answer might be too painful for him. // It could harm him / and even deprive him of his will to live. // Some experienced nurses say that in such cases // they often tell the young patient a story, // in which a character / such as a pony or other animal / has a similar traumatic experience. // By listening to and sharing the story, // the child is given the emotional distance necessary to cope / with his or her own personal adversity. // The story also helps the child recognize / that he is understood / and is not alone in his experiences. // In fact, // storytelling has the power to help children / make meaning out of their experiences, // to face and accept their emotional and physical pain, // and to renew their hope. //

Moreover, // through the act of storytelling, // caregivers and children can share time and space / during which the emotional needs of the latter / are nurtured naturally. // As a matter of fact, // this shared experience can often be the best medicine to speed healing. // Storytelling is not a one-way process, // however; // it is interactive. // The listener's reaction feeds the teller, // who may accordingly change the way he or she handles the story. // The experience of sharing stories is so vital, // direct / and personal / that through this experience // children in hospital are able to develop / and sustain connections with life and other people // — and, ultimately, get better. //

Finally, // storytelling is not just for sick children. // You can tell a story to anybody, // not only in a medical or educational institution, // but also within your family / or circle of friends. // The pleasure that both the teller and the listener / derive from storytelling / often takes over, // and provides each with a sort of quality time. // Such an experience is conducive to the emotional health / of people of all ages. // Furthermore, // stories have the power not only to entertain, // but also to help us reframe our experiences. // They challenge our old ways of thinking / and give us a fresh perspective on life. // We tell each other stories / in order to live. // So let's do it. //

日本語訳

　病気の子どもにとって，最も必要なものは何だろうか／治癒過程で。／／もちろん，／／（…に対して行う）身体的なケアは／医師および看護師が子どもに対して行う／回復のために不可欠である。／／しかし，／／多くの医療従事者が考えているように，／／病気の子どもに対する精神的なケアは，／身体的なケアと全く同じくらい重要なのである。／／少年または少女の精神的な欲求をケアすること，／／つまり「愛情…」を与えることが，／／「心遣い，／／気持ちのつながり」／総合的に子どもを回復させる（そして…を和らげる）のに必要不可欠なのだ／そして彼または彼女の苦しみを和らげる。／／

　研究者の中には，主張する人もいる／物語や読み聞かせにも同様に，実際に治療の効果があると。／／次の状況を想像してほしい。／ある少年が飛行機事故で負傷し，／そして大手術を受けた。／／彼は病院に一人ぼっちだった／彼の両親はその事故で亡くなっていたので。／／病院の介護者は（…だろうかという）不安に満ちた彼の質問に対して，どのように応じるべきだろうか／自分はいったい元の状態に戻るのだろうかという／そのような事故の後で。／／単刀直入な回答は，彼にとってはあまりにもつらすぎるかもしれない。／／それは彼を傷つけ，…可能性がある／さらには彼から生きる意志を奪ってしまう。／／経験を積んだ看護師の中には，そのような場合には，…と言う人もいる／／（登場人物が…経験をする）物語をその幼い患者に話すことが多い／登場人物が／ポニーや他の動物などの／同じような心に傷を負う経験をする。／／その物語を聞き，共有することによって，その子どもには立ち向かうのに必要な，感情的な距離が生まれる／彼または彼女自身の個人的な逆境に。／／物語はまた，その子どもが，認識するのにも役立つ／自分は理解してもらえていて，／自分だけがこのような経験をしているのではないということを。／／実際に，／／読み聞かせには，子どもが…するのを促す効果がある／経験から意味を見出し，／自分の精神的および身体的な痛みと向き合ってそれらを受け取り，／／そして希望を取り戻す。／／

　さらに，／／読み聞かせという行為を通して，／／介護者と子どもは時間と空間を共有することができ，／その間に，後者（子ども）の精神的欲求が／自然と満たされる。／／実際のところ，／／この経験の共有はしばしば，治療を早めるのに一番効く治療方法となり得る。／／読み聞かせは一方的な行為ではなく，／／しかし／／双方向性のあるものだ。／／聞き手の反応が読み手に情報を与え，／読み手はそれに応じてその物語の扱い方を変化させる可能性がある。／／物語を共有するという経験は，とても人を元気付け，…ものであるため，／／直接的で，／個人的な／この経験を通して，／／入院している子どもは育み…ことができる，／世間および他者とのつながりを維持し，／／最終的に回復する。／／

　最後に，／／読み聞かせは病気の子どもだけのためのものではない。／／誰にでも物語を読み聞かせることができる／医療機関や教育機関においてだけでなく，／／家族内や／友人関係の中でも。／／読み手と聞き手の双方が…喜びは／読み聞かせから得る／多くの場合，嫌なことなどを忘れさせ，／それぞれにある種の充実した時間をもたらす。／／そのような経験は，精神的な健康につながる／あらゆる年齢の人々の。／／さらに，／／物語には，人を楽しませる力があるだけではなく，／／私たちが自分の経験に対する考え方を変えるように促す（力もある）。／／物語は私たちの古い考え方に疑問を投げかけ，／人生についての新たな考え方をもたらしてくれる。／／私たちは，お互いに話を語り合うのだ／生きるために。／／さあ，やってみよう。／／

このLessonで出てくるルール

Rule 61 解法　記述問題の心構え ⇒ 問1〜5
Rule 66 構文　andは「対等の品詞」を結ぶ！ ⇒ 問5

解答

問1 1つ目は学習の直後に運動を行い，2つ目は学習して4時間後に運動を行い，3つ目は学習後に運動を行わなかったという，（研究における）3つのグループ。

問2 最大心拍数の80パーセントを上限とした運動強度の，フィットネスバイクを使った35分間のインターバルトレーニング（を行った）。

問3 情報が正しく思い出されているときには，海馬という，学習および記憶に関連している脳領域がより活発になった。

　　※メインの解答例は過去形で訳したものですが，was more activeで過去形が使われているのは文の動詞showedに合わせているためなので（時制の一致），この部分は「活発だ」でも（過去形で訳さなくても）OKです。

問4 新しく学んだ情報が，運動中に放出される特定の脳内化学物質を必要とする過程を通じて長期記憶へ変わるという現象。

問5 なぜ4時間後がより効果的だったのか，また，他の時間枠でも似たような効果を生む可能性があるのかどうかも明らかではない。

　この問題は全ての設問が記述式です。苦手意識のある人が多いこの形式の問題について心構えから解説していきます。

≫≫≫ *Rule 61* 解法　記述問題の心構え

■「探す」→「バカ丁寧に訳す」

　記述問題で求められているのは「**英文を正確に読む→設問の要求を理解する→日本語で表す**」力です。そして「**内容を丁寧に説明する**」姿勢です。普段の会話では「当然のこと，お互いの了解」があるので，会話の前提まで触れませんが，記述問題でその発想は危険です。具体的なことは各設問で指摘しますが，たとえるなら「デジタル機器に疎い校長先生に最新アプリを説明する」姿勢でいてください。いきなりアプリの中身を説明するのではなく，「そもそもスマホで使うもの」

「要するに○○がラクにできるようになるもの」といった前提から説明する心構え
を持ってください。

■目指すのは「最大字数」

　設問文に「60〜80字で書け」とある場合, 出題者のメッセージは「**無駄がない
完璧な答案なら60字, 多少無駄なこと・冗長な表現を使っても80字が限度**」と
いうことなんです。つまり, 受験生の答案が60字だった場合, それは完璧な答案
か, もしくは何かポイントが欠けた答案なんです。**最大字数を目指す**のが無難です。

■文末は「オウム返し」

　「なぜ」と問われたら, 「〜から」で答えるのは有名ですが, それ以外は教わり
ませんよね。ぜひ**文末オウム返し**という発想を知ってください。たとえば「変
化について説明せよ」とあれば「〜という変化」, paradox「逆説, 矛盾」を説明す
るなら「〜という矛盾」, 「この話はどこがおもしろいのか」なら「〜という点が
おもしろい」のように, **説明が求められている言葉をそのまま文末で繰り返す**だ
けです。

　このメリットとして, 「**減点を避けられること**」と「**見当違いの答案に気付けるこ
と**」があります。たとえば「…この差別を説明せよ」という問いが早稲田大で出
ました。この問いに対する解答を, つい優等生発想で「〜してはいけない」とい
う文末で終えてしまった受験生がすごく多かったのです。設問の要求は「差別」な
のでこの答案は0点です。こういった勘違いも, 文末オウム返しを意識すれば, 答
案の最後は「〜という差別」になるはずなので, ミスに気付けるのです。

問1　難易度 ★★★

　「three groupsを指すもの」が問われているので, 「1つ目は〜, 2つ目は〜, 3
つ目は〜」と説明し, 最後はオウム返し（〜という<u>3つのグループ</u>）で締めくく
れば完成です。

　下線部three groupsは直後のコロン（：）以下が, one group ...で始まっている
ので, ここからが該当箇所だとわかります。基本的にここを訳していけばOK
ですが, immediately「すぐに」やfour hours later「4時間後に」だけでは漠然と
しているので, 「<u>学習の</u>直後に, <u>学習して</u>4時間後に」のように補足すると答案の
完成度が上がります。

　研究の方法・内容は第2段落にあり，問われている「参加者が行った運動」は 9行目に The exercise routine consisted of ～ とあるので，ここが該当箇所です。consist of ～「～で構成されている」に反応できるかがポイントです。

---

consist of ～「～で構成されている」

The exercise routine consisted of 35 minutes of interval training ［on a fitness
　　　　S　　　　　　　V　　　　　　　　　　　O
bike］［at an intensity of up to 80% of maximum heart rate］.

「運動の流れは，最大心拍数の80パーセントを上限とした運動強度の，フィットネスバイクを使った35分間のインターバルトレーニングで構成されていた」

---

　at an intensity of up to 80% of ～ の直訳は「（最大）～の80％までの強度で」です。up to ～「（最大）～まで」という熟語に注意してください（toだけでも「～まで」を表せますが，upをつけることで，「上にあがっていって，～まで到達する」という意味をハッキリ示した熟語です）。
　また，設問文は「どのような運動（を行ったのか）」なので，文末は「～の運動（を行った）」と締めくくります。「運動」＝「トレーニング」なので，「～のインターバルトレーニング（を行った）」とまとめたのがp.64の「解答」です。

　英文全体は The MRI also showed that ～「またMRIは～ということを示した・またMRIによって，～がわかった」の形で，その that 節内に下線が引かれています（英文の途中に下線が引かれる場合，そこからだけでは構文が理解しにくい変な引き方をする大学もあるので，全体から考える習慣をつけておきましょう）。

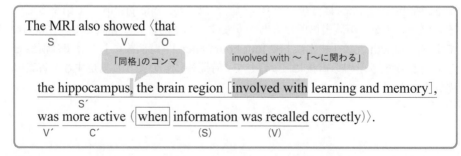

The MRI also showed ⟨that
　　　S　　　　　V

「同格」のコンマ　　　　involved with ～「～に関わる」

　the hippocampus, the brain region ［involved with learning and memory］,
　　　　　　　　　　　S´
was more active ⟨|when| information was recalled correctly⟩⟩.
　V´　　C´　　　　　　　　(S)　　　　　　　(V)

66

■ 主語を理解する（同格の把握）

the hippocampus, the brain region ～ では「**同格のコンマ**」があります。the hippocampus「海馬」を，コンマの後で説明しているわけです。実験系の英文では，専門用語や研究者の名前の後に，この「同格のコンマ」を使って，その後で詳しく説明する形がよく使われます。

また，訳すときですが，「コンマを見たら文を切って訳す」と習った人が多いと思いますが，「同格」であることを意識して，その関係が崩れない限りは，**どう訳してもOK**なんです。

同格の訳し方
・前から切った場合：　「海馬とは，～の領域で，…」
・前からかけた場合：　「海馬という～の領域は…」
・後ろからかけた場合：「～の領域である海馬は…」

■ 主語を理解する（分詞の把握）

the brain region involved with ～「～に関わる脳の領域」は，過去分詞 involved with ～「～に関わる」が後ろから修飾しています。*be* involved in ～「～に巻き込まれる」ばかりが英単熟語帳に載っていますが，実際の英文では，**_be_ involved with ～「～に関連する」**も多用されます（もちろんこの英文では分詞が名詞を修飾しているので be はありません）。

■ 主語以外の部分

述部の was more active「より活発だった（活発だ）」は特に問題ないでしょう。「アクティブだ」と訳すとごまかしていると判断され減点の可能性もあるので，「そのまま使うのが世間で当たり前ならカタカナのまま」で，「**日本語に置き換えても自然なものはできるだけ置き換える**」ようにしてください。

when information was recalled correctly は「情報が正しく思い出されるとき」です。recall は「元の場所に（re）呼ぶ（call）」→「記憶を呼び戻す，思い出す」です。

問4 難易度 ★★★

this phenomenon は〈**this ＋ 名詞**〉の形なので，「**前の内容をまとめている**」と考えます（***Rule 4*** ▶ p.17）。この前から「現象」に当たる箇所を探すと，16行目に turn into ～「～に変化する」や process「過程」があり，そこが「現象」の説明だと判断します。

Newly learned information turns into long-term knowledge (through a
　　　　　 S　　　　　　　　　 V　　　　　　 O
process [that requires certain brain chemicals [that are released (during
　　　　　　　V'　　　　　　　O'
exercise)]]), but ～

「新しく学んだ情報は，運動中に放出される特定の脳内化学物質を必要とする
過程を通じて長期記憶へと変わるのだが，～」

　この説明部分（Newly learned information ～ during exercise）を訳して，最
後はオウム返しで「～という現象」とするだけでOKです。
　2つある関係代名詞thatに注意してください。a process that requires ～「～を
必要とする過程」，certain brain chemicals that are released ～「～放出される特
定の脳内化学物質」と，きっちり訳すことが大切です。

問5　難易度 ★★★　思考力

　まずは下線部の構文ですが，**等位接続詞**がポイントです。等位接続詞の代表格
は**and**なので，andを使って解説します。

≫≫ *Rule 66* 構文 andは「対等の品詞」を結ぶ！

　複雑な英文では「andが何と何を結んでいるのか？」を意識することが重要で
す（入試の下線部和訳でよく問われます）。普段から**andを見たら，「後ろを見て，
前を探す」**という発想を持ってください。

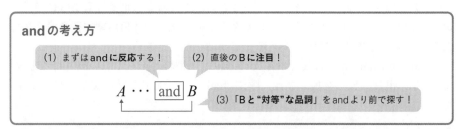

andの考え方

(1) まずはandに反応する！　　(2) 直後のBに注目！

$A \cdots$ and B

(3) 「Bと"対等"な品詞」をandより前で探す！

　今回の英文はandではなくorですが，orも等位接続詞なのでandと考え方は一
緒です。orの後ろのif ～ に注目して，これが名詞節「～かどうか」だと判断しま
す。仮に副詞節と予想しても，orの前に副詞節に相当するものが見つからないの
で，orは名詞節why ～ と if ～ を結んでいると判断するわけです。
　全体はIt is also not clear why ～ or if ...「なぜ～なのか，また，…かどうかも明
らかではない」という構造です（文頭のItは仮主語で，why節とif節が真主語）。

```
It is (also) not clear ┌ why  four hours was more beneficial,
仮S      V      C      │     真S
                       │ or
                       │
                       └ if  another time frame might produce a similar effect.
                              真S
```

みなさんは自分の答案で「orが2つの節を結んでいることを表せたか」と「ifの意味（〜かどうか）を訳出できたか」の2つを特にチェックしてください。

■ beneficial をどう訳す？

why four hours was more beneficial は「なぜ4時間後がより効果的だったのか」です（four hours が「1つの時間のまとまり」なので，動詞は単数（was）で受けています）。

beneficial は「利益になる，有益な」といった訳語が普通なのですが，今回は文脈（学習して4時間後の運動のほうがよく覚えていた）を考慮して，「効果的な」などと考えられればベストです。後ろにある produce a similar effect「似た効果を生む」もヒントになります。

■ time frame とは？

time frame は「時間（枠），期間」という意味です（frame「枠，フレーム」）。ちなみに4行目の only if done in a specific time window「それは特定の時間枠内で行われた場合のみである」にある time window は time frame と同じ内容を指していると考えられ，ここもヒントになりますが，今回はうまく訳せなくても仕方ないでしょう。

■ might ≒ may

「might は may の過去形」と説明されるので，つい「〜かもしれなかった」と訳しがちですが，現実には**might が過去を表すことはほぼゼロに近い**と思ってください。

ズバリ **"might ≒ may"** なんです。厳密には might には仮定のニュアンスが加わり「（もしかしたら）〜してもよい／（もしかしたら）〜かもしれない」となりますが，そこまでは気にしなくて大丈夫です。

よって，might produce a similar effect は「似たような効果を生み出すかもしれない（生み出す可能性がある）」となります。これを過去形「生み出すかもしれなかった」と訳すと不自然ですね。

time frame の意味がわかりにくかったでしょうが, 実はその直前にある **another** に注目すると意味が推測できるんです。another「もう1つの」という単語があるということは,「その前に1つは似た内容を述べている」はずなんです。

よって, <u>another time frame</u>「もう1つの時間(枠)」の前に time frame があるはずです。「時間(枠)」に言及しているのは「(学習してから)4時間後」です。つまり, time frame は「学習してからの時間(枠)」を指し, another time frame は「(学習してから4時間後とは)別の時間(枠)」を表していると判断できるわけです。time frame という語句は難しいので, 今後出合う可能性は低いですが, another なら今後も数え切れないほど出合うはずです。ぜひ「**another の有効活用方法**」を知っておいてください。

文構造の分析

1 Here's a possible strategy [to boost memory] — exercise four hours (after
　　 V　　　 S
you learn something).
S'　 V'　　O'

> **訳** 記憶力を高められる可能性のある方法を教えよう。それは，何かを学習した4時間後に運動するというものだ。

> **語句** strategy 名 方法，戦略／boost 動 高める

> **文法・構文** この英文や，後に続く英文で繰り返し使われるyouは「（一般に）人は（誰でも）」という意味です（「あなた」ではありません）。また，four hours after ～「～した4時間後」では，four hoursがafter ～の範囲を限定しています。

(In a study [published in the July 11, 2016, *Current Biology*]), researchers found
　　　　　　　　　　　　　　　　　　　　　　　　　　　　　　　　　 S　　　 V
⟨that exercise [after learning] may improve your memory of the new
 O　　 S'　　　　　　　　　　　 V'　　　　 O'
information, but only (if done in a specific time window)⟩.

> ［S＋beの省略］

> **訳** 2016年7月11日発行の『カレントバイオロジー（最新の生物学）』誌に掲載された研究で，研究者たちは，学習後に運動をすることで新情報を記憶する力が向上する可能性があるが，それは特定の時間枠内で行われた場合のみであるということを発見した。

> **語句** publish 動 掲載する，出版する／improve 動 向上させる／specific 形 （名詞の前で）特定の／window 名 （限定された）期間

2 (In the study), 72 participants learned 90 picture-location associations
　　　　　　　　　　　　 S　　　　　　 V　　 O
(mentally linking an image with new information (in order to improve recall)) —
(over a 40-minute period).

> **訳** その研究では，72人の被験者が40分間で，思い出しやすくなるように頭の中で画像と新情報を結びつけながら，写真と場所の関連を90セット暗記した。

> **語句** participant 名 被験者，参加者／association 名 関連，つながり／mentally 副 心の中で，頭の中で／link *A* with *B* AをBと結びつける／recall 名 記憶力，思い出すこと［能力］動 思い出す

> **文法・構文** mentally linking ～ は72 participantsを意味上のSとする分詞構文です。

They were then randomly assigned (to one of three groups):
　　S　　　　　　　　　V

> **訳** それから彼らは，３つのグループのうち１つに無作為に割り当てられた。

> **語句** randomly 副 無作為に／assign *A* to *B* AをBに割り当てる

one group exercised immediately, the second exercised four hours later, and the
　　S　　　　V　　　　　　　　　　　S　　　V　　　　　　　　　　　　　　　　S
third did not exercise.
　　　　V

> **訳** １つ目のグループはすぐに運動を行い，２つ目のグループは4時間後に運動を行い，３つ目のグループは運動を行わなかった。

> **文法・構文** *A*, *B*, and *C*の形で文3つ (one group exercised ～／the second exercised ～／the third did not ～) を結んでいます。また，the second {group} exercised ～, the third {group} did not ～ の省略が起きています。

The exercise routine consisted of 35 minutes of interval training [on a fitness
　　　　S　　　　　　　V　　　　　　　　　　　　O
bike] [at an intensity of up to 80% of maximum heart rate].

> **訳** 運動の流れは，最大心拍数の80パーセントを上限とした運動強度の，フィットネスバイクを使った35分間のインターバルトレーニングで構成されていた。

> **語句** routine 名 決まった流れ／consist of ～ ～から成る／interval training インターバルトレーニング（運動に強弱をつけて，これを交互に繰り返す練習方法）／intensity 名 強度／maximum heart rate 最大心拍数

3 (After 48 hours), the participants' memory was tested (while their brains
　　　　　　　　　　　　　S　　　　　　　　　V　　　　　　　　S′
were scanned (via MRI)).
　V′

> **訳** 48時間後，被験者の脳がMRIでスキャンされている状態で，被験者の記憶力がテストされた。

> **語句** via ～ 前 ～によって，～経由で／MRI 名 磁気共鳴断層撮影装置（磁気とコンピューターによる全身断層撮影法。magnetic resonance imagingの略）

> **文法・構文** 直訳「彼らの脳がMRIによりスキャンされている間」→「被験者の脳がMRIでスキャンされている状態で」と訳してあります。

Those [who exercised four hours (after the learning session)] retained
　　　　　　　　　　　　　S　　　　　　　　　　　　　　　　　　　　　V

information better 〈than the other two groups〉.
　　　O

> **訳** 学習タイムの4時間後に運動をした人々は，他の2グループよりも情報をよく覚えていた。

> **語句** those who ～ ～な人々／retain 動 保つ，覚えておく

> S′の同格

The MRI also showed 〈|that| the hippocampus, the brain region involved with
　　　S　　　V　　　　O　　　　　　　　　　　　　　　S′
learning and memory, was more active （|when| information was recalled
　　　　　　　　　　　V′　　C′　　　　　　　　　　（S）　　　　（V）
correctly）〉.

> **訳** またMRIによって，情報が正しく思い出されているときには，海馬という，学習および記憶に関連している脳領域がより活発になることがわかった。

> **語句** hippocampus 名 海馬／region 名 部位

4 Newly learned information turns into long-term knowledge （through a
　　　　　　　　S　　　　　　V　　　　O
process [that requires certain brain chemicals [that are released during
exercise]]）, |but| more research is needed （to understand this phenomenon）.
　　　　　　　　　S　　　　　V

> **訳** 新しく学んだ情報は，運動中に放出される特定の脳内化学物質を必要とする過程を通じて長期記憶へと変わるのだが，この現象を解明するにはさらなる研究が必要である。

> **語句** turn into ～ ～になる，～に変わる／long-term 形 長期の／require 動 必要とする（＝need）／certain 形 （名詞の前で）特定の／brain chemical 脳内化学物質／release 動 放出する／phenomenon 名 現象

It is （also） not clear 〈why four hours was more beneficial〉, |or| 〈|if| another time
仮S　V　　　　　C　　　真S　　　S′　　　V′　　　　C′　　　　　　　　真S　　S′
frame might produce a similar effect〉.
　　　　　V′　　　　O′

> **訳** なぜ4時間後がより効果的だったのか，また，他の時間枠でも似たような効果を生む可能性があるのかも明らかになっていない。

> **語句** beneficial 形 効果的な／time frame 時間枠／produce 動 もたらす／effect 名 結果，効果，影響

> **文法・構文** 名詞節を作る if ～ 「～かどうか」は，主語・補語にはなれないのが原則ですが，真主語には使われることがあります。

Here's a possible strategy to boost memory // — exercise four hours after you learn something. // In a study published in the July 11, / 2016, / *Current Biology*, // researchers found that exercise after learning / may improve your memory of the new information, // but only if done in a specific time window. //

In the study, // 72 participants learned 90 picture-location associations / mentally linking an image with new information / in order to improve recall / — over a 40-minute period. // They were then randomly assigned to one of three groups: // one group exercised immediately, // the second exercised four hours later, // and the third did not exercise. // The exercise routine consisted of 35 minutes of interval training / on a fitness bike / at an intensity of up to 80% of maximum heart rate. //

After 48 hours, // the participants' memory was tested / while their brains were scanned via MRI. // Those who exercised four hours after the learning session / retained information better / than the other two groups. // The MRI also showed / that the hippocampus, // the brain region involved with learning and memory, // was more active when information was recalled correctly. //

Newly learned information / turns into long-term knowledge / through a process that requires certain brain chemicals / that are released during exercise, // but more research is needed to understand this phenomenon. // It is also not clear / why four hours was more beneficial, // or if another time frame might produce a similar effect. //

日本語訳

　記憶力を高められる可能性のある方法を教えよう。//それは，何かを学習した4時間後に運動するというものだ。//7月11日発行の誌に掲載された研究で，/2016年/『カレントバイオロジー(最新の生物学)』//研究者たちは，学習後に運動をすることで…ということを発見した/新情報を記憶する力が向上する可能性がある//が，それは特定の時間枠内で行われた場合のみである。//

　その研究では，//72人の被験者が，写真と場所の関連を90セット暗記した/頭の中で画像と新情報を結びつけながら/思い出しやすくなるように/40分間で。//それから彼らは，3つのグループのうち1つに無作為に割り当てられた。//1つ目のグループはすぐに運動を行い，//2つ目のグループは4時間後に運動を行い，//3つ目のグループは運動を行わなかった。//運動の流れは，35分間のインターバルトレーニングで構成されていて，/フィットネスバイクを使った，/運動強度は最大心拍数の80パーセントを上限とした。//

　48時間後，//被験者の記憶力がテストされた/被験者の脳がMRIでスキャンされている状態で。//学習タイムの4時間後に運動をした人々は，/情報をよく覚えていた/他の2グループよりも。//またMRIによって，…わかった/海馬という…ことが//学習および記憶に関連している脳領域が/情報が正しく思い出されているときには，より活発になる。//

　新しく学んだ情報は，/長期記憶へと変わる/(運動中に放出される) 特定の脳内化学物質を必要とする過程を通じて/運動中に放出される//が，この現象を解明するにはさらなる研究が必要である。//また，明らかになっていない/なぜ4時間後がより効果的だったのか，//あるいは他の時間枠でも似たような効果を生む可能性があるのかも。//

Lesson 5　解答・解説

このLessonで出てくるルール

Rule 65 解法　ビジュアル問題を解く手順 ⇒ 問1, 2
Rule 39 読解　「広告」の頻出表現をマスターする！①

解答

問1 ④　　問2 ①

　資料（広告，予定表，パンフレット，ホームページなど）から必要な情報を読み取る問題の手順に関しては，「設問を先に読んだほうがいい」というのがよく言われるアドバイスです。それでもかまいませんが，おすすめなのは「**本文少し→設問文先読み→本文→選択肢**」という流れです。

≫≫ *Rule 65* 解法　ビジュアル問題を解く手順

■ステップ1　本文を少しだけ見る

　いきなり設問を読むのではなく，最初に「**タイトル＋本文1〜2行**」を読んでみてください。これだけで内容が明確になることも多いです（ただし内容がわからなくても焦る必要はありません。特に広告の場合，いきなり変な質問（疑問文）で始まることもあるからです）。

■ステップ2　設問文先読み

　設問文を読むことで，何が問われているかがわかります。ただし「**選択肢（①〜④）**」はまだ読んではいけません。

　よく言われるのが「選択肢にざっと目を通して内容を把握するとよい」ということですが，この本ではおすすめしません。というのも，基本的に選択肢4つ中3つはウソの（本文と矛盾する）内容なので，最初に読んでしまうと，「あれ，あんなこと書いてあったような…」と，混乱するからです。

■ステップ3　本文を読む

　しっかり**全部を読む**つもりで読んでください。該当箇所だけをピンポイントで読み取るだけの設問も出ますが，それは結果論であって，その該当箇所を見つけるためには英文全てを読む姿勢が必要です。

　必要な部分だけを拾い読みすることは「スキャニング」などと呼ばれますが，そ

んなものは不要ですし，そもそも必要な部分だけを読むこと自体，とても難しいことです。**普通に読んでいくことが一番です。**「1文1文を確実に読める」という，その延長上に速く確実に読むことが成り立つのです。

　また，該当箇所は複数に散らばっていることも多いので（この問題では問1がそうです），拾い読みは通用しません。

■ ステップ4　選択肢を見る

　本文で該当箇所を見つけたら，設問に戻り，選択肢を見ていきます。選択肢で迷う場合は，決して無理をせず，もう1度本文に戻って確認してください（時間に追われて，本文に戻ることをないがしろにしてしまいがちですが，それでミスしては意味がありませんよね）。普段の練習から，じっくりと確実に取り組んでください。

問1 難易度 ★★★　思考力

　設問文中の **April 12** に注目すると，19行目に On Friday April 12, there will be no 10:00 a.m. tour because of a charity performance.「4月12日 金曜日 は，チャリティー公演があるため午前10時のツアーがありません」とあります。

　ここで Friday に注目するとわかるので，表の Friday の欄を見ると，ツアーの開始時刻が 10:00 a.m. & 2:30 p.m. とあります。ここで注意すべきことは，「表は通常のスケジュール」だけど，「4月12日はイレギュラー」ということです（午前10時開始のツアーはない）。よって，午後2時半開始のツアーだとわかります。

　次に終了時刻を考えるわけですが，15行目に Each tour lasts approximately 90 minutes.「各ツアーは約90分です」とあります（動詞 last「続く」は，「ラストまで続く」と覚えるか，化粧品のCMで使われる「ラスティング（lasting）効果（化粧が続く効果）」と関連づけるといいでしょう）。

　以上から「午後2時半スタート，約90分続く」→「午後4時頃終了」とわかるので，④が正解です。

ここが 思考力 ▶ 該当箇所が複数ある&計算が必要な問題

　この設問も該当箇所が複数に散らばっていて，さらに統合する（計算する）必要がある，思考力を問う問題に分類されるものです。該当箇所が複数あるのは，広告問題以外でもよくあることです（Lesson8の問1）。また，計算も単純なものだけなので，対策すべきは2つで，1つ目は「**この手の問題では特例が狙われる**」ということです。「この日だけは」とか「雨天の場合は」など

はかなりの確率で狙われます。英文を読みながら，チェックを入れておくと短時間で処理できるようになります。

　2つ目は広告など特殊な英文で使われる**特有表現をしっかり覚えておくこと**です。今回の問題では動詞 last「続く」です。これを知らない受験生は「ラストだから，終わるってこと？」などと勘違いしてしまうわけです。その他の表現は今回の解説の最後にルールとしてまとめておきます。

設問文と選択肢の訳

4月12日のツアーに参加したら，だいたい何時頃に終了するか。
① 午前11時半　　② 午後1時　　③ 午後2時半　　**④ 午後4時**

問2　難易度 ★★☆

　2行目に Discover what goes on behind the scenes <u>on a walking tour with one of our company members.</u>「舞台裏で何が起こっているのか，当劇団のスタッフ一人と一緒に巡り歩いてご覧ください」とあります。「会社のメンバーと一緒に歩く」→「ガイド付き」と判断できるので，① Backstage tours are guided. を選べば OK です。guide は動詞「案内する」で，guided「案内される」→「ガイド付きの」です（辞書にも guided「ガイド付きの」のまま載っているほどよく使われる単語です）。ここに気付かなくても，今回は消去法で解くのもアリでしょう。

設問文と選択肢の訳

正しい文章はどれか。
① 舞台裏ツアーにはガイドが付く。
② 10人より多い（11人以上の）グループの一員だったら，事前に予約する必要はない。
　→ 13行目に Groups of over 10 people should contact the box office. Please complete your booking at least 24 hours before your tour starts.「11人以上のグループの場合は，チケット売り場に連絡してください。遅くともツアー開始時間の24時間前までには予約を完了してください」とあります。本文の内容に not をくっつけただけのひっかけパターンです。

　ちなみに本文の over 10 people が，選択肢では more than 10 people に，complete your booking「予約を完了する」が book「予約する」に言い換えられています。また，本文の before ～ を，選択肢では in advance「事前に」と表しています（「予約」の話題でよく使われる重要表現）。
③ この劇場では車椅子を使うことができない。
　→ 22行目に The tour route is fully accessible to wheelchair users.「ツアーの経路は全て，車椅子利用者の方でも通ることができます」とあります（be accessible to ～

「～にとってアクセスできる」→「～が利用できる」）。これも本文の内容にnoを入れただけのひっかけパターンですね。

④ 客は，訪れる12時間前にチケット売り場にEメールを送らなくてはいけない。

→ 22行目に Please e-mail the box office if you have any questions regarding access. 「アクセス方法について何か質問がありましたら，チケット売り場までEメールをお送りください」とあるだけで，「訪れる12時間前にEメールを送る」とは書かれていません。本文の特徴的な語句（e-mail the box office）を利用したひっかけです。

14行目に Please complete your booking at least 24 hours before your tour starts. 「遅くともツアー開始時間の24時間前までには予約を完了してください」とあり，「24時間前に予約すべき」とわかります。

≫≫ *Rule 39* 読解 「広告」の頻出表現をマスターする！①

広告問題は「特有表現」を知っておくことが最も効果的な対策です。といっても自分でそういった表現を習得する機会はなかなかないはずなので，以下で一気にチェックしておきましょう。

概要説明（1）

☐ run，manage 運営する

例）manage an event イベントを運営する

☐ organize 準備する

☐ host 主催する／主催者，開催国

例）host team 開催国チーム

☐ hold 開催する

例）*be* held at the Community Center コミュニティセンターで開かれる

☐ take place 開催される

☐ last 続く

☐ purpose 目的

☐ outline 概要

☐ theme テーマ

☐ step 手順

例）Follow these steps. この手順に従ってください。

☐ condition 条件

☐ general public 一般大衆

☐ aged ～ ～歳の

例）children aged 10 to 15　10歳から15歳までの子ども

例）anyone aged 25 and under　25歳以下なら誰でも

☐ following 次の，以下の

- ☐ weekday 平日
    例）*be* free on weekday evening　平日の夕方は無料で

概要説明（2）
- ☐ welcome 歓迎する
- ☐ call for 〜 〜を求める
    例）call for participants　参加者を募集する
- ☐ guided ガイド付きの
- ☐ note 注
- ☐ table 表
    例）See the table below.　下の表を見てください。
- ☐ webpage ウェブページ
- ☐ website ウェブサイト
    例）*be* posted on the website　ウェブサイトに掲載される
- ☐ notice 告知，お知らせ
- ☐ at short notice 直前に，急な知らせで
- ☐ advertisement 広告
- ☐ *be* selected by 〜 〜によって選ばれる
- ☐ *be* awarded 賞を与えられる
- ☐ audience 聴衆
- ☐ question period 質問の時間
    例）There is a 5-minute question period.　5分間の質問タイムがあります。

情報
- ☐ details 詳細
    例）check out the website for the details　詳細をウェブサイトで確認する
- ☐ detailed information 詳細情報
- ☐ for more details 詳細については，詳しくは
- ☐ according to 〜 〜によると
    例）according to the website[advertisement]　ウェブサイト［広告］によると
- ☐ crowd calendar 混雑カレンダー
- ☐ percentage 百分率，パーセンテージ
- ☐ average 平均
- ☐ expected 予想される
    例）the number of people expected to participate in the event
    　　そのイベントに参加すると予想される人の数

- ☐ estimate 見積もり，推定値
- ☐ the number of 〜 〜の数
  - 例）an estimate of the number of people 想定される人数
- ☐ maximum 最大
- ☐ minimum 最小
- ☐ icon 図形記号，アイコン
- ☐ calculate 計算する
- ☐ based on 〜 〜に基づいて
  - 例）the percentage calculated based on past data
    過去のデータに基づいて計算されたパーセンテージ
- ☐ What's New 新着情報
- ☐ update 更新する
- ☐ regarding 〜に関して

運航スケジュール

- ☐ return to 〜 〜へ戻る
- ☐ take a trip to 〜 〜へ旅行する
- ☐ travel from *A* to *B* AからBへ行く
- ☐ leave *A* for *B* Bに向けてAを出発する
- ☐ schedule 予定，スケジュール
- ☐ flight schedule フライトスケジュール
- ☐ departure 出発
  - 参考）departure city 出発都市／departure date 出発日／departure time 出発時刻
- ☐ arrival 到着
  - 参考）arrival city 到着都市／arrival date 到着日／arrival time 到着時刻
- ☐ seat availability 空席状況
- ☐ available seats 空席
- ☐ no seat 空席なし
- ☐ passenger 乗客
- ☐ itinerary 旅程

Musashi Public Theatre Backstage Tour

訳 武蔵パブリックシアター舞台裏ツアー

語句 theatre 名 劇場（theater のイギリス式つづり）／backstage 形 舞台裏の

Discover 〈what goes on (behind the scenes)〉 (on a walking tour) (with one of
    V   O
our company members).

訳 舞台裏で何が起こっているのか，当劇団のスタッフ一人と一緒に巡り歩いてご覧
ください。

語句 go on 起こる／behind the scenes 舞台裏で

文法・構文 広告文では今回のように命令文で始まることが多いです。「さあ～してごらん！」という感じです（疑問文を使って，「～をお探しですか？」といった感じで始まることもよくあります）。

The tour begins with a talk [about the history of our theatre].
  S   V   O

訳 ツアーは，当劇場の歴史に関するお話から始まります。

語句 begin with ～ ～から始まる

Backstage tours visit production areas [not usually seen by the general public].
     S   V   O

訳 舞台裏ツアーでは，いつもは一般公開されていない制作エリアを訪れます。

語句 production 名 制作／general public 一般の人々

文法・構文 not usually seen ～ は分詞のカタマリで，前の production areas を修飾しています。

名詞構文

The tour will increase your understanding [of 〈how the company works〉].
  S   V   O

訳 ツアーに参加すれば，この劇団がどうなっているのかをより深く理解できるようになるでしょう。

文法・構文 your understanding of how 〜 は You understand how 〜 を名詞化した表現です。

Tours run Mondays through Saturdays.

Monday	10:00 a.m. & 2:30 p.m.
Tuesday	10:00 a.m. & 2:30 p.m.
Wednesday	10:00 a.m.
Thursday	10:00 a.m. & 2:30 p.m.
Friday	10:00 a.m. & 2:30 p.m.
Saturday	10:00 a.m.

訳 ツアーは月曜日から土曜日まで開催されます。

月曜日	午前10時＆午後2時半
火曜日	午前10時＆午後2時半
水曜日	午前10時
木曜日	午前10時＆午後2時半
金曜日	午前10時＆午後2時半
土曜日	午前10時

語句 run 動 運営する，行う

(To book a tour), go to the booking page and fill in the online form.
       V   O   V   O

訳 ツアーを予約するためには，予約ページに飛んでオンラインフォームに入力してください。

語句 book 動 予約する／fill in 〜 〜を記入する

Groups [of over 10 people] should contact the box office.
 S   V   O

訳 11人以上のグループの場合は，チケット売り場に連絡してください。

語句 contact 動 連絡する／box office チケット売り場

(Please) complete your booking (at least) 24 hours (before your tour starts).
    V   O   S′ V′

訳 遅くともツアー開始時間の24時間前までには予約を完了してください。

Each tour lasts (approximately 90 minutes).
　　　S　　V

訳 各ツアーは約90分です。

語句 last 動 続く／approximately 副 おおよそ（＝about）

文法・構文 each は「単数扱い」なので，last に3単現の s がついています。

```
┌─────────────────────┐
│ 「近い未来」を表す進行形 │
└─────────────────────┘
```

(Please) remember 〈that you are visiting a working theatre〉.
　　　　　V　　　　O　　S′　　V′　　　　　O′

訳 営業中の劇場を訪れるのだということにご留意ください。

Plans may change (at short notice).
　S　　V

訳 直前に予定が変更になる可能性があります。

語句 at short notice 急に，直前の告知で

文法・構文 今回はこの文が問われることはありませんでしたが，「変更する可能性アリ」という内容はよく設問で問われるので，このような文に反応できるようにしておきましょう。

We don't run afternoon tours (on Wednesdays or Saturdays).
　S　　V　　　　O

訳 水曜日と土曜日は，午後のツアーは行いません。

(On Sundays) the theatre is closed.
　　　　　　　　S　　　　V　C

訳 日曜日は，劇場の休業日です。

(On Friday April 12), there will be no 10:00 a.m. tour (because of a charity performance).
　　　　　　　　　　　　　V　　　　S

訳 4月12日金曜日は，チャリティー公演があるため午前10時のツアーがありません。

語句 charity 名 慈善事業／performance 名 上演

84

(On Sunday April 21), there <u>will be</u> <u>a special tour</u> [for schoolchildren] (at 1:00
                       V   S

p.m).

> **訳** 4月21日日曜日は，午後1時から生徒向けのスペシャルツアーを行います。

<u>The tour route</u> is (fully) <u>accessible</u> (to wheelchair users).
     S   V

> **訳** ツアーの経路は全て，車椅子利用者の方でも通ることができます。

> **語句** *be* accessible to ～ ～にとって利用しやすい／wheelchair 名 車椅子

(Please) <u>e-mail</u> <u>the box office</u> ([if] <u>you</u> <u>have</u> <u>any questions</u> [regarding access]).
         V   O   S′ V′   O′

> **訳** アクセス方法について何か質問がありましたら，チケット売り場までEメールを
> お送りください。

> **語句** e-mail 動 メールを送る／regarding 前 ～に関する（＝about）

Musashi Public Theatre Backstage Tour //

Discover what goes on behind the scenes / on a walking tour with one of our company members. // The tour begins with a talk / about the history of our theatre. // Backstage tours visit production areas / not usually seen by the general public. // The tour will increase your understanding / of how the company works. //

Tours run Mondays through Saturdays. //

Monday	10:00 a.m. & 2:30 p.m.
Tuesday	10:00 a.m. & 2:30 p.m.
Wednesday	10:00 a.m.
Thursday	10:00 a.m. & 2:30 p.m.
Friday	10:00 a.m. & 2:30 p.m.
Saturday	10:00 a.m.

To book a tour, // go to the booking page / and fill in the online form. // Groups of over 10 people / should contact the box office. // Please complete your booking / at least 24 hours before your tour starts. // Each tour lasts approximately 90 minutes. //

Please remember / that you are visiting a working theatre. // Plans may change at short notice. // We don't run afternoon tours / on Wednesdays or Saturdays. // On Sundays the theatre is closed. //
On Friday / April 12, // there will be no 10:00 a.m. tour / because of a charity performance. // On Sunday / April 21, // there will be a special tour for schoolchildren / at 1:00 p.m. //

The tour route is fully accessible to wheelchair users. // Please e-mail the box office / if you have any questions regarding access. //

日本語訳

武蔵パブリックシアター舞台裏ツアー//

舞台裏で何が起こっているのか，ご覧ください／当劇団のスタッフ一人と一緒に巡り歩いて。//ツアーは，お話から始まります／当劇場の歴史に関する。//舞台裏ツアーでは，（…されていない）制作エリアを訪れます／いつもは一般公開されていない。//ツアーに参加すれば，より深く理解できるようになるでしょう／この劇団がどうなっているのか。//

ツアーは月曜日から土曜日まで開催されます。//

月曜日	午前10時＆午後2時半
火曜日	午前10時＆午後2時半
水曜日	午前10時
木曜日	午前10時＆午後2時半
金曜日	午前10時＆午後2時半
土曜日	午前10時

ツアーを予約するためには，//予約ページに飛んで／オンラインフォームに入力してください。//11人以上のグループは，／チケット売り場に連絡してください。//予約を完了してください／遅くともツアー開始時間の24時間前までに。//各ツアーは約90分です。//

ご留意ください／営業中の劇場を訪れるのだということに。//直前に予定が変更になる可能性があります。//午後のツアーは行いません／水曜日と土曜日は。//日曜日は，劇場の休業日です。//金曜日は／4月12日／午前10時のツアーがありません／チャリティー公演があるため。//日曜日は／4月21日//生徒向けのスペシャルツアーを行います／午後1時から。//

ツアーの経路は全て，車椅子利用者の方でも通ることができます。//チケット売り場までEメールをお送りください／アクセス方法について何か質問がありましたら。//

このLessonで出てくるルール

Rule 58 解法　広告問題では「注意事項」に反応する！⇒ [A] 問1
Rule 5 読解　「まとめ単語」による言い換えを見抜く！⇒ [B] 問1
Rule 39 読解　「広告」の頻出表現をマスターする！②

解答

[A]　問1 ①　　問2 ④　　[B]　問1 ②　　問2 ④　　問3 ①

[A]

問1 難易度 ★★☆

　設問文の**available**は，広告などの英文における超重要単語です。多義語とされていますが，全て「**スタンバイOK**」のイメージから考えてみてください。

> **多義語available　核心：スタンバイOK**
> 1）利用できる　　2）手に入る　　3）都合がつく，手が空いている

　「物がスタンバイOK」→「利用できる，手に入る」，「人がスタンバイOK」→「手が空いている」ということです。今回は「利用できる」の意味で，「大人が利用できない（受講できない）コース」が問われています。
　表のPizza and Pastaに「*」（アスタリスク）というマークがあります。12行目で，*Children's Course (limited to ages 8-14) と補足説明があるので，「Pizza and Pastaは子どものみ」→「大人は受講できない」と考え，①を選びます。「*」（アスタリスク）は「注意事項」を表し，この手の問題でよく狙われます（Lesson5の問1でも「イレギュラー」なことが狙われましたが，それと同じ感覚です）。

≫≫ *Rule 58* 解法　広告問題では「注意事項」に反応する！

　「*」を使った注意事項や**Note**「注」などの「注意事項，特殊事項，イレギュラーなこと」は，読み手にとって「**注意すべき情報**」＝「**大事な内容**」で，設問でよく問われます。特にアスタリスクの場合，表の下に小さく書かれていることが多く，時間に追われる本番では読み流したり，焦って目に入らないこともよくあ

りますが，普段から注意事項には大きく丸印をつけたりして，過剰に反応しておくことが大切です。

設問文と選択肢の訳

大人が受講できないコースはどれか。
① ピザ＆パスタ　　　② インドカレー
③ ペイストリー＆パイ　④ バーベキュー＆ロースト

問2 　難易度 ★★★

設問文の on the weekend から，表で「週末」に開催される，Sat 2PM「土曜日の午後2時（Sat は Saturday の略）」の Barbecues and Roasts をチェックします。「料金」が問われているので（Fee「料金」の欄を見て），④ $685 を選べば OK です。

設問文と選択肢の訳

週末にコースを受講したい場合は，いくらかかるか。
① 295 ドル　　② 450 ドル　　③ 515 ドル　　④ 685 ドル

[B]
問1 　難易度 ★★★

設問文は inform 人 that ～「人 に～を知らせる」の形で，「この広告は乗客に何を知らせるためのものか」を尋ねています。最初に Wi-Fi を使う（ネットに接続する）ための指示が(1)～(3)とあり，11行目に Your smartphone is the best way to stay connected to the Internet「インターネットに接続された状態を保つには，お手持ちのスマートフォンを使うのが一番です」とあるので，これに合致する，② their mobile devices can be connected to the Internet using these instructions が正解です。

本文の smartphone が，選択肢では mobile devices「携帯機器」と総称的に表されています（device は本文12，13行目にも使われています）。こういった「**総称的にまとめて表す単語**」は実は長文や設問で言い換えとしてよく使われるので，必ずチェックしておくべきです。

≫≫ *Rule 5* 　読解 「まとめ単語」による言い換えを見抜く！

ある単語を「**より広い範囲を表す単語**」で「**まとめる（言い換える）**」ことがよくあります。たとえば guitar「ギター」→ instrument「楽器」や，smartphone「スマートフォン」→ device「機械，機器」のように，「総称的にまとめた単語」がよ

く使われます。こういう単語に慣れておくと「単語の言い換え」に気付きやすくなりますし，何より設問でよくキーワードになるので必ず意味をチェックしておきましょう（リスニングでもよく使われます）。

> **重要な「まとめ単語」**
> ☐ instrument 道具，楽器／☐ vehicle 乗り物／☐ produce 農作物／
> ☐ artwork 芸術品／☐ machine, machinery 機械／☐ equipment 装置，機器／
> ☐ device 機械，機器／☐ tool 道具／☐ facility 施設，設備／☐ product 製品／
> ☐ item 商品／☐ goods 商品／☐ merchandise 商品／☐ supplies 備品／
> ☐ appliance 家電製品／☐ furniture 家具／☐ document 資料

設問文と選択肢の訳

この広告は，乗客に（　　　　）を知らせるためのものである。
① 四国地下鉄の駅では有料でWi-Fiサービスを利用できること
 → 9行目に You can use WiFi services in all the stations on the Shikoku Subway Line, completely <u>free of charge</u>. 「四国地下鉄では，全ての駅で，完全無料でWi-Fiサービスをお使いいただけます」とあります。選択肢の for a fee「有料で」と合いません（直訳は「料金（a fee）と交換に（for）」です）。
② **この指示に従えば手持ちの携帯機器をインターネットに接続できること**
③ 無料のWi-Fiサービスは地下鉄のプラットホームの一部の場所でしか使えないこと
④ 無料のWi-Fiサービスは電車の先頭車両でしか使えないこと
 → 9行目に You can use WiFi services in <u>all</u> the stations on the Shikoku Subway Line「四国地下鉄では，全ての駅で，Wi-Fiサービスをお使いいただけます」とあり，選択肢は両方とも only がアウトです。only を見たら「他にもあるんじゃないの？」とツッコミを入れながら確認していくのでしたね（***Rule 46*** ▶ p.48）。

問2 難易度 ★★★

電話番号は，12行目に If you cannot connect your device or need other technical support, or if your device frequently loses connection, call 205-599-XXXX. 「<u>お手持ちの機器が接続できない場合や，その他の技術サポートが必要な場合，あるいは機器の接続が頻繁に切れてしまうという場合は，205-599-XXXXまでお電話ください</u>」とあります。正解は④ passengers have some problems with the subway Internet service で，「インターネットサービスに問題がある」とまとめて表しています（with は「関連（〜について）」を表します）。

こういった広告問題では，つい普段の長文ほど真剣に読まなくなってしまう受験生が多いのですが，みなさんは読解の力をフルに活用してください。今回の設

問文でも，SV in case S´ V´.「S´ V´するといけないから，SVだ」という従属接続詞が使われています（**Rule 18 ▶** p.150）。

　また，本文6行目の(2)に，Once connected, open your web browser.「接続されたら，ウェブブラウザを開く」とあり，これは従属接続詞once「いったん〜すれば」です（後ろに続くS´ V´が省略されていますが，省略の条件は次の問3で解説します）。

設問文と選択肢の訳

　電話番号が掲載されているのは，（　　　　）場合のためである。
　① 乗客が事前に予約をしないといけない
　② 機械の故障によって電車が遅延あるいは運休になった
　③ 乗客の携帯電話の充電が残り少なくなった
　　　→ ①〜③全て本文では言及されていません。
　④ **乗客が地下鉄のインターネットサービスに問題を抱えている**

問3 難易度 ★★☆

　全体を通して「地下鉄でWi-Fiが使える」と述べていて，10行目にMobile Internet access gets you online even in the train cars.「モバイル機器でインターネットに接続すれば，電車の車内にいてもインターネットを使うことができます」，11行目にYour smartphone is the best way to stay connected to the Internet while on the train.「電車に乗っている間もインターネットに接続された状態を保つには，お手持ちのスマートフォンを使うのが一番です」とあります。これに合致する① passengers can stay online when using this transportation serviceが正解です。本文のthe train cars「（電車の）車両」／the train「電車」が，選択肢ではthis transportation service「この交通サービス」と表されています。

　ちなみに，12行目ではwhile {you are} on the train，選択肢①ではwhen {they are} using this transportation serviceという**省略**が起きています。以下の2つの条件を満たすとき，従属接続詞の後ろにくるべきS´ V´は省略できます。

（従属接続詞がつくる）副詞節内で〈S´＋be〉の省略が起こる**2つの条件**
（ア）"副詞節内のS´＝主節のS"のとき
（イ）副詞節内の動詞がbe動詞のとき（主節の動詞は省略しないわけだから何でもOK）
※例外的に主語が明らかに違っても（（ア）の条件を満たさなくても），主語が明らかな場合や決まり文句の場合にはこの省略が起きます（Lesson1の12行目If asked 〜 の文でも，主語が異なりますが，明らかなので省略されています）。

選択肢① when {they are} using this transportation serviceで，they＝passengersです（これは原則どおり）。一方，12行目while {you are} on the trainは例外（副詞節内のS′と主節のSが異なる）です。文の意味「電車に乗っている間」から，主語はyouだとわかりますね。

また，問2でも触れた6行目⑵のOnce connected, open your web browser.「接続されたら，ウェブブラウザを開く」ですが，主節（open 〜）は命令文なので，（書かれてはいませんが）主語はyouです。Once {you are} connected, open your web browser. からyou areの省略と考えればOKです。

> 参考 厳密には，your smartphone［computer］is connectedが正しい英語ですが，you are connectedで十分伝わるため，普段の会話でもよく使われます。逆にyour smartphone［computer］is connectedを前提とするなら，〈主語＋be動詞〉の省略の例外と考えることもできます。

設問文と選択肢の訳

この情報によると，（　　　）。

① **乗客は，この交通サービスを使っているときはインターネットに接続された状態を保つことができる**

② このWi-Fiサービスはよく落ちる

→ 13行目にif your device frequently loses connection ...「機器の接続が頻繁に切れてしまうという場合…」とはありますが，これは「もし〜の場合」という想定の話です。「実際によく落ちる」とは書かれていません。

③ 技術サポートはネット上で受けることができる

→ 12行目にIf you cannot connect your device or need other technical support, ..., call 205-599-XXXX.「お手持ちの機器が接続できない場合や，その他の技術サポートが必要な場合…，205-599-XXXXまでお電話ください」とあります（選択肢のavailableは「サポートがスタンバイOK」→「サポートを受けられる」と考えられますね）。

④ 技術トラブルは24時間年中無休で解決してもらえる

→「技術トラブルがあれば電話して」と言っていますが，24 hours a day, 7 days a week「24時間無休」は言い過ぎです。本文の最後に8:00 a.m. - 4:30 p.m., Monday through Fridayとあります。

>>> *Rule 39* 読解 「広告」の頻出表現をマスターする！②

前回のLesson5に引き続き，知っておくと効果的な広告表現をチェックしておきましょう。

施設・教室紹介（例：美術館，スポーツ施設，料理教室など）

- [ ] sports facility スポーツ施設
- [ ] accommodation 宿泊施設
- [ ] amusement park 遊園地
- [ ] culinary 料理の
- [ ] entrance 入口

  参考）entrance to 〜　〜への入場

- [ ] attraction アトラクション
- [ ] exhibition 展示
- [ ] exhibit 展示する／展示
- [ ] course コース，講座
- [ ] workshop セミナー，研修会
- [ ] tour ツアー，見学

  例）hold a tour 見学（ツアー）を行う

- [ ] meeting 会議
- [ ] competition コンペ，コンテスト
- [ ] rental 貸し出し，レンタル
- [ ] duration 期間
- [ ] available 手に入る，利用できる

  例）available for ¥2,000　2,000円で利用できる

  available for free 無料で利用できる

  available for rent 借りられる

- [ ] *be* accessible to 〜 〜がアクセスできる，利用できる，接近できる

予約

- [ ] reservation 予約

  例）make a reservation 予約する

  例）Reservations are recommended. ご予約をお勧めします。

- [ ] booking 予約
- [ ] book 予約する
- [ ] booking page 予約ページ
- [ ] in advance 前もって

  例）sign up a week in advance 1週間前に登録する

- [ ] one week ahead 1週間前に
- [ ] on a first-come-first-served basis 先着順に

申し込み，登録

- ☐ sign up for ～ ～の登録をする
- ☐ fill in ～，fill out ～ ～に記入する
  - ※どちらも同じ意味だが，in は必要事項を記入していくイメージ，out は「完全に」書き上げるイメージ。
  - 例）fill out an application form　申込用紙に記入する
- ☐ complete　記入する
- ☐ entry　登録，エントリー
- ☐ register　登録する
- ☐ deadline　締め切り
  - 例）send before the deadline　締め切り前に送る
- ☐ submit　提出する
- ☐ participant　参加者
- ☐ participate in ～，take part in ～ ～に参加する
- ☐ stand in line　列に並ぶ
- ☐ online　インターネットで／インターネットの
  - 例）online order　インターネットでの注文
- ☐ online form　オンラインフォーム（申込用紙など）
- ☐ registration form　登録用紙

料金

- ☐ box office　チケット売り場
- ☐ advance ticket　前売り券
- ☐ fee　料金
- ☐ admission (fee)　入場料
- ☐ additional fee　追加料金
- ☐ discount　割引
- ☐ refund　払い戻し／払い戻す
- ☐ cost　（金額）がかかる／費用
- ☐ free，for free，free of charge　無料で
- ☐ at no extra charge　追加料金なしで
- ☐ How much will S pay in total?　S は合計でいくら払いますか。
- ☐ Prices may change without notice.
  - 価格は予告なしに変更される場合があります。

商品紹介

- ☐ product 製品
- ☐ reputation 評判
- ☐ warranty 保証書
- ☐ flyer チラシ
- ☐ live up to 〜 （期待）に応える
- ☐ marvelous 驚くほどよい
    ※動詞 marvel「驚く」の形容詞形
- ☐ convenient 便利な
- ☐ state-of-the-art 最新式の
    ※直訳「芸術の域（art）に達する状態（state）までに洗練された」
- ☐ advantage 利点
- ☐ recommendation 推薦
- ☐ market 市場
- ☐ brochure パンフレット
- ☐ release 発売する

購入，配送

- ☐ order 注文する／注文
- ☐ purchase 買う／購入
- ☐ customized 特別注文による
- ☐ weight 重さ
- ☐ delivery 配達
- ☐ shipping 発送
- ☐ charge （代金）を請求する／料金
- ☐ shipping charge 発送料
- ☐ handling charge （取扱）手数料
- ☐ shipping time 発送にかかる時間
- ☐ take 〜 working days 〜営業日かかる
    例）Delivery takes 2-5 working days. 配送には2〜5営業日かかります。

締めの文句

- ☐ Don't miss this chance! この機会をお見逃しなく！
- ☐ Please feel free to 〜 自由に〜してください
- ☐ Don't hesitate to 〜 遠慮なく〜してください
- ☐ Why not 〜? 〜したらどうですか
    ※直訳「なぜ〜しないのですか」の反語表現
- ☐ You can get more information on our website.
    ウェブサイトでさらなる情報が見られます。

文構造の分析

[A] The Brooklyn Culinary Institute

訳 ブルックリン料理専門学校

語句 culinary 形 料理の／institute 名 機関

We'd like to welcome you (to The Brooklyn Culinary Institute, one of the most
S   V   O
famous cooking schools [in the nation]).

> The Brooklyn 〜 Institute の同格

訳 国内で最も有名な料理学校の1つ，ブルックリン料理専門学校へようこそ。

We are now offering a wide variety of courses (to the general public) (for
S   V   O
everyone [from children to professionals]).

訳 私たちは現在，お子様からプロまでみなさんに，多種多様なコースを一般公開しています。

語句 general public 一般の人々／professional 名 プロ，専門家

Check our spring course listing [below] (for more details).
V   O

訳 より詳しい内容については，下記の春のコース一覧をご覧ください。

語句 listing 名 一覧／for more details より詳しい内容については

Course	Duration	Time	Fee
Pizza and Pasta*	Feb 25 — May 13	Mon 4PM	$295
Indian Curries	Mar 6 — Apr 3	Wed 7PM	$450
Pastries and Pies	Apr 4 — May 9	Thu 6PM	$515
Barbecues and Roasts	Apr 6 — May 25	Sat 2PM	$685

For more details, check our website: http://www.brooklynculinary.com
*Children's Course (limited to ages 8-14)

コース	期間	時間	料金
ピザ&パスタ*	2月25日〜5月13日	（月）午後4時	295ドル
インドカレー	3月6日〜4月3日	（水）午後7時	450ドル
ペイストリー&パイ	4月4日〜5月9日	（木）午後6時	515ドル
バーベキュー&ロースト	4月6日〜5月25日	（土）午後2時	685ドル

より詳細な情報については，ウェブサイトをご確認ください：
http://www.brooklynculinary.com
*子ども向けコース（8〜14歳限定）

語句 duration 图 期間／fee 图 料金／pastry 图 ペイストリー（主に小麦粉で作った甘いパイなどの焼き菓子の総称）

[B] Access free WiFi
　　　　　　V　　　　 O
(in Shikoku Subway stations!)

訳 四国地下鉄の駅で
無料Wi-Fiを使おう！

語句 access 動 利用する／free 形 無料の／subway 图 地下鉄

It's easy and fast,
S V　　　　 C
and it's just a few clicks away.
　　S V　　　　 C

訳 簡単に使えて回線も速く，
すぐに設定が完了します。

文法・構文 click away は「クリックすればすぐに用が足せること」ということですが，要は「すぐに設定が始められ，完了する」ということです。

(1) **Choose the network [named ⟨WiFi_Shikoku_Subway⟩].**
　　　V　　　　O

訳 (1) ⟨WiFi_Shikoku_Subway⟩ というネットワークを選ぶ。

文法・構文 named 〜 は分詞のカタマリで，the network を修飾しています。

(2) **(Once connected), open your web browser.**
　　　　　　　　　　　　V　　 O

{you are} の省略

97

⑵ 接続されたら，ウェブブラウザを開く。

Once connected は，Once {you are} connected から〈主語＋be動詞〉が省略された形です。

(3) <u>Fill in</u> <u>the registration form</u> |and| <u>click</u> <u>the "Log in" button</u> (to connect to the
   V   O   V   O

Internet).

⑶ 登録フォームに入力して「ログイン」ボタンをクリックし，インターネットに接続する。

fill in ～を記入する／registration 名 登録／button 名 ボタン

<u>You</u> <u>can use</u> <u>WiFi services</u> (in all the stations [on the Shikoku Subway Line]),
 S   V   O

(completely free of charge).

四国地下鉄では，全ての駅で，完全無料でWi-Fiサービスをお使いいただけます。

free of charge 無料で

free は本来「ない」という意味で，直訳「料金（charge）がかからない（free）」→「無料で」となります。ちなみに，日本のカフェでも見かける "smoke-free" は，直訳「煙（smoke）がない（free）」→「禁煙の」です。「自由に煙草が吸える」ではありません。

<u>Mobile Internet access</u> <u>gets</u> <u>you</u> <u>online</u> even (in the train cars).
       S   V   O   C

モバイル機器でインターネットに接続すれば，電車の車内にいてもインターネットを使うことができます。

直訳「モバイル機器のインターネットへの接続は，あなたをオンライン上でゲットする／オンライン上へ連れていく」という感じです。

<u>Your smartphone</u> <u>is</u> <u>the best way</u> [to stay connected to the Internet (|while| on the
      S   V   C

train)].

{you are} の省略

電車に乗っている間もインターネットに接続された状態を保つには，お手持ちのスマートフォンを使うのが一番です。

$\underset{}{(\underline{\underset{}{\text{If}}}} \underset{\text{S}'}{\underline{\text{you}}} \underset{\text{V}'}{\underline{\text{cannot connect}}} \underset{\text{O}'}{\underline{\text{your device}}} \underset{}{\boxed{\text{or}}} \underset{\text{V}'}{\underline{\text{need}}} \underset{\text{O}'}{\underline{\text{other technical support}}}), \underset{}{\boxed{\text{or}}} (\boxed{\text{if}}$

$\underset{\text{S}'}{\underline{\text{your device}}} \underset{}{(\text{frequently})} \underset{\text{V}'}{\underline{\text{loses}}} \underset{\text{O}'}{\underline{\text{connection}}}), \underset{\text{V}}{\underline{\text{call}}} \underset{\text{O}}{\underline{\text{205-599-XXXX.}}}$

> **訳** お手持ちの機器が接続できない場合や，その他の技術サポートが必要な場合，あるいは機器の接続が頻繁に切れてしまうという場合は，205-599-XXXX までお電話ください。

> **語句** device 图 機器／lose connection 接続が切れる

> **文法・構文** 1つ目のorはcannot connect 〜 と need 〜 を結んでいます。2つ目のorはif のカタマリ2つを結んでいます。

$\underset{\text{S}}{\underline{\text{Technical support hours}}} \underset{\text{V}}{\underline{\text{are}}} \underset{\text{C}}{\underline{\text{8:00 a.m. - 4:30 p.m., Monday through Friday.}}}$

> **訳** 技術サポートの営業時間は，月曜日から金曜日の午前8時〜午後4時30分です。

設問文と選択肢から

> **語句** advertisement 图 広告／inform 動 知らせる／passenger 图 乗客／instruction 图 (通例 -s で) 指示／platform 图 (駅の) プラットホーム／beforehand 副 事前に／mechanical 形 機械の／failure 图 故障／transportation 图 交通, 交通機関／drop out 落ちる／fix 動 解決する，修理する／24 hours a day, 7 days a week 24時間年中無休で

[A]

The Brooklyn Culinary Institute //

We'd like to welcome you / to The Brooklyn Culinary Institute, // one of the most famous cooking schools in the nation. // We are now offering a wide variety of courses / to the general public / for everyone from children to professionals. // Check our spring course listing below / for more details. //

Course	Duration	Time	Fee
Pizza and Pasta*	Feb 25 — May 13	Mon 4PM	$295
Indian Curries	Mar 6 — Apr 3	Wed 7PM	$450
Pastries and Pies	Apr 4 — May 9	Thu 6PM	$515
Barbecues and Roasts	Apr 6 — May 25	Sat 2PM	$685

For more details, // check our website: // http://www.brooklynculinary.com //
*Children's Course // (limited to ages 8-14) //

[B]

Access free WiFi /
in Shikoku Subway stations! //
It's easy and fast, //
and it's just a few clicks away. //

(1) Choose the network named / ⟨WiFi_Shikoku_Subway⟩. //
(2) Once connected, // open your web browser. //
(3) Fill in the registration form / and click the "Log in" button / to connect to the Internet. //

You can use WiFi services in all the stations / on the Shikoku Subway Line, // completely free of charge. // Mobile Internet access / gets you online / even in the train cars. // Your smartphone is the best way to stay connected to the Internet / while on the train. // If you cannot connect your device / or need other technical support, // or if your device frequently loses connection, // call 205-599-XXXX. //

Technical support hours / are 8:00 a.m. - 4:30 p.m., // Monday through Friday. //

日本語訳

[A]

ブルックリン料理専門学校//
ようこそ/ブルックリン料理専門学校へ//国内で最も有名な料理学校の1つの。//私たちは現在,
多種多様なコースを公開しています/一般に/お子様からプロまで全ての人のため。//下記の春の
コース一覧をご覧ください/より詳しい内容については。//

コース	期間	時間	料金
ピザ&パスタ*	2月25日〜5月13日	(月) 午後4時	295ドル
インドカレー	3月6日〜4月3日	(水) 午後7時	450ドル
ペイストリー&パイ	4月4日〜5月9日	(木) 午後6時	515ドル
バーベキュー&ロースト	4月6日〜5月25日	(土) 午後2時	685ドル

より詳細な情報については,//ウェブサイトをご確認ください://
http://www.brooklynculinary.com//
*子ども向けコース//(8〜14歳限定)//

[B]

無料Wi-Fiを使おう/
四国地下鉄の駅で！//
簡単に使えて回線も速く,//
すぐに設定が完了します。//
⑴ …というネットワークを選ぶ/〈WiFi_Shikoku_Subway〉。//
⑵ 接続されたら,//ウェブブラウザを開く。//
⑶ 登録フォームに入力して/「ログイン」ボタンをクリックし,/インターネットに接続する。//

全ての駅で,Wi-Fiサービスをお使いいただけます/四国地下鉄では//完全無料で。//モバイル機器
でインターネットに接続すれば,/インターネットを使うことができます/電車の車内にいても。//
インターネットに接続された状態を保つには,お手持ちのスマートフォンを使うのが一番です/電
車に乗っている間も。//お手持ちの機器が接続できない場合や…場合は,/その他の技術サポート
が必要な//あるいは機器の接続が頻繁に切れてしまうという場合は,//205-599-XXXXまでお電
話ください。//

技術サポートの営業時間は,/午前8時〜午後4時30分です//月曜日から金曜日の。//

Lesson 7 解答・解説

▶問題 別冊 p.25

このLessonで出てくるルール

Rule 45 解法 「強調」系の語句に反応する！⇒ 問2
Rule 20 読解 「感情表現」に注目する！（形容詞／名詞）⇒ 問6

解答

問1 ③　　問2 ②　　問3 ①　　問4 ①　　問5 ③　　問6 ④

問1 難易度 ★★★

　2行目に There I would spend hours in one place, the state museum「そこで私は，1つの場所で何時間も過ごしたものだったが，それは国立博物館である」，3行目に I loved going <u>alone</u> while my father was at work.「私は，父が仕事に行っている間，<u>一人で行く</u>のが大好きだったのだ」とあるので，③が正解です。

　ただし，1行目の As a child, ～, I would almost always go into the city <u>with my father</u>.「子どもの頃，～，ほぼ必ず父と一緒に街に行ったものだった」につられて，①にひっかかりやすいですね。「街には父と出かけたけど，博物館には一人で行った」ということです。設問はあくまで「<u>博物館に一緒に行っていた人</u>」を尋ねています。

　ちなみに，文頭の As a child は「子どものとき」という意味です。前置詞 as は「～として」という意味が基本ですが，例外的に as a child「子どものとき」，as a young man「若いとき」などの一部だけ「～のとき」となります。

設問文と選択肢の訳

　筆者は子どもの頃，誰と一緒に博物館に行っていたのか。
　① 父親。
　② 旧友。
　③ 誰とも一緒に行っていない。
　④ 学校の友人。

問2 難易度 ★★☆

　第2段落で「博物館のよいところ」が述べられており，8行目に <u>Best of all</u>, there

were never many people and sometimes I would have whole rooms to myself!
「何よりも，そこに多くの人々がいることは決してなく，ときには私が部屋全体を独り占めしたものだった！」とあります。この内容を it was never crowded「決して混雑しなかった」と表した，②が正解です。

>>> *Rule 45* 解法 「強調」系の語句に反応する！

best of all「特に，とりわけ」など，何かを「**強調**」する表現は，後ろに大事な内容がくるわけですから，設問でもよく狙われます。言われると当たり前のことに思えますが，きちんと意識できている受験生は意外と少ないので，ここでしっかり意識しておきましょう。

> □ **best of all** 特に，とりわけ　※直訳「全ての中で最もよいものは」
> □ **especially** 特に
> □ **without fail** 必ず，確実に　※直訳「失敗することなしに」
> □ **in particular** 特に，とりわけ
> □ **above all** とりわけ，何よりも　※直訳「全ての上に」
> □ **actually** 実際は　※何か「重要なことを告白する」ときによく使われる

設問文と選択肢の訳

筆者はどうしてそれほど博物館が好きだったのか。
① 常に陽気な雰囲気だったから。
② **決して混雑することがなかったから。**
③ 決して湿度が高くむしむしすることがなかったから。
④ 常に変化があったから。

問3 難易度 ★★☆

第3段落で「博物館の区画」を説明しており，14行目に But, especially, I couldn't wait to get to the rooms full of fish, birds, insects, animals and such.「しかし，特に私がたどり着くのを待ちきれなかったのは，魚や鳥，昆虫，動物などでいっぱいの部屋だった」とあります。問2の *Rule 45* で触れた **especially**「**特に**」を使って強調しています。これに合致する① Natural sciences. が正解です。

ちなみに，can't wait to 〜 は「〜するのが待ちきれない」とオーバーに訳されますが，「とても楽しみ」くらいに覚えておくと，日常会話でも自然と使えるようになりますよ。

博物館のうち，筆者が最もお気に入りの区画はどこだったか。

① **自然科学。**

② 工学。

③ 人間科学。

④ 芸術。

問4 難易度 ★★☆

11行目に I could do simple tests for my eyes, hearing and other things to learn and see 〜. Without fail, I did them all, sometimes twice.「視力や聴力などの簡単な検査をして，〜を学び，確かめることもできた。私は必ずそれらを<u>全て</u>受け，ときには2回受けたこともあった」とあります。これらの「視力などの検査」を health tests「健康テスト」とまとめて表した，①が正解です。

ちなみに，①の選択肢には all があるので，「全部ではないのでは？」とツッコミを入れながら該当箇所を見ていくのが定石です。ただ今回は本文にも all があるのでこれが正解です。また，**without fail「必ず，確実に」**で強調しているので，本文を読んでいる時点で「狙われるかも」と反応してほしいところなのです（***Rule 45*** ▶ p.103）。

彼は博物館を訪れた際，いつも何をしていたか。

① **ちょっとした健康テストを全種類受けていた。**

② ホットコーヒーを1杯買っていた。

③ 地方紙を読んでいた。

　　→ 20行目に But I always wondered why people would sit having a coffee and reading a newspaper in a museum full of wonderful things to see.「しかし私はずっと，どうして人々は，素晴らしい見もので いっぱいの博物館で，コーヒーを飲んだり新聞を読んだりしながら座っていられるのだろうかと不思議に思っていたのだった」とあります（having 〜 and reading 〜 は分詞構文）。どちらも他人の行動です。

④ 学校の宿題をやっていた。

　　→ 19行目に He suggested that I could read somewhere quietly or do some school work at the museum cafe.「父は，どこかで静かに読書をしたり，あるいは博物館のカフェで学校の宿題をやったりしてはどうかと提案した」とあります。「学校の宿題をする」は父親に提案された内容であり，実際にはやっていません（その後に But I always wondered why 〜 と続いています）。

問5 難易度 ★★☆

26行目に But it was not a museum anymore. Only books! Lots and lots of books!「しかし，そこはもう博物館ではなかった。本しか置いていなかったのだ！本，本，本だけがそこにはあったのだ！」とあります（not ～ anymore「もう～でない」は昔と違うことを表す）。「博物館は本がたくさんある場所（＝図書館）に変わった」と考え，③を選べばOKです。

設問文と選択肢の訳

古い博物館に何が起こったか。
① カフェになった。
② 他の国に移転した。
③ **図書館になった。**
④ ゲームセンターになった。

問6 難易度 ★★★ 思考力

筆者が子どもだった頃については，15行目に At the door was a glass case with a giant snake! They were all frozen in time, but they were alive to me.「ドアのところには，巨大なヘビが入ったガラスケースがあったのだ！ それらは全てもう動かなくなっていたが，私にとっては生きていた」とあります。

そして（筆者が大人になって）自分の子どもについては，34行目に I was glad when we went around a corner and my son shouted, "Daddy! Daddy! There's a giant snake!"「角を曲がったところで子どもが『パパ！ パパ！ 巨大なヘビがいるよ！』と叫んだときには，私はうれしい気持ちになった」とあります。筆者がうれしくなった理由は「自分が子どもの頃好きだったヘビに，息子も興味を持った」ことなので，④を選べばOKです。

今回は本文でglad，設問でhappyが出てきました。これは簡単ですが，物語文・エッセーなどではこういった「**感情表現**」に注目することが大事なので，しっかりチェックしておく必要があります。

≫≫ *Rule 20* 読解 「感情表現」に注目する！（形容詞／名詞）

「**感情を表す形容詞・名詞**」をチェックしておきましょう。喜怒哀楽に関わることは解答のキーになりやすいからです。

感情形容詞（人の性質を表す語も含む）

●**基本**：happy 幸せな／gentle 優しい／frank 率直な／confident 自信がある／
sorry 気の毒で，残念に思って／nervous 緊張した，神経質な／
jealous, envious 嫉妬している／shy 恥ずかしがりの／
be anxious about ～ ～を心配している／
be anxious for ～ ～を切望している／*be* anxious to 原形 ～したがる

●**応用**：generous 気前のよい／intimate 親密な／modest 謙虚な，適度な／
satisfactory 満足のいく／awkward 気まずい／sentimental 涙もろい／
uneasy 不安な／unfriendly 冷たい／serious 深刻な，まじめな／
dull 退屈な／mad 怒って，狂って／optimistic 楽観的な／
pessimistic 悲観的な／furious 激怒した／turn white 顔が青ざめる／
turn pale 顔が青ざめる／feel dizzy めまいがする

●**発展**：reserved 控えめな／cunning ずるがしこい／tense 緊張した

感情名詞

●**基本**：emotion 感情／courage 勇気／favor 好意，親切／satisfaction 満足／
sympathy 同情，共感／fear 恐怖，怖がる／sorrow 悲しみ／
shame 残念なこと，恥／pity 残念なこと／anxiety 心配，切望／
despair 絶望

●**応用**：relief 安心／antipathy 反感／compassion 同情／grief 深い悲しみ／
distress 苦悩／dismay 落胆，狼狽（ろうばい）

ここが 思考力 ## 物語文の「テーマ」が問われたパターン

　この設問では，本文にはっきりと「筆者が好きだったものを息子が見つけた」とは書かれておらず，複数の該当箇所から判断する必要があります。そういう意味でこの問題は「思考力を問う問題」と言えるでしょう。

　ところで，このようなテーマの物語文で頭に入れておくと役立つのが，物語の主人公や筆者が子どもの頃の話をして，その後大人になるという話の展開のときは「**自分の親と自分の共通点**」もしくは「**自分と自分の子どもの共通点**」を語ることが多々あるということです。今回も「博物館は変わってしまったけど，親子で好きなものは同じ」という部分があり，そこが問われました。

　今後，物語文で「親子」が出てきたときは「共通点を意識する」ことで設問が解きやすくなるはずです。

筆者は，新しい博物館でどうしてそれほど幸せな気持ちになったのか。

① 新しい博物館には多くの本があったから。

　→「多くの本があった」のは昔の博物館があった場所で，さらにそれは「幸せな気持ちになった」理由ではありません。

② 彼の息子は，新しい博物館により多くの人々が入っている様子を見てうれしかったから。

　→「息子が混雑を喜んだ」という記述はありません。

③ 新しい博物館の，いくつかの新しい展示がおもしろいから。

　→ 28行目に There were many new exhibits to show the new digital world and special exhibits from other famous museums.「そこには，最新のデジタル世界を紹介する多くの新しい展示や，他の有名な博物館から出展されている特別展示があった」とありますが，これに関する感情表現はなく，「筆者が幸せな気持ちになった」理由ではありません。

④ **新しい博物館で，筆者が大好きだったものを彼の息子が見つけたから。**

文構造の分析

1 (As a child), (whenever I had a mid-week holiday from school), I would
　　　　　　　　　　　S´　V´　　　　　O´　　　　　　　　　　　　　　　S
almost always go (into the city) (with my father).
　　　　　V

> **訳** 子どもの頃，私は週の半ばに学校の休みがあるたびに，ほぼ必ず父と一緒に街に
> 行ったものだった。

> **語句** mid-week 形 週半ばの

> **文法・構文** would は「過去の習慣（〜したものだった）」を表しています。この用法で
> 使われるときは，頻度の副詞（always や often など）を伴うことが多いです（今
> 回は almost always が続いています）。

(There) I would spend hours (in one place, the state museum) — no game centers
　　　　S　　　V　　　O
or movies (with school friends) (for me).　　　　　one place の同格

> **訳** そこで私は，1つの場所で何時間も過ごしたものだったが，それは国立博物館で
> ある。私は，学校の友達と一緒にゲームセンターにも映画にも行かなかった。

> **語句** state 形 国立の，州立の

I loved going alone (while my father was at work).
S　V　　O　　　　　　S´　　　V´

> **訳** 私は，父が仕事に行っている間，一人で行くのが大好きだったのだ。

> **語句** at work 仕事に出ていて

neither A nor B 「A でも B でもない」

2 (Like any museum), it was peaceful and it was neither too hot nor too cold
　　　　　　　　　　　S　V　　C　　　　S　V　　　　　　　C
(in any season).

> **訳** 他の博物館と同じように，そこは静かで，どんな季節でも暑すぎたり寒すぎたり
> することはなかった。

> **語句** peaceful 形 静かな

It was a pleasant place [to spend time].
S　V　　　　　　C

108

訳 そこは，時間を過ごすのに心地よい場所だった。

語句 pleasant 形 心地よい

I did not mind ⟨ that things were much the same and (in the same places) (each
S　V　　　　　　O　　S′　　V′　　　　C′
time)⟩.

訳 私は，毎回展示物がほとんど同じで，同じ場所にあることは気にしていなかった。

語句 mind 動 気にする

文法・構文 and は much the same と in the same places を結んでいます。

I could imagine them (differently) (each time).
S　　V　　　　O

訳 私はそれらに対して毎回異なるイメージを膨らませることができたのだ。

(Best of all), there were never many people and (sometimes) I would have
　　　　　　　　　　V　　　　　　S　　　　　　　　　　　S　　V
whole rooms (to myself)!
O

訳 何よりも，そこに多くの人々がいることは決してなく，ときには私が部屋全体を
独り占めしたものだった！

語句 best of all 特に／have ～ to oneself ～を独り占めする

3 I would visit each exhibit.
S　　V　　　　O

訳 私はそれぞれの展示を見て回った。

語句 exhibit 名 展示

I still remember ⟨{ that } the first one [off to the left] was engineering and had
S　　V　　　　　O　　　S′　　　　　　　V′　　　C′　　　　　　V′
lots of old cars⟩.
O′

訳 私は今でも，左に曲がって最初にあった展示は工学で，古い車がたくさんあった
ことを覚えている。

(Also), (in another room) I could do simple tests [for my eyes, hearing and
S　　　V　　　O

other things] ⟨to learn and see ⟨how the human body works⟩⟩.

               S′   V′

> **訳** また別の部屋では，視力や聴力などの簡単な検査をして，人間の身体の仕組みを
> 学び，確かめることもできた。

⟨Without fail⟩, I did them all, ⟨sometimes twice⟩.

       S V O

> **訳** 私は必ずそれらを全て受け，ときには2回受けたこともあった。

> **文法・構文** all は them の同格で，「それら全て」ということです。

> Sの同格

Another section [about geology] was all rocks [of amazing shapes and colors].

      S   V   C

> **訳** 地質学をテーマにした別の区画は，驚くような形や色をした岩でいっぱいだった。

> **語句** section 名 区画／geology 名 地質学

But, ⟨especially⟩, I couldn't wait to get ⟨to the rooms [full of fish, birds, insects,

           S   V

animals and such]⟩.

> **訳** しかし，特に私がたどり着くのを待ちきれなかったのは，魚や鳥，昆虫，動物な
> どでいっぱいの部屋だった。

> **語句** (be) full of ～ ～でいっぱいで（ある）／insect 名 昆虫／～ and such ～など

⟨At the door⟩ was a glass case [with a giant snake]!

       V   S

> **訳** ドアのところには，巨大なヘビが入ったガラスケースがあったのだ！

> **文法・構文** 第1文型の倒置の形（MVS）です。（前文の the rooms とつながりのある）the
> door を先に持ってきて，a glass case ～ を強調したいため倒置が起こっています。
> ※よく「倒置では前に出たものが強調される」と説明されることが多いのですが，完全に誤解で
> す。本当は「後ろにまわしたものを強調する」のが正しい発想です。

They were all frozen ⟨in time⟩, but they were alive ⟨to me⟩.

 S V   C   S V   C

> Sの同格

> **訳** それらは全てもう動かなくなっていたが，私にとっては生きていた。

語句 frozen 形 凍結された，機能を停止した

4 My father (always) asked me ⟨ if I was not bored (seeing the same things
　　 S　　　　　　　V　　O　O S′　V′　　C′
again and again)⟩.

> **訳** 父はいつも私に，何度も繰り返し同じものを見て飽きないのかと聞いてきた。

> **文法・構文** ifは名詞節「～かどうか」です。また，seeing ～ は分詞構文です。

He suggested ⟨ that I could read (somewhere) (quietly) or do some school work
S　　V　　　　　O S′　　V′　　　　　　　　　　　　　V′　　　O′
(at the museum cafe)⟩.

> **訳** 父は，どこかで静かに読書をしたり，あるいは博物館のカフェで学校の宿題をや
> ったりしてはどうかと提案した。

But I (always) wondered ⟨why people would sit (having a coffee and reading a
S　　　　　V　　　　　O　S′　　V′
newspaper (in a museum [full of wonderful things [to see]]))⟩.

> **訳** しかし私はずっと，どうして人々は，素晴らしい見もので いっぱいの博物館で，コ
> ーヒーを飲んだり新聞を読んだりしながら座っていられるのだろうかと不思議に
> 思っていたのだった。

> **文法・構文** having ～ and reading ～ と，分詞構文「～しながら」2つがandで結ばれて
> います。このように，分詞構文は物語で多用されます（今回の英文は厳密には物
> 語ではありませんが，筆者の回想を物語の形式で描写していますよね）。

5 (As I grew up), other things took up my free time.
　　 S′ V′　　　　　S　　　　V　　　O

> **訳** 私が成長するにつれて，他の物事が私の自由時間を占めるようになっていった。

> **語句** take up 占める

> **文法・構文** Asは，「変化を表す表現（grew up）」が使われていることから，「比例（～
> するにつれて）」の意味だとわかります。

I went (to university), (then) I lived (abroad) and saw new museums.
S V　　　　　　　　　　　　　S V　　　　　　　　　　V　　O

> **訳** 私は大学に進み，それから海外に住み，新しい博物館を見た。

I got married and had children. (When they were old (enough)), I took them
S　　　V　　　　V　　O　　　　　 S′　V′　C′　　　　　 S　 V　　O
(to my old hometown museum).

> **訳** 私は結婚し，子どもができた。子どもたちが十分大きくなったとき，私は彼らを，
> 私の故郷の古い博物館に連れて行った。

Imagine my surprise [when we walked (in the old doors)]. Same smell. Same
V　　　　　　　 O
walls. Same feeling.

> **訳** 私たちが古いドアをくぐったときの，私の驚きを想像してほしい。同じにおい。
> 同じ壁。同じ感じ。

> **文法・構文** 接続詞whenのカタマリが例外的に形容詞のカタマリとなり，my surpriseを
> 修飾しています（辞書にも載っていますが受験生が知る必要はありません）。

But it was not a museum (anymore). Only books! Lots and lots of books!
　　S　 V　　　C

> **訳** しかし，そこはもう博物館ではなかった。本しか置いていなかったのだ！ 本，本，
> 本だけがそこにはあったのだ！

> **語句** not ～ anymore もう～ではない／lots of ～（＝a lot of ～）たくさんの～

6 A question [at the information desk] and a short walk took us (to the new
　　　　　　　　　　　　　　 S　　　　　　　　　　　　　 V　 O
state museum).

> **訳** インフォメーションデスクで聞いて，少し歩くと私たちは新しい国立博物館に着
> いた。

> **文法・構文** 直訳は「インフォメーションデスクでの質問と少しの徒歩は私たちを～に連
> れて行った」です。

The modern building was full of light, color and sound. There were many new
　　　　S　　　　　 V　　　　　　 O　　　　　　　　　　 V　　 S
exhibits [to show the new digital world] and special exhibits [from other famous
museums].

> **訳** 現代風の建物は光，色，音で満ちていた。そこには，最新のデジタル世界を紹介す
> る多くの新しい展示や，他の有名な博物館から出展されている特別展示があった。

So much had changed, but 〈what was most obvious〉 was 〈 that it was full of
people〉: school groups, parents [with children], and couples [of all ages].

> **訳** とても多くのことが変わっていたが，最も際立っていたのは，人でいっぱいということだった。学校の集団，子連れの親，そしてあらゆる世代のカップルがいた。

> **語句** obvious 形 明らかな，際立った

> **文法・構文** コロン (:) の後ろで，前にある people の内容を具体的に説明しています。

7 I had mixed feelings. (On one hand), I felt 〈{ that } I had lost part of my
childhood〉.

> **訳** 私は複雑な心境だった。一方では，自分の子ども時代の一部を失ったかのような気になった。

> **語句** mixed feelings 複雑な心境

(On the other hand), my children were (so) excited.

> **訳** しかしもう一方で，私の子どもたちはとてもテンションが上がっていた。

see OC の形

It was (also) good to see so many people interested in museums.

> **訳** また，非常に多くの人々が博物館に関心を持っている様子を見てうれしくもあった。

> **文法・構文** see は知覚動詞で see OC（so many people が O, interested in museums が C）の形になっています。

My feelings were decided and I was glad (when we went (around a corner)
and my son shouted, "Daddy! Daddy! There's a giant snake!")

> **訳** 私の気持ちは固まり，角を曲がったところで子どもが「パパ！　パパ！　巨大なヘビがいるよ！」と叫んだときには，私はうれしい気持ちになった。

> **文法・構文** 後半の and は when 節内の S′V′2つ（we went 〜 と my son shouted 〜）を結んでいます。

As a child, // whenever I had a mid-week holiday from school, // I would almost always go into the city with my father. // There I would spend hours in one place, // the state museum // — no game centers or movies with school friends for me. // I loved going alone while my father was at work. //

Like any museum, // it was peaceful / and it was neither too hot nor too cold in any season. // It was a pleasant place to spend time. // I did not mind that things were much the same / and in the same places each time. // I could imagine them differently each time. // Best of all, there were never many people / and sometimes I would have whole rooms to myself! //

I would visit each exhibit. // I still remember the first one off to the left was engineering // and had lots of old cars. // Also, // in another room / I could do simple tests for my eyes, // hearing // and other things / to learn and see how the human body works. // Without fail, I did them all, // sometimes twice. // Another section about geology / was all rocks of amazing shapes and colors. // But, // especially, // I couldn't wait to get to the rooms full of fish, // birds, // insects, // animals // and such. // At the door was a glass case / with a giant snake! // They were all frozen in time, // but they were alive to me. //

My father always asked me / if I was not bored seeing the same things / again and again. // He suggested that I could read somewhere quietly / or do some school work at the museum cafe. // But I always wondered why people would sit / having a coffee / and reading a newspaper / in a museum full of wonderful things to see. //

As I grew up, // other things took up my free time. // I went to university, // then I lived abroad / and saw new museums. // I got married and had children. // When they were old enough, // I took them to my old hometown museum. // Imagine my surprise when we walked in the old doors. // Same smell. // Same walls. // Same feeling. // But it was not a museum anymore. // Only books! // Lots and lots of books! //

A question at the information desk / and a short walk / took us to the new state museum. // The modern building was full of light, // color // and sound. // There were many new exhibits / to show the new digital world / and special exhibits from other famous museums. // So much had changed, // but what was most obvious / was that it was full of people: // school groups, // parents with children, // and couples of all ages. //

I had mixed feelings. // On one hand, // I felt I had lost part of my childhood. // On the other hand, // my children were so excited. // It was also good to see so many people / interested in museums. // My feelings were decided / and I was glad / when we went around a corner / and my son shouted, // "Daddy! // Daddy! // There's a giant snake!" //

日本語訳

　子どもの頃，//週の半ばに学校の休みがあるたびに，//私はほぼ必ず父と一緒に街に行ったものだった。//そこで私は，1つの場所で何時間も過ごしたものだった//国立博物館である。//私は学校の友達と一緒にゲームセンターにも映画にも行かなかった。//私は，父が仕事に行っている間，一人で行くのが大好きだったのだ。//

　他の博物館と同じように，//そこは静かで，/どんな季節でも暑すぎたり寒すぎたりすることはなかった。//そこは，時間を過ごすのに心地よい場所だった。//私は，展示物がほとんど同じで…気にしていなかった/毎回同じ場所にあることは。//私はそれらに対して毎回異なるイメージを膨らませることができたのだ。//何よりも，そこに多くの人々がいることは決してなく，/ときには私が部屋全体を独り占めしたものだった！//

　私はそれぞれの展示を見て回った。//私は今でも，左に曲がって最初にあった展示は工学で…ことを覚えている//古い車がたくさんあった。//また//別の部屋では，/簡単な視力や…の検査をすることもできた//聴力/その他/人間の身体の仕組みを学び，確かめるために。//私は必ずそれらを全て受け，/ときには2回受けたこともあった。//地質学をテーマにした別の区画は，/驚くような形や色をした岩でいっぱいだった。//しかし，//特に/私は魚…でいっぱいの部屋にたどり着くのを待ちきれなかった//鳥，/昆虫，/動物/など。//ドアのところには，ガラスケースがあったのだ/巨大なヘビが入った！//それらは全てもう動かなくなっていた/が，私にとっては生きていた。//

　父はいつも私に聞いてきた/同じものを見て飽きないのかと/何度も繰り返し。//父は，どこかで静かに読書をしたりしてはどうかと提案した/あるいは博物館のカフェで学校の宿題をやったり。//しかし私はずっと，どうして人々は，座っていられるのだろうかと不思議に思っていたのだった/コーヒーを飲んだり/新聞を読んだりしながら/素晴らしい見ものでいっぱいの博物館の中で。//

　私が成長するにつれて，//他の物事が私の自由時間を占めるようになっていった。//私は大学に進み，//それから海外に住み，/新しい博物館を見た。//私は結婚し，子どもができた。//子どもたちが十分大きくなったとき，/私は彼らを，私の故郷の古い博物館に連れて行った。//私たちが古いドアをくぐったときの，私の驚きを想像してほしい。//同じにおい。//同じ壁。//同じ感じ。//しかし，そこはもう博物館ではなかった。//本しか置いていなかったのだ！//本，本，本だけがそこにはあったのだ！//

　インフォメーションデスクで聞いて，/少し歩くと/私たちは新しい国立博物館に着いた。//現代風の建物は光，…で満ちていた//色，音。//そこには，多くの新しい展示…があった/最新のデジタル世界を紹介するための/そして他の有名な博物館から出展されている特別展示。//とても多くのことが変わっていた//しかし，最も際立っていたのは，/人でいっぱいということだった。//学校の集団，/子連れの親，//そしてあらゆる世代のカップルがいた。//

　私は複雑な心境だった。//一方では，/自分の子ども時代の一部を失ったかのような気になった。//しかしもう一方で，//私の子どもたちはとてもテンションが上がっていた。//また，（博物館に関心を持っている）非常に多くの人々を見てうれしくもあった/博物館に関心を持っている。//私の気持ちは固まり，/うれしい気持ちになった/私たちが角を曲がった…ときには/そして子どもが叫んだ//「パパ！//パパ！//巨大なヘビがいるよ！」。//

▶問題 別冊 p.29

このLessonで出てくるルール

Rule 47 解法 「入れ替え」選択肢のパターン（比較級）⇒ 問3
Rule 36 読解 「実験・研究」系での頻出表現をマスターする！

解答

問1 ①　　問2 ②　　問3 ③　　問4 ③　　問5 ④

問1　難易度 ★★★　思考力

　設問は「（ネコになまりがあるかを解明する）研究方法（How）」を問うものです。11行目に In this project we will use phonetic analysis to compare cat sounds from two dialect areas in Sweden「このプロジェクトで，私たちは音声分析を用いて，スウェーデンの2つの方言地域のネコの声を比較する予定だ」，さらに18行目に The team will focus on 〜 in human speech used toward cats, as well as in cat vocalizations used toward humans「このチームは，ネコから人間に向かっての発声における音調，音声，話し方だけでなく，人間からネコに向かっての発話におけるそれらにも注目する予定だ」とあります。研究では「2つの方言地域で，ネコと飼い主の発声を比較」なので，①が正解です。

ここが 思考力 ▶ **複数の文が正解の該当箇所になるパターン**

　今回のように「正解の該当箇所が複数ある」パターンは，共通テストや資格試験でもよくあります。複数の情報を整理する力が必要とされるので，苦手とする受験生も多いのですが，あらかじめ「**そういう問題もよくある**」「**選択肢の前半の内容はある場所で，後半はまた別の場所が該当箇所になる**」などと知っておくだけで，慎重に解くようになりますし，本番でパニックになることもなくなります。

スザンヌ・シェッツはどのようにして，ネコになまりがあるのかどうかを解明しようとしているか。

① 2つの方言地域における，ネコおよびその飼い主の発声を比較することによって。

② ストックホルム市およびルンド市に住んでいる人々の発音を分析することによって。
→ 本文には「人々の発音」だけを分析するのではなく，「ネコと人々（飼い主）の発音」を分析すると書かれているのでアウトです。

③ 世界中から，異なる方言を話すネコを探すことによって。
→「ネコを探す」とは書かれていません。all over the world「世界中の」も書かれていないのでアウトです。

④ ネコがさまざまなメロディーや音楽に合わせてどのように鳴くのかを調べることによって。
→ melodyについて，3行目や6行目で「ネコが（自分の）メロディーを変える」とはありますが，決して「メロディーに合わせて鳴く」とは書かれていません。ちなみに選択肢のsing to different melodies and musicのtoは「一致（〜に一致して，〜に合わせて）」を表します。

問2 難易度 ★★★ 〔思考力〕

設問文のmeowsicは17行目に初めて出てきますが，本文を通して説明されている「プロジェクト」のことで，ここではその「内容」が問われています。

1行目にSome scientists are now hoping to find out whether 〜 and whether cat dialects are determined by their owners' voices.「一部の科学者は現在，飼いネコのニャーという鳴き声には「なまり」があるのか，そしてネコの方言はその飼い主の声によって決まるのかを解明しようとしている」とあります。また，9行目にはWe want to find out how domestic cats are influenced by the language and dialect that humans use to speak to them「私たちは，飼いネコがどのようにして，人間が彼らに話しかけるのに使う言語や方言に影響されるのかを解明したいのです」とあります。これらに合致する②が正解です。

be determined by 〜「〜によって決まる」や *be* influenced by 〜「〜に影響される」といった「**決定要因，影響**」を表す表現は，今回のような実験・研究系の英文でカギになります。

■実験系の英文で問われることは決まっている！

ちなみに，実験・研究系の英文には，実験や研究の「**背景**」「**目的**」「**方法**」「**内容**」「**結果**」「**考察**」などの要素が不可欠で，設問でもこれらがよく狙われます。先

ほどの問1ではHow〜？で「**方法**」を問う設問でしたが，この問2は「**内容**」，次の問3は「**背景**」，問4は「**結果**」，問5は「**目的**」が問われているのです。こういったことを意識しておくと，英文を読むときに「あ，ここは方法を説明しているから後で問われるかも」などと意識することができるようになりますよ。

設問文と選択肢の訳

「ミャオジック（meowsic）」プロジェクトについて当てはまるものはどれか。

① この5年間で実行されてきた。
→ 16行目に The project, 〜, will be carried out over the next five years.「〜このプロジェクトは，今後5年間にわたって実施される予定だ」とあり，このプロジェクトは「これから行われる」ものです。

② ネコの鳴き声が飼い主の発話から影響を受けるのかどうかを解明しようとしている。

③ ネコが他のネコとよりうまくコミュニケーションを取るのに役立つだろう。
→ このプロジェクトは「ネコと人間」に関連するもので，「ネコ同士」ではありません。

④ ネコに，人間の言語で飼い主とコミュニケーションを取る方法を教え込む予定である。
→「ネコに何かを教える」わけではありません。

問3 難易度 ★★☆

29行目に many domestic cats continue meowing as a way to communicate with or gain attention from humans「多くの飼いネコは，人間とコミュニケーションを取ったり，人間の注意を引いたりするための手段として鳴き続ける」とあります。このhumansは「ネコの飼い主」のことなので，③ Domestic cats use vocal signals to get attention from their owners. が正解です。下線部の他にも meowing「ニャーと鳴くこと」→ vocal signals「音声信号」の箇所も言い換えです。

次に誤りの選択肢①について見ていきます。24行目に Some families of cats, such as Siamese and Birman cats, appear to be more talkative than many other kinds ...「シャムネコやバーマンのような一部の種のネコは，他の多くの種よりも口数が多いようで…」とあります。これは選択肢の do not meow as much as ...「…ほどたくさん鳴かない」とは**比較関係が逆になっている**，**典型的なひっかけパターン**です。

≫≫ *Rule 47* 解法 「入れ替え」選択肢のパターン（比較級）

内容一致問題では，「**比較級**」がよく使われます。選択肢に比較表現が出てきたらチェックして，きっちりと大小関係（「A＞B」「A＜B」「A＝B」など）を把握

してください。ひっかけパターンとしては,「大小関係を入れ替える」ものが多いです。また,難関大では「そもそも比較なんかしていない」というパターンもよく出ます。

比較のひっかけパターンの例
  ・本文での表現……A＞B，C＞D
  ・選択肢での表現…A＜B → ×　※大小関係が逆
　　　　　　　　　　A＞D → ×　※AとDを比べているわけではない
　　　　　　　　　　B＜A → ○　※大小関係がバッチリOK

設問文と選択肢の訳

ネコの発声について当てはまるものはどれか。
① シャムネコやバーマンは,他の種のネコほどたくさん鳴かない。
② どんな血統のネコも,同じ量の視覚信号および音声信号を使う。
　　→ 24行目に Some families of cats, such as ～, appear to be more talkative than many other kinds, showing that the breed may also be a factor in the way a cat "talks." 「～のような一部の種のネコは,他の多くの種よりも口数が多いようであり,このことは血統もまたネコの『話し』方における1つの要因となり得ることを示している」とあり,「血統によって鳴き声の量が異なる」と考えられます。**選択肢で any を使った「過剰」選択肢のパターンですね**（***Rule 46*** ▶ p.176）。
　　～, showing that ... は分詞構文で「～で,そのこと（一部の種のネコは,他の多くの種よりも口数が多いようであること）は…を示している」を表しています。
③ 飼いネコは,飼い主の注意を引くために音声信号を使う。
④ 野生のネコは,母親が彼らのもとを去ってからかなり後に,母親を思い出すために鳴く。
　　→ 28行目に Wild and street cats usually have no need to continue meowing after becoming adults when their mother leaves them ... 「野生のネコや野良猫は通常,母親が彼らのもとを去って成猫になった後は,ニャーと鳴き続ける必要はない…」とあり,選択肢は真逆の内容です。

問4 難易度 ★★★　思考力

　40行目に In one trial, they noticed meows rise slowly in pitch when a cat is begging for food ... 「ある試行で彼らは,ネコが食べ物をせがんでいるときにはニャーという鳴き声の音程が徐々に上がっていき…」とあり,これに合致する③が正解です。本文の beg for food「食べ物を乞う,せがむ」が,選択肢では want food from humans「人間から食べ物をもらいたい」と表されています。

条件付きの設問文は注意して考えよう

　設問文では so far「これまでのところ」が使われ,「あくまで現時点でわかっていること」が問われています。こういった問題の場合,「今後の予想・目標」などは不正解になるので,しっかり意識して,区別していかないといけません。

　今回の選択肢にそういったひっかけはないのですが,共通テストで「**事実**」と「**意見**」を分けて理解できるかを問う問題が出題されるので,今後もこういう設問が増えていくと思います。

設問文と選択肢の訳

そのプロジェクトはこれまでのところ,何を解明したか。

① ネコの声域には限界がなく,解明するのは困難である。

　　→ 31行目に many aspects of the cat's vocal ranges are not well understood「ネコの声域については多くの側面がよく解明されていない」とあり,「声域に限界がない」とは書かれていませんし,そもそもこの内容は「プロジェクトによってわかったこと」ではありません。

② ネコの音程は,浮かない気持ちのときには急激に下がる。

　　→ 41行目に the pitch drops <u>gradually</u> when a cat is unhappy when visiting an animal hospital, for example「たとえば動物病院を訪れているときなど,ネコが浮かない気持ちのときには音程が徐々に下がる」とあります。本文の gradually「徐々に」と,選択肢の suddenly「急激に,突然」が合いません。本文と選択肢で,副詞を入れ替えただけのひっかけなので難しかったでしょう。

③ **ネコの鳴き声は,人間から食べ物をもらいたいときには,徐々に高くなっていく。**

④ ネコの音調は,動物病院を訪れているときには,徐々に上がっていく。

　　→ 41行目に the pitch <u>drops</u> gradually when a cat is unhappy when visiting an animal hospital, for example「たとえば動物病院を訪れているときなど,ネコが浮かない気持ちのときには音程が徐々に<u>下がる</u>」とあります。

43行目に Another goal is to study whether cats react differently to various aspects of human speech, such as different voices, speaking styles, and intonation patterns.「もう1つの目標は，さまざまに異なる音声，話し方，音調の型など，人間の発話のさまざまな側面に対して，ネコが異なる反応を示すのかどうかを調査することだ」とあり，これに合致する④が正解です。

本文の study whether ～「～かどうかを研究する」が，選択肢で find out if ～「～かどうかを解明する」に言い換えられています（whether と if は名詞節を作り，「～かどうか」という意味）。さらに，react to ～が respond to ～「～に反応する」に言い換えられています（今回は両方とも間に副詞 differently が入った形）。

設問文と選択肢の訳

この研究の目標のうちの1つは何か。
① 異なる血統のネコに対して，人間は異なる方言で話しかけるのかどうかを確かめること。
　　→ 26行目（showing that ～）に「血統はネコの鳴き方に影響するかも」とはありますが，「異なる血統のネコに人間が話しかける」ことは書かれていませんし，「研究の目的」でもありません。
② 人間がどうしてネコに話しかけたいと思ったり，ネコから話しかけられたいと思ったりするのかを理解すること。
　　→ 45行目に we want to know if cats prefer to speak to humans, or to be spoken to by humans「私たちは，ネコは人間に話しかけるほうが好きなのか，それとも人間に話しかけられるほうが好きなのかを知りたいと思っている」とあります。「ネコが人間に話しかける・話しかけられる」という話で，「人間が～」ではありませんし，選択肢の why ～も合いません（本文では if を使って「～かどうかを知りたい」と言っており，「理由を理解する」とは書かれていません）。
③ 人間の音声パターンにおける違いを明らかにすること。
　　→ 本文では「人間のさまざまな音声パターンに対するネコの反応」を明らかにすると書かれており，「人間の音声パターンの違い」そのものを明らかにするわけではありません（differences in ～「～における（in）違い（differences）」です）。
④ 人間のさまざまな話し方に対して，ネコが異なる反応を示すのかどうかを解明すること。

最後に，次ページ以降で「実験・研究」系の英文によく出る表現をまとめておきますので，確認しておきましょう。

>>> **Rule 36** 読解 「実験・研究」系での頻出表現をマスターする！

手順・説明 など（1）

- [ ] classify, divide 分類する, 分ける
- [ ] group グループ化する
- [ ] analyze 分析する
- [ ] analysis 分析
- [ ] represent 表す, 代表する
- [ ] refer to ～ ～を表す
- [ ] describe, illustrate 説明する
  - ※「イラスト」は本文を説明する絵のこと
- [ ] show, display, reveal 示す
- [ ] see if ～ ～かどうか確かめる
  - ※ if は名詞節「～かどうか」
- [ ] find out if ～ ～かどうか確かめる・解明する
- [ ] calculate 計算する
- [ ] measure 測る／測定, 評価基準
  - ※「メジャー（巻尺）」は「測るもの」
- [ ] weigh 重さを量る, ～の重さがある
  - ※名詞形は weight（品詞の区別も重要）
- [ ] account for ～ ～を説明する, ～を占める
- [ ] make up ～ ～を占める
  - 例）In 2012, China made up about one-fifth of the smartphone market.
    - 2012 年には, 中国がスマートフォン市場の約 5 分の 1 を占めた。
- [ ] lead ～ ～の中で一番である
  - ※「～を引っ張る」→「～の中で一番」
- [ ] apply *A* to *B* A を B に適用する
- [ ] This is true in ～ これは～において当てはまる
- [ ] *A* is followed by *B* A の次に B がくる

手順・説明 など（2）

- [ ] aim, purpose, goal 目的
  - ※ goal「最後にあるゴール」→「目的」
- [ ] aim to ～ ～するのを目指す
- [ ] research, study 研究, 調査
- [ ] survey 調査
- [ ] previous research 先行研究
- [ ] researcher 研究者
- [ ] colleague, coworker, associate 同僚

- ☐ leader 指導者
- ☐ lead scientists 第一線の科学者
- ☐ conduct a survey on 〜 〜に関する調査を行う
  - ※onは「意識の接触（〜について）」
- ☐ carry out a study 調査を行う
- ☐ statistics 統計
- ☐ investigate, examine 調査する
- ☐ test 検査（する），試験（する）
- ☐ assess, evaluate 評価する
- ☐ identify 特定する，発見する
- ☐ trial 試み，試験
- ☐ participant 参加者，被験者
- ☐ instruction 指示
- ☐ item 項目，品物
  - ※「アイテム」とは「ひとつひとつのモノ」
- ☐ component 要素
- ☐ category 区分
- ☐ unit 単位
- ☐ the former 前者
- ☐ the latter 後者
- ☐ means 手段
  - ※mean「意味する」，meaning「意味」と別の語
- ☐ term 期間，（専門）用語
- ☐ factor 要因，要素
- ☐ aspect 側面
- ☐ ability {of *A*} to 〜 （Aが）〜する能力
- ☐ react to 〜, respond to 〜 〜に反応する
- ☐ tend to 〜 〜する傾向がある，〜しがちである
- ☐ tendency to 〜 〜する傾向
- ☐ *be* likely to 〜 〜しそうだ，〜する可能性が高い
- ☐ range 範囲
- ☐ a {wide} range of 〜 幅広い〜

手順・説明など（3）
- ☐ furthermore さらに
- ☐ in the following way 以下の方法で
  - ※following「次の，以下の」

☐ the above passage 上記の文
※ above「上の」
☐ because of 〜, due to 〜 〜が原因で
☐ according to 〜 〜によると
☐ *be* based on 〜 〜に基づいている
※ Based on 〜, …「〜に基づくと，…」の形で，文頭でも使われます。
☐ focus on 〜 〜に焦点を当てる
☐ *be* determined by 〜 〜によって決まる
☐ *be* influenced by 〜 〜に影響される
☐ *be* related with 〜 〜と関連している
☐ *be* relevant to 〜 〜と関連する
☐ correlation 相関関係

手順・説明など（4）
☐ depending on chance 無作為に，でたらめに（＝randomly，at random）
※ S V, depending on chance. の形で，分詞構文として使われます。
例）The researchers selected them depending on chance.
　　研究者たちはそれらを無作為に選んだ。
☐ regardless of age 年齢に関係なく
☐ multiple answers allowed 複数回答可
☐ as of 〜 〜現在
例）as of June 2021「2021年6月現在」
☐ in the ○○-year period ○○年（の期間）において
※ period 期間
☐ As S′V′, SV. S′V′するにつれてSVだ。
※比例のas
☐ It is said that 〜, S is said to 〜 （Sは）〜と言われている
☐ It is thought [believed] that 〜, S is thought [believed] to 〜
（Sは）〜と考えられている
☐ It seems that 〜, S seems to 〜 （Sは）〜するようだ
☐ It is expected that 〜, S is expected to 〜
（Sは）〜すると予期［期待］されている，（Sは）〜する見込みである

結果・データなど（1）
☐ result 結果
☐ finding 発見，（通例findingsで）明らかになったこと，結論
☐ data データ

☐ As the data indicates, 〜 データが示しているように，〜
☐ conclude 結論を下す
☐ median 中間の，平均の
☐ average 平均
☐ amount 総計
☐ the amount of 〜 〜の量
☐ the number of 〜 〜の数
　　※a number of 〜 「いくつかの，たくさんの〜」と区別をしましょう。
☐ the rate of increase in the number of 〜 〜の数の増加率
☐ gap 差
☐ quality 質
☐ quantity 量

結果・データなど（2）
☐ affect 影響を与える
☐ effect 結果，効果，影響
　　※have an effect on 〜 〜に影響を与える
☐ effective 効果的な
☐ influence 影響，影響を与える
　　※have an influence on 〜 〜に影響を与える
☐ influential 影響がある，効力のある
☐ impact 影響，影響を与える
　　※have an impact on 〜 〜に影響を与える
☐ consequence （通例 consequences で）影響，結果
　　※have consequences for 〜 〜に影響を与える
☐ implication 暗示するもの，影響，結果

結果・データなど（3）
☐ relatively 比較的に，相対的に
☐ relatively high [low] 比較的高い [低い]
☐ increasingly ますます
☐ slightly わずかに
☐ steadily 絶え間なく
☐ gradually 徐々に
☐ rapidly 急速に
☐ slowly ゆっくり

結果・データなど（4）

- ☐ compare 比較する
- ☐ *be* similar in ～ ～が似ている
  - ※直訳は「～において (in)，似ている」
- ☐ there is very little difference in ～ ～にほとんど違いがない
- ☐ in that SV SVという点において，SVだから
  - ※両方の意味が重要
- ☐ *be* similar in that S´V´ S´V´という点において似ている
- ☐ *be* equal to ～ ～と同等である
- ☐ *be* proportional to ～ ～に比例して
- ☐ second[third] -est 2番目[3番目]に～
  - ※the second lowest「2番目に低い」
- ☐ in comparison with ～ ～と比較すると
- ☐ compared to[with] ～ ～と比較すると
- ☐ in contrast to ～ ～とは対照的に
- ☐ on the other hand 一方で
  - ※副詞句
- ☐ while, whereas ～の一方で
  - ※接続詞

結果・データなど（5）

- ☐ up to ～ （最大で）～まで
- ☐ among ～ ～の中で
- ☐ *A* out of *B*, *A* in *B* BのうちのA
  - 例）one person out of five 5人のうち1人
- ☐ except for ～ ～を除いて
- ☐ with the exception of ～ ～を除いて
  - ※直訳「～という例外を持って」
- ☐ but ～ ～を除いて
  - ※このbutは前置詞
- ☐ one but ～ ～を除いてひとつ
- ☐ estimated ～ 推定の～，見積もりの～
- ☐ *be* consistent with ～ ～と一致する
- ☐ in the long run 長期的に見ると

1 <u>Some scientists</u> <u>are</u> (now) <u>hoping to find out</u> ⟨│whether│ <u>domestic cats</u> <u>have</u>
S　　　　　V　　　　　　　　　　　　　　　　　　O　　　　　　S′　　　V′
<u>"accents"</u> (in their meows)⟩ │and│ ⟨│whether│ <u>cat dialects</u> <u>are determined</u> (by their
O′　　　　　　　　　　　　　　　　　　　　　　　O　　　　S′　　　V′
owners' voices)⟩.

> **訳** 一部の科学者は現在，飼いネコのニャーという鳴き声には「なまり」があるのか，
> そしてネコの方言はその飼い主の声によって決まるのかを解明しようとしている。

> **語句** domestic 形 飼育されている／accent 名 なまり／dialect 名 方言／determine
> 動 決める／owner 名 飼い主

> **文法・構文** and は whether S′V′「S′V′かどうか」のカタマリ2つを結んでいます。
> "accents" にクオーテーション・マークがあるのは，ネコを擬人化した表現だから
> です。「ある意味，いわゆる」と補うと自然になります（以下の "talking"／
> "dictionary" なども同様）。

<u>They</u> <u>will study</u> ⟨how <u>cats</u> <u>change</u> <u>the melody,</u> │or│ intonation, [of their meows]
S　　V　　　　　　　　　　　S′　　V′　　　O′
(│when│ "talking" to other cats │and│ humans)⟩.

> {they are} の省略

> **訳** 彼らは，ネコが他のネコや人間に「話し」かけるとき，ニャーという鳴き声のメ
> ロディーあるいは音調をどのように変えているのかを調べる予定だ。

> **語句** melody 名 メロディー／intonation 名 イントネーション，抑揚，音調

<u>They</u> <u>aim to produce</u> <u>a "dictionary" of cat sounds.</u>
S　　V　　　　　　　　　　　O

> **訳** 彼らは，ネコの声の「辞書」を作ることを目指しているのだ。

> **語句** aim to 原形 ～することを目指す

2 "<u>It</u> <u>seems</u> {│that│} <u>cats</u> <u>know</u> <u>how to vary their intonation</u> │or│ melody, (perhaps
S′　V′　　　　　　　　O′
to send a certain message), (perhaps to change │or│ increase the importance of a

message, │or│ emotions)," <u>said</u> <u>Susanne Schötz,</u> a researcher [in phonetics] [at
V　　　S

Lund University] │and│ leader of the project.

> Susanne Schötz の同格

訳 「ネコは音調やメロディーを変化させる方法を知っているようです。それはおそらく，何らかのメッセージを伝えたり，メッセージや感情の重要性を変化させたり高めたりするためでしょう」と，ルンド大学における音声学の研究者であり，このプロジェクトのリーダーを務めるスザンヌ・シェッツは述べた。

語句 It seems that S´V´ S´V´のようだ／vary 動 変わる，変える／phonetics 名 音声学

文法・構文 Susanne Schötz, a researcher ～のように，「人物名＋肩書き」のパターンは頻出です。perhaps ～ 2つは並列です。2つ目のperhapsの句の最後にコンマがあるのは，一度完全に言い切った後に or emotions を付け足したからではないかと思います（話し言葉ではよくあること）。

"We want to find out 〈how domestic cats are influenced (by the language and dialect [that humans use φ to speak to them])〉, (because it seems that cats use slightly different dialects in the sounds [they produce φ]).

訳 「私たちは，飼いネコがどのようにして，人間が彼らに話しかけるのに使う言語や方言に影響されるのかを解明したいのです。なぜなら，ネコが発する声にはわずかに異なる方言が使われているようであるからです。

語句 find out ～ ～を見つけ出す，～を探り出す／slightly 副 わずかに

(In this project) we will use phonetic analysis (to compare cat sounds from two dialect areas in Sweden — Stockholm [in the central part of Sweden], and Lund [in the very south of Sweden]).

two dialect areas in Sweden の同格

訳 私たちはこのプロジェクトで，音声分析を用いて，スウェーデン中心部のストックホルム市とスウェーデン南端のルンド市というスウェーデンの2つの方言地域のネコの声を比較する予定です。

語句 analysis 名 分析

We will compare the melodies [of these vocalizations] (to see 〈if cats speak different dialects〉)," said Schötz.

訳 私たちは，ネコが異なる方言を話すのかどうかを見極めるために，その発声のメロディーを比較する予定です」とシェッツは述べた。

128

3 The project, [which the scientists have named φ "melody in human-cat
    S
communication," or "meowsic" for short], will be carried out (over the next five
                                                                 V

years).

> 訳 参加している科学者たちが「人間とネコのコミュニケーションにおけるメロディ
> ー」，略して「ミャオジック（meowsic）」と名付けたこのプロジェクトは，今後
> 5年間にわたって実施される予定だ。

> 語句 name 動 名付ける／for short 略して／carry out 実行する，実施する

> 文法・構文 name OC「OをCと名付ける」のOが先行詞the projectになっています。ち
> なみに「ミャオジック（meowsic）」は，ネコの鳴き声「ミャウ（meow）」と「ミ
> ュージック（music）」を掛け合わせた表現と考えればよいでしょう。

The team will focus on intonation, voice and speaking style [in human speech
 S   V   O
[used toward cats]], as well as [in cat vocalizations [used toward humans]] (to
find out ⟨how the two communicate⟩).
             S´   V´

> 訳 このチームは，両者がどのようにコミュニケーションを取っているのかを解明す
> るために，ネコから人間に向かっての発声における音調，音声，話し方だけでな
> く，人間からネコに向かっての発話におけるそれらにも注目する予定だ。

> 語句 focus on 〜 〜に集中する／A as well as B BだけでなくAも

> 文法・構文 as well asは，2つの前置詞句（in human speech 〜／in cat vocalizations 〜）
> を結んでいます。また，後半のthe twoは「人間とネコ」を表しています。

(While this may seem unusual), the results may help ⟨how people treat cats (in
  S´   V´   C´   S   V   O   S´   V´ O´
animal hospitals, care homes and shelters) (to make them feel comfortable⟩).

> make 人 原形 「人に〜させる」

> 訳 これは珍しく思えるかもしれないが，その結果は，人間が動物病院や介護施設，保
> 護施設で，ネコをリラックスさせられるように彼らを扱うのに役立つだろう。

> 語句 treat 動 扱う／care home 介護施設／shelter 名 保護施設／comfortable 形 心
> 地よく感じる

Lesson 8

129

4 (Since their domestication about 10,000 years ago), cats have learned to
　　　　　　　　　　　　　　　　　　　　　　　　　　　S　　V
communicate with humans (using visual as well as vocal signals).
　　　　　　　　　　O

> **訳** 約1万年前にネコが家畜化されて以来，彼らは視覚信号も音声信号も使って人間
> とコミュニケーションを取れるようになってきた。

> **語句** domestication 名 家畜化／learn to 原形 ～できるようになる／communicate
> with 人 人とコミュニケーションを取る／visual signal 視覚信号／vocal signal
> 音声信号

> **文法・構文** using ～ はcatsを意味上のSとする分詞構文「～しながら」です。

Some families of cats, [such as Siamese and Birman cats], appear to be more
　　　　　　　　　　　　　　　　　　　S　　　　　　　　　　V　　　　　C
talkative (than many other kinds), (showing ⟨ that the breed may also be a factor
　　　　　　　　　　　　　　　　　　　　　　　　　　S′　　　V′　　　C′
in the way [a cat "talks]⟩)."

> **訳** シャムネコやバーマンのような一部の種のネコは，他の多くの種よりも口数が多
> いようであり，このことは血統もまたネコの「話し」方における1つの要因とな
> り得ることを示している。

> **語句** family 名 種／Siamese cat シャムネコ／Birman cat バーマン ※首の周辺にえり状
> の長い毛があり，指先が白いビルマ（現ミャンマー）原産のネコ／talkative 形 おしゃべり
> な／breed 名 品種，系統／factor 名 要因／the way S′V′ S′V′する方法

> **文法・構文** 後半のshowing that ～ は分詞構文ですが，意味上のSにあたるのは「前半の
> 内容（一部の種のネコは口数が多いこと）」です。

5 Wild and street cats (usually) have no need [to continue meowing] (after
　　　　　　　S　　　　　　　　　　V　　　O
becoming adults (when their mother leaves them)), but many domestic cats
　　　　　　　　　　　　S′　　　　V′　　O′　　　　　　　　　　S
continue meowing (as a way to communicate with or gain attention from
　　V　　　O
humans).

> **訳** 野生のネコや野良猫は通常，母親が彼らのもとを去って成猫になった後は，ニャ
> ーと鳴き続ける必要はないが，多くの飼いネコは，人間とコミュニケーションを
> 取ったり，人間の注意を引いたりするための手段として鳴き続ける。

> **語句** street cat 街猫，野良猫／continue –ing ～し続ける／gain attention from ～
> ～の注意を引く

文法・構文 or は communicate with と gain attention from を結び，humans が共通の O になっています。

(However), many aspects [of the cat's vocal ranges] are not (well) understood.
　　　　　　　　　　　　　　　　S　　　　　　　　　　　　　　　　　V

訳 しかし，ネコの声域については多くの側面がよく解明されていない。

語句 aspect 名 側面／range 名 範囲

6 "We know ⟨that cats vary the melody of their sounds (widely)⟩, but we do
　　　S　V　　　　　S′　V′　　　　　　　　O′　　　　　　　　　　　　　S　V
not know how to interpret these differences," Dr. Schötz said.
　　　　　　　　　　　　　　O　　　　　　　　　　　　　S　　　　V

訳 「私たちは，ネコが鳴き声のメロディーをさまざまに変化させることは知っていますが，それらの違いをどのように解釈したらいいのかわからないのです」とシェッツ博士は述べた。

語句 interpret 動 解釈する

"We will record vocalizations [of about 30 to 50 cats in different situations], (for
　S　　V　　　　　　　　　　　　　　　　　　　O
example), ⟨when they want to go to other places⟩, ⟨when they are satisfied,
　　　　　　　　　S′　V′　　　　　　　　O′　　　　　　　　　　　S′　V′　　C′
friendly, happy, hungry, bothered or (even) angry⟩ — and try to identify any
　　　　　　　　　　　　　　　　　　　　　　　　　　　　　　　　　　V　　　　　O
differences [in their phonetic patterns]."

訳 「私たちは，たとえば他の場所に行きたいとき，満足しているとき，人懐っこいとき，幸せなとき，空腹のとき，不快に感じているとき，あるいは怒っているときまでも，さまざまな状況で約30〜50匹のネコの発声を録音し，そして彼らの音声パターンにおけるあらゆる違いを明らかにしようとしています」

語句 record 動 録音する，記録する／bothered 形 不快に感じている，困っている／identify 動 明らかにする，特定する

文法・構文 when S′ V′ のカタマリ2つは，different situations を具体的に説明しています。and は record 〜 と try 〜 を結んでいます。

7 ⟨While the project has not yet (officially) begun⟩, the researchers (last
　　　　　　　　S′　　　　　　V′　　　　　　　　　　　　　　　　S
month) tested their recording machines and techniques (by recording examples
　　　　　V　　　　　　　　　O
of "cat melodies")."

> **訳** このプロジェクトはまだ本格的には始動していないが，研究者たちは先月，「ネコのメロディー」のサンプルを録音して，録音機器および録音技術の試行を行った。

> **語句** officially 副 本格的に，正式に／technique 名 技術

(In one trial), they noticed ⟨{that} meows rise slowly in pitch (when a cat is
     S   V   O   S′   V′   (S) (V)
begging for food), (while the pitch drops gradually (when a cat is unhappy
                  S′   V′   (S) (V)   (C)
when visiting an animal hospital, for example)))⟩.

> **訳** ある試行で彼らは，ネコが食べ物をせがんでいるときにはニャーという鳴き声の音程が徐々に上がっていく一方で，たとえば動物病院を訪れているときなど，ネコが浮かない気持ちのときには音程が徐々に下がることに気付いた。

> **語句** pitch 名 音調，音の高さ／beg for 〜 〜を求めて乞う／drop 動 下がる

8 Another goal is to study ⟨whether cats react (differently) (to various aspects
       S   V C   S′   V′
of human speech, [such as different voices, speaking styles, and intonation
patterns])⟩.

> **訳** もう1つの目標は，さまざまに異なる音声，話し方，音調の型など，人間の発話のさまざまな側面に対して，ネコが異なる反応を示すのかどうかを調査することだ。

> **語句** react to 〜 〜に反応する

"(For example), we want to know ⟨if cats prefer to speak to humans, or {prefer}
               S   V   O S′   V′   O′   V′
to be spoken to (by humans)⟩," Dr. Schötz said.
                               S   V

> **訳** 「たとえば私たちは，ネコは人間に話しかけるほうが好きなのか，それとも人間に話しかけられるほうが好きなのかを知りたいと思っています」とシェッツ博士は述べた。

> **語句** prefer to 原形 〜するほうを好む／speak to 〜 〜に話しかける

> **文法・構文** or は to speak to 〜 と to be spoken to 〜 を結んでいます（*be* spoken to 〜 は，speak to 〜 「〜に話しかける」の受動態）。

9 Speech [started by cats] tends to be a high-pitched speech [that some adults
      S   V   C
use φ (for children)], (for example).

たとえば，ネコから話し始めたときの発話は，一部の大人が子どもに対して使うような高音のものになる傾向がある。

文法・構文 Speech（S）started（V）と誤読してしまった場合も，動詞 tends to 〜 に注目して，Speech（S）〜 tends to be（V）と読み方を修正することが大切です。

"We（still）have much to learn about〈how cats understand human speech〉,"
 S   V   S′   V′   O′
（according to Schötz）.

訳 シェッツによると，「ネコがどのように人間の話を理解しているのかについて，まだ学ぶべきことがたくさんあります」ということだ。

語句 have much to 原形 〜すべきことが多くある／according to 〜 〜によると

Some scientists are now hoping to find out / whether domestic cats have "accents" in their meows / and whether cat dialects are determined / by their owners' voices. // They will study how cats change the melody, // or intonation, // of their meows / when "talking" to other cats and humans. // They aim to produce a "dictionary" of cat sounds. //

"It seems cats know / how to vary their intonation or melody, // perhaps to send a certain message, // perhaps to change or increase the importance of a message, / or emotions," // said Susanne Schötz, // a researcher in phonetics at Lund University / and leader of the project. // "We want to find out / how domestic cats / are influenced by the language and dialect / that humans use to speak to them, // because it seems that cats use slightly different dialects / in the sounds they produce. // In this project / we will use phonetic analysis to compare cat sounds / from two dialect areas in Sweden // — Stockholm in the central part of Sweden, // and Lund in the very south of Sweden. // We will compare the melodies of these vocalizations / to see if cats speak different dialects," // said Schötz. //

The project, // which the scientists have named / "melody in human-cat communication," / or "meowsic" for short, // will be carried out over the next five years. // The team will focus on intonation, // voice // and speaking style / in human speech / used toward cats, // as well as in cat vocalizations / used toward humans / to find out how the two communicate. // While this may seem unusual, // the results may help how people treat cats in animal hospitals, / care homes / and shelters / to make them feel comfortable. //

Since their domestication about 10,000 years ago, // cats have learned to communicate with humans / using visual / as well as vocal signals. // Some families of cats, // such as Siamese and Birman cats, // appear to be more talkative / than many other kinds, // showing that the breed / may also be a factor in the way a cat "talks." //

Wild and street cats / usually have no need to continue meowing / after becoming adults / when their mother leaves them, // but many domestic cats continue meowing / as a way to communicate with / or gain attention from humans. // However, // many aspects of the cat's vocal ranges / are not well understood. //

"We know that cats vary the melody of their sounds widely, // but we do not know how to interpret these differences," // Dr. Schötz said. // "We will record vocalizations / of about 30 to 50 cats in different situations, // for example, // when they want to go to other places, // when they are satisfied, // friendly, // happy, // hungry, // bothered // or even angry // — and try to identify any differences / in their phonetic patterns." //

While the project has not yet officially begun, // the researchers last month / tested their recording machines and techniques / by recording examples of "cat melodies." // In one trial, // they noticed meows rise slowly in pitch / when a cat is begging for food, // while the pitch drops gradually / when a cat is unhappy / when visiting an animal hospital, // for example. //

日本語訳

　一部の科学者は現在解明しようとしている／飼いネコのニャーという鳴き声には「なまり」があるのか，／そしてネコの方言は決まるのかを／その飼い主の声によって。／／彼らは，ネコが（ニャーという鳴き声の）メロディー…どのように変えているのかを調べる予定だ／／あるいは（ニャーという鳴き声の）音調を／／ニャーという鳴き声の／他のネコや人間に「話し」かけるとき。／／彼らは，ネコの声の「辞書」を作ることを目指しているのだ。／／

　「ネコは…を知っているようです／音調やメロディーを変化させる方法／／それはおそらく，何らかのメッセージを伝えたり，／／メッセージ…の重要性を変化させたり高めたりするためでしょう／あるいは感情」／と，スザンヌ・シェッツは述べた／／ルンド大学における音声学の研究者／であり，このプロジェクトのリーダーを務める。／「私たちは…を解明したいのです／飼いネコがどのようにして，／言語や方言に影響されるのか／人間が彼らに話しかけるのに使う。／なぜなら，わずかに異なる方言が使われているようであるからです／ネコが発する声には。／／このプロジェクトで，／私たちは音声分析を用いて，ネコの声を比較する予定です／スウェーデンの2つの方言地域の／／スウェーデン中心部のストックホルム市／とスウェーデン南端のルンド市という。／／私たちは，その発声のメロディーを比較する予定です／ネコが異なる方言を話すのかどうかを見極めるために」／／とシェッツは述べた。／／

　このプロジェクトは／参加している科学者たちが…と名付けた／「人間とネコのコミュニケーションにおけるメロディー」，／略して「ミャオジック（meowsic）」，／今後5年間にわたって実施される予定だ。／／このチームは，音調…に注目する予定だ／音声／話し方／人間の発話における／ネコに向かっての／ネコの発声におけるそれらだけでなく／人間に向かっての／両者がどのようにコミュニケーションを取っているのかを解明するために。／／これは珍しく思えるかもしれないが，／その結果は，人間が動物病院…で，ネコを扱うのに役立つだろう／介護施設／保護施設／ネコをリラックスさせられるように。／／

　約1万年前に家畜化されて以来，／ネコは人間とコミュニケーションを取れるようになってきた／視覚（信号）…も使って／音声信号だけでなく。／／一部の種のネコは，／シャムネコやバーマンのような／／口数が多いようであり／他の多くの種よりも／／このことは血統が…ことを示している／またネコの「話し」方における1つの要因となり得る。／／

　野生のネコや野良猫は／通常，ニャーと鳴き続ける必要はない／成猫になった後は，／母親が彼らのもとを去って／／が，多くの飼いネコは，鳴き続ける／…とコミュニケーションを取ったり…ための手段として，／人間の注意を引いたりする。／／しかし，／／ネコの声域の多くの側面が／よく解明されていない。／／

　「私たちは，ネコが鳴き声のメロディーをさまざまに変化させることは知っています／／が，それらの違いをどのように解釈したらいいのかわからないのです」とシェッツ博士は述べた。／／「私たちは，発声を録音する予定です／さまざまな状況で約30〜50匹のネコの／／たとえば／他の場所に行きたいとき，／満足しているとき，／人懐っこいとき，／幸せなとき，／空腹のとき，／／不快に感じているとき，／あるいは怒っているときまでも／そしてあらゆる違いを明らかにしようとしています／彼らの音声パターンにおける」。／／

　このプロジェクトはまだ本格的には始動していないが，／／研究者たちは先月，／録音機器および録音技術の試行を行った／「ネコのメロディー」のサンプルを録音して。／／ある試行で／彼らは，ニャーという鳴き声の音程が徐々に上がっていくことに気付いた／ネコが食べ物をせがんでいるときには／／一方で，音程が徐々に下がる／ネコが浮かない気持ちのときには／動物病院を訪れているときなど／／たとえば。／／

Another goal is to study / whether cats react differently / to various aspects of human speech, // such as different voices, // speaking styles, // and intonation patterns. // "For example, // we want to know if cats prefer to speak to humans, // or to be spoken to by humans," // Dr. Schötz said. //

Speech started by cats tends to be a high-pitched speech / that some adults use for children, // for example. // "We still have much to learn / about how cats understand human speech," // according to Schötz. //

もう1つの目標は，調査することだ／ネコが異なる反応を示すのかどうかを／人間の発話のさまざまな側面に対して，　／／さまざまに異なる音声，　／／話し方，　／／音調の型など。／／「たとえば／／私たちは，ネコは人間に話しかけるほうが好きなのか知りたいと思っています／／それとも人間に話しかけられるほうが好きなのかを」／／とシェッツ博士は述べた。／／

　ネコから話し始めたときの発話は，高音のものになる傾向がある／一部の大人が子どもに対して使うような／／たとえば。／／「私たちにはまだ学ぶべきことがたくさんあります／ネコがどのように人間の話を理解しているのかについて」／／シェッツによると。／／

Lesson 9 解答・解説

▶問題 別冊 p.33

このLessonで出てくるルール

Rule 1 読解 消えたbutに気づいて「主張」を発見する！ ⇒ (1)

Rule 35 読解 長文単語・語句をマスターする！
（on the contrary）⇒ (2)

Rule 82 構文 〈SV + 人 + to ～〉を使いこなす！⇒ (4)

解答

(1) ①　　(2) ②　　(3) ②　　(4) ③　　(5) ④

---

(1) 難易度 ★★☆

空所の前はHowever, the same thing isn't true for dolphins. 「しかし，イルカにはそれと同じことが当てはまらない」という否定文です。否定文を見たらその後には肯定文を予想するのが定石です。つまり「イルカに同じことは当てはまらない」→「むしろ，異なる」という流れを予想するわけです。

≫≫ *Rule 1* 読解 消えたbutに気づいて「主張」を発見する！

主張を伝えるときには，**not *A* but *B*** 「**A**でなく**B**だ」の形が基本なので，「butの後には主張がくる」と言われがちです。しかし実際にはこの形がそのまま使われるとは限りません。実際には，not *A*で文が切られ，（文が切れた以上は直後にある接続詞butは不要になるので）**not *A*. {But} *B*.** という形がよく使われます。それゆえ，notを見たら，その後に肯定文がくることが多いわけです。その肯定文の前にButを補って意味が通れば，その肯定文は**主張**なのです。

消える**but**を見つけ出す
（ア）基本
・not │ *A* │ but │ *B* │　　※│ *A* │は一般論，│ *B* │は主張

（イ）Butが消滅する
・not │ *A* │ . ~~But~~ │ *B* │ .　　※*A*の後にピリオドがあれば，接続詞Butは不要。

（ウ）Butのバリエーション（消えるだけでなく，But以外の単語が使われることも多い）

- not ☐A . ⎰ Indeed, ☐B .「Aではない。（Aではなくて）実際はBだ」
  ⎱ Instead, ☐B .「Aではない。（Aではなくて）その代わりにBだ」
  In fact, ☐B .「Aではない。（Aではなくて）実際はBだ」
  Rather, ☐B .「Aではない。（Aではなくて）むしろBだ」

※not only A but also B「AだけでなくBも」でもbutが消えることがよくあります。

　今回この設問の空所は否定文の後にあるので，まずはこのルールどおりに考えてみましょう。選択肢には，① Rather があるので，上のカコミ内（**ウ**）「Butのバリエーション」のうち，not A. Rather, B.「Aではない。（Aではなくて）むしろBだ」の形になり意味も通ります。「人間の睡眠：無意識状態・筋肉の不活性化・感覚の機能停止」⇔「イルカの睡眠：記憶定着を強化・回復を助ける独特な睡眠様式」という対比になります。

選択肢の訳

① **むしろ**　　② さらに　　③ しぶしぶ　　④ ～にもかかわらず

（2） 難易度 ★★☆

　空所の前は「脳と目の関係」に触れ，後では「右脳と左目」「左脳と右目」と，同じ内容（具体的な説明）を言っているだけなので，② That is to say,「つまり，」を選びます。

　なお，今回は誤りですが，④ **on the contrary** の使い方は大事にもかかわらず，誤解されていることが多いので，ここで確認しておきましょう。

≫≫≫ *Rule 35* 読解 長文単語・語句をマスターする！（on the contrary）

　on the contrary は「反対に」と訳されるだけのことが多いのですが，実際には直前の否定的内容に対して「**（とんでもない）それどころか…**」という意味でよく使われます。「**～じゃないよ。それどころかむしろ…だ**」という流れです。

> **on the contrary の使い方**
> 　～ **（否定的な内容）**. On the contrary ...
> 「～。（とんでもない）それどころか…」

　ちなみに，似た表現の on the other hand「他方で」は，前後の内容を「対比」

させるときに使います（この「on the contrary と on the other hand の区別」は，早稲田大，慶應大などでも問われたことがあります）。

選択肢の訳

① ～も不思議ではない
② つまり，
③ それはなぜなら～だからだ
→ 結果. That is because 原因.「結果 だ。それは 原因 だからだ」の形で使われる表現です。
④ 反対に，それどころか，

(3) 難易度 ★★☆

　空所の文には「理由（because ～）」と「条件（if ～）」があるので，それが大きなヒントになるはずです。「コントロールしないといけないのに（理由），もし片側を活動させないなら（条件）」→「マイナスの状況が起こるのでは？」と考えて，マイナスの状況の意味になる，② be likely to drown を選びます。
　ちなみに，第3段落は「イルカが人間と異なる睡眠様式を生み出した理由」についてです。この段落の最初の文で，this sleeping style という〈this＋名詞〉を使って前の内容をまとめています（***Rule 4*** ▶ p.17）。

選択肢の訳

① より楽に呼吸する　　　　　**② 溺死する可能性がある**
③ おそらく起きているだろう　④ 常に身じろぎもしない

(4) 難易度 ★★★

　空所の文は S allow 人 to ～「S は 人 が～するのを許す，可能にする」→「S によって 人 は～できる」の形で，Second, slow-wave sleep allows the animals to look out for danger（　4　）.「2つ目に，徐波睡眠によってイルカは（　4　）で危険を警戒することができる」となっています（今回は 人 の部分に the animals）。
　7行目の When it's time to rest, a dolphin will shut down only one half of its brain, ～「休息の時間になると，イルカは脳の片側だけを機能停止させ，～」や10行目の During this time, the other half of the brain monitors what's going on in the environment and ～「この間，脳の反対側は，身の回りで起こっていることを観察し，～」から，徐波睡眠は「休息時に身の回りのことを観察する」役割があるとわかります。よって，③ while they rest「休息時に」が正解です。

ちなみに空所の文のallowについて，〈**SV** **人** **to ～**〉の形を自然に訳せると，文脈もとりやすくなるので，この形をとる動詞をここで確認しておきましょう。

≫≫ *Rule 82* 構文 〈SV＋ 人 ＋ to ～〉を使いこなす！

> **SV** 人 **to** 原形 **の形をとる動詞**
> allow, permit 許可する／want 望む／enable 可能にする／cause 引き起こす／encourage 勇気付ける／incline する気にさせる／force, oblige, compel 強制する／order 命令する／ask 頼む／advise アドバイスする／require, request 要求する／expect 期待する／determine 決心させる／urge 説得する，強く迫る
> ※ determineやinclineなど，実際にはほぼ，受動態（be p.p. to ～）の形でしか使わないものもあります。

　〈SV 人 to ～〉は第5文型（SVOC）になります。SVOCは「**S**によって，**O**が**C**する」と訳すときれいになるので，ぜひその発想を知っておいてください。

> **SV** 人 **to ～ → SVOC →「S**によって**O**が**C**する」という意味になる！
>
> | 英文上での形 | S | V | 人 | to ～ |
> |---|---|---|---|---|
> | 文型 | S | V | O | C |
> | 働き | M´ | 助 | S´ | V´ |
> | 和訳 | 「Sによって」 | （ナシ or 動詞にニュアンスを追加） | 「Oが」 | 「Cする」 |

> **【V部分の詳述】** 　可能な限り**V**本来のニュアンスを和訳に盛り込む
> ● **知らない動詞**：無視して訳出不要
> 　※時制は当然考慮する（-edであれば過去形で訳す）
> ● **知っている動詞**：V´に，V本来の意味を元にして適切な助動詞や副詞のニュアンスを加える

　以上から，〈SV 人 to ～〉の形の場合，Vの意味がわからなくても（どのみち訳さなくてよいので）英文の意味がわかってしまうのです。たとえばenable「可能にする」の場合，「わからなければ無視，知っていれば助動詞canのニュアンスを付け加えればOK」なんです。

例）Her help enabled me to do the job.
       S   V   O   C
       M´   助   S´   V´

「彼女が手伝ってくれたので，私はその仕事をした（することができた）」
　　　　　　　　M´　　　　　　　　　　　S´　　　　　　V´　　　　　助

※直訳：「彼女の助けは私がその仕事をするのを可能にした」

選択肢の訳

① 脳内の　　② 体内の　　**③ 休息時に**　　④ 呼吸時に

→④の選択肢がまぎらわしいですが，「呼吸時の危険を警戒する」わけではありません（また，「呼吸」の話題は1つ目の理由ですでに述べています）。

---

(5) 難易度 ★★★　　思考力

空所を含む文全体は，(4)と同じS allow 人 to ～「Sによって人は～できる」の形です。

(Third), this type of sleep allows dolphins to sustain certain body processes,
　　　　　　　　　　　　　　　S　　　　　V　　　O　　　　　　　　　　　C
[such as muscle movement], [that help the warm-blooded animals maintain

> needの目的語が欠けている

> help 人 原形「人が～するのに役立つ」

the （　5　）[they need φ to survive (in freezing oceans)]].

「3つ目に，この睡眠様式だとイルカは，筋運動などの，恒温動物がこごえるように冷たい海で生き延びるために必要な（　5　）を保つのに役立つ特定の身体の動きを維持することができる」

関係代名詞thatの後のhelp the warm-blooded animals maintain the（　5　）「恒温動物が（　5　）を保つのに役立つ」は，help 人 原形「人が～するのに役立つ」の形で，helpの後は，the warm-blooded animalsがS´，maintainがV´，空所がO´の関係です。

また，空所の後は，（　5　）{which} they need φ to survive in freezing oceans「こごえるように冷たい海で生き延びるために必要な（　5　）」と，関係代名詞が省略されています（***Rule 68*** ▶ p.152）。needの目的語が欠けた「不完全文」です（to ～ は不定詞の副詞的用法「目的」）。ちなみに，決してneed to ～「～する必

要がある」の形ではありません。need to surviveだと目的語が欠けていない「完全文」になってしまいます（surviveを他動詞「〜より長生きする，〜を切り抜けて生き残る」と考えれば，後ろは目的語が欠けた「不完全文」にはなりますが，意味が明らかに不自然です）。

この2点を踏まえて，空所は「the warm-blooded animalsがmaintainするもの」＋「freezing oceansでsurvive するためにneedするもの」なので，④ body temperature「体温」を選びます。

選択肢の訳

① 記憶　　② 睡眠時間　　③ 環境　　④ **体温**

ここが **思考力** ▶ ## 空所補充問題は「形」を武器に思考する

この設問を「文脈から考える」「選択肢を1つずつ当てはめながら解く」のは大変なことです。みなさんはどんな問題であれ「**まずは形から攻める（構文をしっかり把握する）**」ことを最優先してください。

その上で解説にあるように，the warm-blooded animals maintain the（　5　）から，「maintainの目的語になるもの」で，さらに they need to survive in freezing oceans から「they needの目的語にもなるもの」と，解答になるものを「きちんと絞る」ことが大切です。

それを意識しながら選択肢を見れば，自ずと解答は見えてきます。漠然と考えるのではなく，「形」から絞ることで，速く確実に解けるようになるのです。

※空所補充問題の詳しい解法は***Rule 59*** ▶ p.32にて解説しました。まずは「選択肢を品詞ごとに分ける」ことが鉄則ですが，今回は選択肢の品詞が同じで文脈から考えるタイプだったので，解法については触れませんでした。

文構造の分析

イコール表現

1 (For humans), sleep involves partial or total unconsciousness, the inactivation

　　　　　　　　　　　S　　V　　　　　　　　　O

○の同格

[of all consciously controlled muscles], and the suspension [of senses [such as

vision and smell]].

> **訳** 人間の睡眠には，部分的あるいは完全な無意識状態，すなわち，意識的にコントロールされる全ての筋肉の不活性化および視覚や嗅覚などの感覚の一時的な機能停止が含まれる。

> **語句** partial 形 部分的な／unconsciousness 名 無意識／inactivation 名 不活性化／consciously 副 意識的に／suspension 名 （一時的な）停止

> **文法・構文** involveは「含む」の訳語が有名ですが，「イコール」を意識すると文の意味が理解しやすい場合もよくあります。また，the inactivation of 〜 と the suspension of 〜 がandによって結ばれています。どちらも partial or total unconsciousness と同格の関係です。

反復表現

(However), the same thing isn't true (for dolphins).

　　　　　　　　S　　　　　V　C

> **訳** しかし，イルカにはそれと同じことが当てはまらない。

> **文法・構文** the same thing「同じこと」とは，前文の「睡眠には部分的あるいは完全な無意識状態が含まれること」を指しています。このように，sameやdifferentなどを見たら，「何と同じ[異なる]のか？」を意識してみてください。

(Rather), they have an unusual form of sleep [called 'slow-wave sleep].'

　　　　　　　S　　V　　　　　　　　　O

> **訳** それどころか，イルカには「徐波睡眠」と呼ばれる独特な睡眠様式がある。

> **語句** slow-wave sleep 徐波睡眠 ※睡眠の深さを浅い順に4段階に分けたもののうち，3・4段階にあたるもの。

> **文法・構文** called 〜 は分詞のカタマリで，前のan unusual form of sleepを修飾しています。また，正確にはイルカの独特な睡眠様式はunihemispheric slow-wave sleep「半球徐波睡眠」です。

144

Slow-wave sleep is a type of sleep [thought to help the brain strengthen new
　　　S　　　　V　　　　　　　　　　　　　　　　　　　　　　　C
memories and recover from daily activities].

> **訳** 　徐波睡眠とは，脳が新たな記憶の定着を強化し，日常の活動（による疲れ）から
> 回復するのを助けると考えられている睡眠様式である。

> **語句** 　(be) thought to 原形 〜すると考えられている／help 人 原形 人 が〜するの
> を助ける／strengthen 動 強化する／recover from 〜 〜から回復する

> **文法・構文** 　help 人 原形 「人 が〜するのを助ける」の形です（今回は 人 の部分に the
> brain がきています）。and は strengthen 〜 と recover 〜 を結んでいます。

2 (When it's time [to rest]), a dolphin will shut down only one half of its brain,
　　　　S′V′　　　C′　　　　　S　　　　　V　　　　　　　O
and close the opposite eye.
　　　V　　　　O

> **訳** 　休息の時間になると，イルカは脳の片側だけを機能停止させ，反対側の目を閉じる。

> **語句** 　shut down 閉じる／opposite 形 反対側の

(That is to say), the left eye will be closed (when the right half of the brain
　　　　　　　　　　　S　　　　　V　　　　　　　　　　　　　S′
sleeps), and the right eye will be closed (when the left half of the brain sleeps).
　V′　　　　　　　S　　　　V　　　　　　　　　S′　　　　　　　V′

> **訳** 　つまり，脳の右半球が眠っているときには左目が閉じられ，脳の左半球が眠って
> いるときには右目が閉じられることになる。

> **語句** 　that is to say つまり

(During this time), the other half of the brain monitors ⟨what's going on (in the
　　　　　　　　　　　　　　　S　　　　　　　　V　　　　　　O
environment)⟩ and controls breathing functions.
　　　　　　　　　　　V　　　　　O

> **訳** 　この間，脳の反対側は，身の回りで起こっていることを観察し，呼吸機能をコン
> トロールしている。

> **語句** 　monitor 動 観察する／function 名 機能

> **文法・構文** 　and は monitors 〜 と controls 〜 を結んでいます。

(Sometimes), <u>dolphins</u> <u>will float</u> (motionlessly) (at the surface of the water)
　　　　　　　 S　　　　　V
(during sleep), (⟨while⟩ (at other times), <u>they</u> <u>may swim</u> slowly).
　　　　　　　　　　　　　　　　　　　　　　　 S′　　 V′

> **訳** イルカは寝ている間に，身じろぎもせず水面に浮いていることもあれば，ゆっく
> りと泳いでいることもある。

> **語句** float 動 浮かぶ／motionlessly 副 動かずに

> **文法・構文** 中心となるSVはdolphins will floatのみで，後ろに副詞，副詞句2つ，副詞
> 節が続いています。

(In total), <u>each half of the brain</u> <u>gets</u> <u>about four hours of slow-wave sleep</u> (within
　　　　　　　　　　 S　　　　　　　 V　　　　　　　　　 O
a 24-hour period).

> **訳** 合計すると，24時間のうちに脳の各半球が約4時間ずつ徐波睡眠をとっている計
> 算だ。

> **語句** in total 合計して／period 名 期間

3 <u>There</u> <u>are</u> <u>three main reasons</u> [why <u>dolphins</u> <u>may have developed</u> <u>this sleeping</u>
　　　 V　　 S　　　　　　　　　　　　　 S′　　　　 V′　　　　　　　 O′
<u>style</u>].

> 複数形 reasons → 羅列が続くと予想

> **訳** イルカがこのような睡眠様式を生み出した理由と考えられていることは主に3つ
> ある。

> **語句** develop 動 発現させる

> **文法・構文** reasons, ways, problemsなどの複数名詞を見つけたら，後ろにはその内容
> の羅列が続くことが多いです（Lesson1の18行目にも出てきました）。今回も
> First ～ Second ～ Third ～ と，「理由」の羅列が続いていますね。

> 仮定法過去

(First), <u>dolphins</u> <u>would be</u> likely to drown (⟨if⟩ <u>they</u> <u>didn't keep</u> <u>half of their brain</u>
　　　　　 S　　　　 V　　　　　　　　　　　　　　 S′　　 V′　　　　　 O′
<u>active</u>), (⟨because⟩ <u>their breathing</u> (always) <u>has to be</u> (consciously) controlled).
　 C′　　　　　　　　　 S′　　　　　　　　　 V′

> **訳** 1つ目に，イルカの呼吸は常に意識的にコントロールする必要があるので，脳の
> 片側を活動状態に保っておかないと溺死してしまう可能性がある。

> **語句** drown 動 溺死する／keep OC OをCのままにする

仮定法過去の形（S would 原形, if S′ 過去形.）です。if 節の中では keep OC の形が使われています。

(Second), <u>slow-wave sleep</u> <u>allows</u> <u>the animals</u> <u>to look out for danger</u> (while they
               S   V   O   C   S′
rest).
V′

> **訳** 2つ目に，徐波睡眠だとイルカは休息中でも危険を警戒することができる。

> **語句** look out for ～に注意する

(Third), <u>this type of sleep</u> <u>allows</u> <u>dolphins</u> <u>to sustain certain body processes</u>,
              S   V   O   C
[such as muscle movement], [that help the warm-blooded animals maintain the

> help 人 原形 「人 が～するのを助ける」

body temperature [they need φ to survive (in freezing oceans)]].

> **訳** 3つ目に，この睡眠様式だとイルカは，筋運動などの，恒温動物がこごえるように冷たい海で生き延びるために必要な体温を保つのに役立つ特定の身体の動きを維持することができる。

> **語句** allow 人 to 原形 人 が～するのを可能にする／sustain 動 維持する／certain 形 特定の／warm-blooded animal 恒温動物（外気の温度に関係なく常にほぼ一定の体温を維持する動物のこと）／freezing 形 こごえるように冷たい

選択肢から

> **語句** reluctantly 副 しぶしぶ／breathe easier より楽に呼吸する

For humans, // sleep involves partial or total unconsciousness, // the inactivation of all consciously controlled muscles, // and the suspension of senses such as vision and smell. // However, // the same thing isn't true for dolphins. // Rather, // they have an unusual form of sleep / called 'slow-wave sleep.' // Slow-wave sleep is a type of sleep / thought to help the brain strengthen new memories / and recover from daily activities. //

When it's time to rest, // a dolphin will shut down only one half of its brain, // and close the opposite eye. // That is to say, // the left eye will be closed / when the right half of the brain sleeps, // and the right eye will be closed / when the left half of the brain sleeps. // During this time, // the other half of the brain monitors / what's going on in the environment // and controls breathing functions. // Sometimes, // dolphins will float motionlessly / at the surface of the water / during sleep, // while at other times, // they may swim slowly. // In total, // each half of the brain / gets about four hours of slow-wave sleep / within a 24-hour period. //

There are three main reasons / why dolphins may have developed / this sleeping style. // First, // dolphins would be likely to drown / if they didn't keep half of their brain active, // because their breathing always has to be consciously controlled. // Second, // slow-wave sleep allows the animals to look out for danger / while they rest. // Third, // this type of sleep allows dolphins to sustain certain body processes, // such as muscle movement, // that help the warm-blooded animals / maintain the body temperature they need / to survive in freezing oceans. //

日本語訳

　人間の場合，//睡眠には，部分的あるいは完全な無意識状態が含まれる//すなわち，意識的にコントロールされる全ての筋肉の不活性化//および視覚や嗅覚などの感覚の一時的な機能停止。//しかし，//イルカにはそれと同じことが当てはまらない。//それどころか，//イルカには独特な睡眠様式がある「徐波睡眠」と呼ばれる。//徐波睡眠とは睡眠様式である/脳が新たな記憶の定着を強化するのを助け…と考えられている/日常の活動（による疲れ）から回復するのを助ける。//

　休息の時間になると，//イルカは脳の片側だけを機能停止させ，//反対側の目を閉じる。//つまり，//左目が閉じられる/脳の右半球が眠っているときには//右目が閉じられる/脳の左半球が眠っているときには。//この間，/脳の反対側は，観察し/身の回りで起こっていることを//呼吸機能をコントロールしている。//ときには，//イルカは身じろぎもせず浮いていることがある/水面に/寝ている間に，//またときには，//ゆっくりと泳いでいることもある。//合計すると，//脳の各半球が/約4時間ずつ徐波睡眠をとっている/24時間のうちに。//

　主な理由は3つある/イルカが生み出したであろう/このような睡眠様式を。//1つ目に，//イルカは溺死してしまう可能性がある/脳の片側を活動状態に保っておかないと//イルカの呼吸は常に意識的にコントロールする必要があるので。//2つ目に，//徐波睡眠だとイルカは危険を警戒することができる/休息中でも。//3つ目に，//この睡眠様式だとイルカは，特定の身体の動きを維持することができる//筋運動などの，//恒温動物が…するのに役立つ/必要な体温を保つ/こごえるように冷たい海で生き延びるために。//

Lesson 10 解答・解説

▶問題 別冊 p.37

> **このLessonで出てくるルール**
>
> *Rule 18* 読解 「従属接続詞」に反応する！⇒ 問1
> *Rule 68* 構文 〈名詞 +SʹVʹ〉を見たら関係代名詞の省略！⇒ 問2
> *Rule 72* 構文 分詞構文の訳し方のコツ ⇒ 問4
> *Rule 16* 読解 「因果表現」を正しく把握する！⇒ 問5

解答

| 問1 ② | 問2 ① | 問3 ④ | 問4 ① | 問5 ② |
| 問6 ② | 問7 ① | 問8 ① | 問9 ② | 問10 ① |

問1 難易度 ★★☆

　空所補充問題は，まずは英文の「形」から考えます（*Rule 41* ▶ p.18）。空所を含む文は "(**ア**) SʹVʹ, SV." の形なので，「**従属接続詞**」が入るはずです。選択肢で従属接続詞は② While だけなので，これが正解です。While SʹVʹ, SV.「SʹVʹする一方で，SVだ」です（「間に」という意味だけでなく「一方で」という意味でもよく使われます）。

　① In order to ～「～するために」は後ろに動詞の原形がきます。③ Then「それから」は副詞，④ Why「なぜ」は疑問詞です。

　while のような従属接続詞は英文を読む上でとても大切なので，以下で確認しておきましょう。

≫≫ *Rule 18* 読解 「従属接続詞」に反応する！

(1) 従属接続詞は，まず「形」を意識する

> 従属接続詞がとる形： 接続詞 SʹVʹ, SV.
> ※従属接続詞のカタマリは基本的に副詞節を作ります。
> ※SV 接続詞 SʹVʹ. のように副詞節が後ろにきてもOK。

(2) 「形」の次は「意味」をチェックする

　従属接続詞の一覧をチェックする機会はめったにないと思います。少し大変で

すが，ここでしっかりマスターしておきましょう。

> **重要な従属接続詞**
> - **時**：when ～するとき／while ～する間／before ～する前に／after ～する後に／
>   till, until ～までずっと／since ～から今まで／as soon as ～ ～するとすぐ
>   に／by the time ～ ～するまでには／whenever, every time ～ ～すると
>   きはいつでも／the moment, the minute, the instant ～ ～するとすぐに
> - **条件**：if もし～なら／unless ～しない限り／once いったん～すれば／in case ～
>   ～するといけないから／as long as, so long as ～ ～する限りは／as far as,
>   so far as, insofar as ～ ～する限りは／suppose, supposing, provided,
>   providing もし～なら／assuming ～と仮定すれば／given {the fact} ～を
>   考慮すると，～を仮定すると
> - **対比**：while, whereas ～する一方で
> - **逆接・譲歩**：though, although ～だけれども／even if ～（実際はわからないが）
>   たとえ～でも／even though ～（実際そうであるが）たとえ～でも／
>   whether ～してもしなくても
> - **理由**：because ～だから／since, as ～だから／in that ～ ～だから，～という
>   点で／now that ～ 今やもう～だから
> - **場所**：where ～するところで／wherever ～ ～するところはどこでも
> - **様態**：as ～のように／as if, as though ～ まるで～のように

選択肢の訳

① ～するために　　② ～する一方で　　③ それから　　④ なぜ

問2　難易度 ★★☆

　まずは（　**イ**　）を含む文の「形」に注目すると，空所直前の in the air までで
文として必要な形は完成しています（前置詞 in の後ろに，名詞 the air がきてい
る）。空所は後ろからこの the air を修飾するものが入ると考えるしかありません。

　それを満たすのは，① we breathe で，the air {which} we breathe「私たちが吸
い込む空気」となります（関係代名詞 which の省略）。他の選択肢では直前の名詞
the air につながりません。

　ここで「**省略された関係代名詞**」について確認しておきましょう。今回の the air
we breathe の 〈名詞＋SʹVʹ〉 の形がポイントとなります。

>>> Rule 68 構文 〈名詞+S´V´〉を見たら関係代名詞の省略！

関係詞は「前の名詞を修飾する目印」とも言えますが，その目印自体が省略されることもあります。「省略されたものをどう見抜くのか？」という心配はいりません。省略できるのは「**目的格**」のときだけなので，以下のパターンを知っていればOKなんです。

関係代名詞の省略パターン

"名詞（先行詞） ~~whom・which~~ S´V´（不完全）"

↓省略

"名詞（先行詞）　　　　×　　　　S´V´（不完全）"

このように〈名詞+S´V´〉の形は関係代名詞の省略があります。さらに，〈名詞+S´V´〉の「S´V´部分」は，目的語が欠けている「不完全」な形になっていることも大切です。

選択肢

① **we breathe**　　② breathing　　③ our breath　　④ take breathe

→ ③はthe airとour breathという2つの名詞が並ぶのでアウトです。④は直後に動詞の原形がくる時点でアウトです。

問3 難易度 ★★★

下線部concernは「不安，懸念」という意味です。growing concern about ~「高まりつつある~についての懸念」の形はよく出てきます。**concern**は本来「**心のつながり（関係，関心）**」で，「（関心が増して）心配・不安・懸念（が生まれる）」のように意味が発展したと考えてください。

多義語concern　核心：心のつながり

1）関係／関わらせる　　2）関心／関心を持たせる　　3）不安／心配させる

選択肢で意味が近いのは，④ alarm「心配，不安」です。「目覚ましのアラーム」は本来「警告音」で，alarmには「アラーム，警報，不安」などの意味があります（「警報」は「不安にさせるもの」ですね）。

選択肢の訳

① 怒って　　② 強調　　③ 攻撃　　④ **心配，不安**

　Globally, more than 330 million tons of plastic is produced each year, (エ) leaving potential sources of microplastic pollution all around us.「地球全体では，毎年3億3000万トン以上のプラスチックが生産されており，マイクロプラスチック汚染の発生源となり得るものを私たちの周りのいたる所に残している」で，leaving ～ は「分詞構文」です。

　leaving直前のコンマまでで「文が完成している」ため，コンマより後ろは「（文の要素として）余分な -ing」＝「分詞構文」と判断できるわけです（分詞構文は「副詞のカタマリを作る」，つまり「余分な要素になる」からです）。

　選択肢で「分詞構文」が使われているのは，① A bomb exploded in the station, causing confusion and panic. だけです。これも前半で文（SVM）が完成し，コンマ後は「（文の要素として）余分な -ing」＝「分詞構文」になっています。

　ちなみに，**分詞構文の「訳し方」**はたくさんあるとされていて難しく感じている人も多いかもしれませんが，実際には以下のようにシンプルに考えればOKなんです。

≫≫ *Rule 72* 構文 分詞構文の訳し方のコツ

　分詞構文は従来，5つの訳し方（時，原因・理由，条件，譲歩，付帯状況）が羅列されてきましたが，それらを丸暗記する必要はありません。そもそも分詞構文は2つの文を**「補足的にくっつけたもの」**なので，意味も**「軽く（適当に）」つなげればOK**なんです。

　もう少し詳しく説明すると，分詞構文の意味は「位置」で決まります。

分詞構文の「意味」
(1) **文頭：** 　-ing ～ 　, S V. → **適当な意味**
(2) **文中：** S, 　-ing ～ 　, V. → **適当な意味** ※主語の説明になることが多い。
(3) **文末：** S V (,) 　-ing ～ 　. →「そして～」「～しながら」

---

　(1)(2) のように，「文頭，文中」にある場合は，主節との関係を考えて「適当（適切）」な意味を考えてください。手っ取り早い方法としては**「～して（～で），SVだ」**のように，「て，で」を使うと便利です。

　(3) のように，分詞構文が「文末」にある場合は，「そして～，～しながら」が便利です。「**SVだ。そして～だ**」か「**～しながら，SVだ**」となります。下線部和訳などでは両方を検討して，適切なほうの訳にしてください（どっちの意味で

も通る場合も多いです）。

　本文も正解選択肢も（3）のように分詞構文が文末にあるので，「そして～」か「～しながら」と訳せばOKです。今回はどちらも「そして～」で十分でしょう。

選択肢の訳

① 爆弾が駅で爆発して，混乱とパニックを引き起こした。
② The two girls were, to my surprise, <u>dancing</u> on the table.「驚いたことに，その2人の少女がテーブルの上で踊っていた」
→ 過去進行形（were dancing）の間に to one's surprise が割り込んだ形です。
③ At this temperature, <u>remaining</u> snow fields will melt.「この気温だと，残っている雪原（の雪）はとけるだろう」
→ remaining「残っている」は直後の snow fields を修飾しています（本来は現在分詞ですが，辞書には形容詞として載っています）。
④ As you know, <u>eating</u> too much chocolate will make you sick.「知っていると思うが，チョコレートを食べすぎると気分が悪くなる」
→ eating は動名詞で，eating too much chocolate でSを作っています。

参考 **-ing のまとめ**

不定詞（to + 原形 の形）に3用法（名詞的用法，形容詞的用法，副詞的用法）があるのは有名ですが，"-ing" の形も，実は以下のように3用法という観点で整理できるのです。

- ・-ing が「**名詞**」の働き → **動名詞**　※動詞の名詞化を示すナイスなネーミング
- ・-ing が「**形容詞**」の働き → **分詞**　※動詞の形容詞化で「動形詞」のイメージ
- ・-ing が「**副詞**」の働き → **分詞構文**　※動詞の副詞化で「動副詞」のイメージ

問5 難易度 ★★★　思考力

　動詞 contribute は〈原因 contribute to 結果〉の形で，原因と結果を表す重要な**因果表現**で，その名詞形が下線部 contributor「（結果を）引き起こす原因」です。

≫≫ Rule 16 読解 「因果表現」を正しく把握する！

　「因果表現」はかなりの確率で設問で狙われます。しかし，たとえば cause は「～の原因となる，～を引き起こす」という日本語訳だけをなんとなく覚えてしまう人が多く，それでは「原因と結果」を一瞬で判断することはできません。また，難しい英文では混乱する受験生がたくさんいます（特に受動態 be caused by ～ の

形のときなど)。

「因果表現」で大事なことは，原因 と 結果 をきっちり把握しながらチェックしていくことです。

---

(1) 原因 **V** 結果 の形をとるもの 「原因 によって 結果 になる」
- ☐ 原因 cause 結果
- ☐ 原因 bring about 結果
- ☐ 原因 lead to 結果　※原因 lead up to 結果 の形になることもある。
- ☐ 原因 contribute to 結果
- ☐ 原因 result in 結果
- ☐ 原因 give rise to 結果
- ☐ 原因 is responsible for 結果
- ☐ 原因 trigger 結果　※trigger はもともと「(拳銃の) 引き金」という意味。

---

(2) 結果 **V** 原因 の形をとるもの 「結果 は 原因 によるものだ」
- ☐ 結果 result from 原因
- ☐ 結果 come from 原因
- ☐ 結果 arise from 原因
- ☐ 結果 derive [stem] from 原因

---

(3) **V** 結果 **to** 原因 の形をとるもの 「結果 を 原因 によるものだと考える」
- ☐ owe 結果 to 原因
- ☐ attribute 結果 to 原因
- ☐ ascribe 結果 to 原因

【応用】受動態でよく使われるもの ※原因 と 結果 をきっちり把握する！
- ☐ 結果 is caused by 原因
- ☐ 結果 is brought about by 原因
- ☐ 結果 is attributed to 原因

※受動態を無理に「引き起こされる」のように訳すのではなく，原因と結果の位置が変わっただけだと認識することが大切です。

今回は前の文に「マイクロプラスチック汚染の発生源をいたる所に残す」とあるので，この contributors はその原因と予想できます。

決定的なのは「形」です。Fertilizers are thought to be one of the leading (ォ) contributors. は，*be* thought to be 〜「〜であると考えられる」から，Fertilizers = one of the leading (ォ) contributors だとわかります。結局，「Fertilizers（肥料）は何？」と問われているだけなのです。以上を踏まえて，正解は②となります。

選択肢

① その事業の財政的後援者
　→「その事業」が不明ですし，Fertilizers =「財政的後援者」のわけがありませんね。

contributorには「寄付する人」という意味もあり，それを利用したひっかけです。

② **その事象を引き起こす要因**

③ その発見に貢献した研究者

　　→「その発見」が不明，「貢献した研究者」がアウトです。contributeは「貢献する」の意味が有名なので，それを利用したひっかけです。

④ その被害の拡大を食い止める要素

　　→ Fertilizersは「被害の拡大を食い止める」わけではありませんね。

ここが　**思考力** ▶ **さまざまな意味を持つ難しい単語を問う設問**

　contributorという単語には「寄付する人，貢献する人，誘因」などの意味がある難しい単語で，文脈を踏まえて適切な意味を考えさせる問題は今後も増えていくでしょう。ここで大事なのは以下の2点です。

(1) 本書のルールを駆使する：〈 原因 contribute to 結果 〉という因果関係が重要なのはすでにルールで触れています。そこから「要因」という意味に反応できるわけです。マスターすべきルールを応用できないか考えてみる，自分の手持ちの武器を活用する姿勢が大切です。

(2)「形から攻める」：これもルールにしていますが，つい忘れがちなのでしっかり意識しておきましょう。今回も結局のところ「Fertilizersが何なのか？」という意味であることに気付けば一瞬で②と④に絞れます。

問6 難易度 ★★★

　onceは副詞「一度，かつて」ばかりが有名ですが，「従属接続詞」の用法が非常によく問われます（***Rule 18*** ▶ p.150）。

多義語 once　核心：一度
1）一度　　　2）かつて　　　3）（接続詞）いったん〜すると

　今回も接続詞の用法です。これを知らないと意味で考えてしまい，時間がかかった上に不正解ということになってしまうのです。

　ただ，構文把握が難しいかもしれません。次のように長いS（what 〜 environment）の中で "SV once S´V´." 「いったんS´V´するとSVだ」の形になっています。

〈what happens to these plastics 〈[once] they're in the environment〉〉 is ～
　　S′　　V′　　　　　　　　　　　　once　(S)(V)
「プラスチックに何が起こるのか／いったん環境中に入り込むと」

　選択肢で「従属接続詞の once」は, ② Once you've started your work, you must go through with it. だけです（従属節が前にきたパターン）。問1同様,「従属接続詞」がポイントでした。

選択肢の訳

　① それほど前のことではないが, かつてそんな時期もあった。
　　→ 副詞「かつて, 昔」
　② いったん仕事を始めたら, それをやり抜かなければならない。
　③ 全員の要求を同時に満たすのは不可能だ。
　　→ at once「同時に, すぐに」という熟語
　④ 聴衆は, 歌手にもう1回歌ってほしいと要求した。
　　→ 副詞「1回」（once more「もう1回」）

問7　難易度 ★★★

　下線部(キ)の They は microplastics を受け, definitely は「間違いなく, きっと」, present は「存在する」という意味です。
　この段落の1文目に As well as polluting the land, microplastics have been detected in the air.「マイクロプラスチックは, 土地を汚染するのみならず, 大気中でも検出されている」, 2文目に Professor Frank Kelly, ～, is researching the presence of microplastics in London's air.「～フランク・ケリー教授は, ロンドンの大気中におけるマイクロプラスチックの存在を研究している」とあり, さらに直後には One source of microplastics in the air is ～「大気中にマイクロプラスチックを送り込んでいる源の1つは～」と続いています。
　これらを考慮すると, 下線部は「それら（マイクロプラスチック）は間違いなく,（空気中に）存在する」となるので, ①が正解です。
　presentは重要な多義語なので, 以下で5つの意味を確認しておきましょう。

多義語 present　核心：目の前にある
1) プレゼント　　2) 出席している, 存在する　※叙述用法（補語になる用法）で
3) 現在の　※限定用法（名詞の前に置いて限定する用法）で
4) 贈呈する　　5) 提出する, 提案する

presentは本来「目の前にある」で，そこから「目の前にいる」→「出席している，存在する」，「目の前にある時間」→「現在の」となりました。「目の前に贈呈物を掲げる」→「贈呈する」，「目の前に提出物を置く」→「提出する，提案する」という動詞も大切です。

選択肢

① **それが含まれることは確かである**

② それは間違いなく贈り物である
→ presentが「プレゼント，贈り物」を表すには，冠詞のaなどが必要です。

③ それがそこに存在することが決定打になる
→「存在する」はOKですが，「存在することが決定打」とは言っていません（definitelyは「間違いなく，きっと」という単なる強調です）。

④ それが決定したのは現在のことである
→ presentを「現在の」と勘違いした人をひっかける選択肢です。多義語に関わる問題では，今回のように「その単語が持っている，本文で表している意味とは異なる意味」を利用したひっかけがよく出ます。

問8 難易度 ★★☆

The （ **ク** ） answer ... という形から，空所には直後の名詞answerを修飾する「形容詞」が入ると考えます（〈冠詞＋形容詞＋名詞〉という形）。選択肢③ sadlyは副詞（副詞は原則として「名詞以外」を修飾します），④ reasonは名詞なのでアウトだと判断します。

形容詞である残りの① shortと② greatで意味を比べます。The （ **ク** ） answer is that we just don't knowでは，「（ **ク** ）の答え」＝「私たちには何もわからないということ」になるので，①を選んで，The short answer「短い答え」→「簡単な答え」とすればOKです。②を選ぶと「素晴らしい答え」＝「何もわからないということ」で文意が通りません。

問9 難易度 ★★☆

12行目に 〜, leaving potential sources of microplastic pollution all around us. Fertilizers are thought to be one of the leading contributors. Sewage sludge is used in many countries to fertilize agricultural fields. 「〜，マイクロプラスチック汚染の発生源となり得るものを私たちの周りのいたる所に残している。肥料は主たる原因の1つだと考えられている。下水汚泥は多くの国で，農地を肥沃にするために使われている」，28行目に One source of microplastics in the air is the same fertilizers that pollute the ground「大気中にマイクロプラスチックを送り込んでいる源の1つは，土地を汚染しているのと同じ肥料だ」とあり，これらに合致する②が正解です。

本文のmicroplastics は選択肢で tiny chips of plastics「とても小さなプラスチックの破片」と言い換えられています。microplastics は現代の環境問題で非常に重要な単語で，多くの大学で出ています。2行目で説明されている the microplastics polluting our seas: pieces of plastic that have been broken down into tiny fragments, smaller than 5 mm, that can 〜「海を汚染しているマイクロプラスチック。壊れて5mm未満の細かい破片になった，〜し得るプラスチックのかけらのことである」も今後のためにしっかり読み込んでおいてください。

選択肢の訳

① 科学者たちは，何十年にもわたって土地のプラスチック汚染を研究し続けてきた。
　→ 4行目に While marine plastic pollution has been studied for decades, the extent and effects of plastic pollution elsewhere is only just beginning to be explored.「海洋のプラスチック汚染は何十年にもわたって研究されてきたが，他の場所におけるプラスチック汚染の規模や影響についてはまだ調査が始まったばかりだ」とあります。何十年にもわたって研究してきたのは「海洋プラスチック汚染」です。
② **多くの国で使われている肥料には，とても小さなプラスチックの破片が含まれている。**
③ マイクロプラスチックは地面に存在していない。
　→ 9行目に Some studies have suggested there are more microplastics on land than there are in our oceans.「一部の研究は，海中よりも陸地のほうがマイクロプラスチックの量が多いとの考えを示している」とあります。「本文の正しい内容にnotを入れただけ」のひっかけパターンです。
④ 植物がマイクロプラスチックによって害を受けているのは確かである。
　→ 22行目に Though there's little known about the effect of microplastics on plants or on the wider food chain, 〜「マイクロプラスチックが植物，あるいはもっと広い範囲の食物連鎖に与える影響についてはほとんど判明していないが，〜」とあります。本文は there's little known about 〜「〜についてほとんどわかっていない」なので，選択肢のIt is certain that 〜「〜は確かだ」とは合いません。
　ちなみに，本文の the effect 〜 は，effect of A on B の形です。effect on 〜「〜に与える影響」の間に主格の of 〜 が割り込み，effect of A on B「AがBに与える影響」となった形です。

問 10 　難易度 ★★☆

4行目に While marine plastic pollution has been studied for decades, the extent and effects of plastic pollution elsewhere is only just beginning to be explored.「海洋のプラスチック汚染は何十年にもわたって研究されてきたが，他の場所におけるプラスチック汚染の規模や影響についてはまだ調査が始まったばかりだ」とあり，その後で「海洋以外の場所におけるプラスチック汚染」について詳しく説明しています。具体的には「土壌，水道水，ペットボトルに入った飲料水，ビール，大気」など，あらゆる場所に存在するマイクロプラスチックを説明しているので，① Microplastics everywhere が適切です。

※ちなみに，今回の英文は "It's not just the oceans: Microplastic pollution is all around us" というタイトルのCNNの記事を書き換えたものです。本来のタイトルと ① Microplastics everywhere はピッタリ合いますね。実際の記事のタイトルでは, not only *A* but {also} *B*「AだけでなくBも」が変化した "not just *A*. {But} *B*." の形が使われているわけです（***Rule 1*** ▶ p.138）。

選択肢の訳

① **いたる所にあるマイクロプラスチック**

② 飲料水に関する健康上の危険性

　　→ 本文で「水道水」や「ペットボトルに入った飲料水」には触れていますが，あくまで1つの具体例に過ぎず，タイトルとしては不適切です。タイトル選択問題では，1つの具体例ではなく，全体を通したテーマを選ぶ必要があります。

③ 大気と水におけるプラスチック汚染

　　→ 本文では「大気と水」に限らず，「土壌」などにおけるプラスチック汚染も説明しています。よって，この選択肢よりも①のほうがタイトルとして適切です。

④ 農業に関する事実と発見

　　→ 13行目の Sewage sludge is used in many countries to fertilize agricultural fields.「下水汚泥は多くの国で, 農地を肥沃にするために使われている」で agricultural fields「農地」が出てきますが，全体のテーマとしては不適切です。

文構造の分析

1 You might have seen the photos of dead seabirds, (their stomachs full of small
　 S　　V　　　　　　　　　　　　O
pieces of plastic).

> 過去への推量「〜したかもしれない」

訳 胃いっぱいにプラスチックの小片を詰まらせて死んでいる海鳥の写真を見たことがあるかもしれない。

語句 seabird 名 海鳥／stomach 名 胃

文法・構文 might have p.p.（≒may have p.p.）は「過去への推量（〜したかもしれない）」を表しています。また，後半は their stomachs {being} full of small pieces of plastic という（意味上のSがついた）分詞構文で，直前の文を補足説明しています。

You've (probably) also heard of the microplastics [polluting our seas]: pieces of
S　　　　　　V　　　　　　　　　　　　　O
plastic [that have been broken down into tiny fragments, smaller than 5 mm,

[that can harm fish and other wildlife]].

訳 また，おそらく，海を汚染しているマイクロプラスチックというものについて耳にしたことがあるだろう。マイクロプラスチックとは，壊れて5mm未満の細かい破片になった，魚やその他の野生生物に害を及ぼし得るプラスチックのかけらのことである。

語句 hear of 〜 〜のことについて聞く／microplastics 名 マイクロプラスチック／pollute 動 汚染する／tiny 形 細かな，小さな／fragment 名 破片，かけら／harm 動 害する，悪影響を与える／wildlife 名 野生動物

文法・構文 pieces of plastic 〜 は，the microplastics 〜 を補足説明しています。2つ目の that は tiny fragments を先行詞とする関係代名詞で，that can harm 〜 の can は「可能性（〜あり得る）」を表します。
また，broken down into 〜 の訳について，プラスチックが分解されて水や二酸化炭素，メタンなどになる（無機化する）ことはないので，「分解する」という表現を避け，「壊れて5mm未満の細かい破片になった」と訳しています。

(While marine plastic pollution has been studied (for decades)), the extent and
　　　　　 S´　　　　　　　　　　V´　　　　　　　　　　　　S
effects [of plastic pollution] [elsewhere] is only just beginning to be explored.
　　　　　　　　　　　　　　　　　　　　　　　　V

訳 海洋のプラスチック汚染は何十年にもわたって研究されてきたが，他の場所にお

けるプラスチック汚染の規模や影響についてはまだ調査が始まったばかりだ。

> **語句** while S′V′ 〜する一方で，〜する間／pollution 名 汚染／study 動 研究する／decade 名 10年間／extent 名 規模，程度／explore 動 調査する

2 (In the past few years), scientists have found microplastics (in our soil, tap
　　　　　　　　　　　　　　　　S　　　　　　V　　　　　　O
water, bottled water, beer) and even (in the air [we breathe φ]).

> **訳** ここ数年間で，科学者たちは土壌，水道水，ペットボトルに入った飲料水，ビール，そしてさらには私たちが吸い込む空気の中にまでもマイクロプラスチックが入っていることを発見した。

> **語句** soil 名 土壌／tap water 水道水／breathe 動 吸い込む

And there's growing concern [about the potential health risks [they pose φ to
　　　　V　　　　　　　　　　　　　　　　　　　　　　　　　　　　　S
humans]].

> **訳** そして，それらが人間にもたらす可能性のある健康被害に関する懸念が高まりつつある。

> **語句** concern 名 懸念／potential 形 起こり得る，潜在的な（外に表れず，内に潜んで存在すること）／pose A to B AをBにもたらす

> **文法・構文** potential は「潜在的な」としか覚えていない受験生も多いですが，「もしかしたら○○かも」という意味だと考えてください。今回の the potential health risks も「もしかしたら健康上危険かも」と考えれば，すっきり意味がとれますね。

Some studies have suggested 〈{that} there are more microplastics (on land) than
　　　　S　　　　V　　　　　　　　　O　　　　　V′　　　　S′
there are (in our oceans)〉.
　　(V)

> **訳** 一部の研究は，海中よりも陸地のほうがマイクロプラスチックの量が多いとの考えを示している。

> **語句** suggest 動 示す

> **文法・構文** than 以下は there are {many microplastics} in 〜 のイメージで，直訳は「海中にあるマイクロプラスチックよりも，陸地にあるマイクロプラスチックのほうが多い」となります。

162

(Globally), more than 330 million tons of plastic is produced (each year),

（S: 330 million tons）
（V: is produced）

数字 → 具体例

(leaving potential sources of microplastic pollution (all around us)).

> **訳** 地球全体では，毎年3億3000万トン以上のプラスチックが生産されており，マイクロプラスチック汚染の発生源となり得るものを私たちの周りのいたる所に残している。

> **語句** source 名 発生源，原因

> **文法・構文** 330 million tons という数字に注目して「具体例」だと判断できます。前文「陸地のほうがマイクロプラスチックの量が多い」という内容を具体的に説明しています。ちなみに leaving ~ は，前の内容を意味上のSとする分詞構文です（前文の内容や一般的な人が意味上のSになることもあります）。

Fertilizers are thought to be one of the leading contributors.

（S: Fertilizers）（V: are thought）（C: one of the leading contributors）

> **訳** 肥料は主たる原因の1つだと考えられている。

> **語句** fertilizer 名 肥料／think O to be C OがCであるとみなす／leading 形 主な／contributor 名 原因

Sewage sludge is used (in many countries) (to fertilize agricultural fields).

（S: Sewage sludge）（V: is used）

> **訳** 下水汚泥は多くの国で，農地を肥沃にするために使われている。

> **語句** sewage 名 下水，汚水／sludge 名 汚泥／fertilize 動 肥やす／agricultural 形 農業の

第1文型 →「存在・移動」の意味

But the sludge can contain microplastics (in the form of clothing fibers [that get into sewage systems (when clothes [made of chemical material] are washed with a washing machine)]).

（S: the sludge）（V: can contain）（O: microplastics）（S´: clothes）（V´: are washed）

> **訳** しかし汚泥は，化学物質で作られた衣服が洗濯機で洗われたときに下水設備に入り込んだ衣料繊維というマイクロプラスチックを含んでいる可能性がある。

> **語句** contain 動 含む／clothing fiber 衣料繊維／(be) made of ~ ~でできている

> **文法・構文** ここでの can は「可能性（~あり得る）」を表します。また that get into ~ の get は第1文型（SVM）で使われています。第1文型の場合，動詞は「存在（い

る）・移動（動く）」の意味が基本です。今回は into 〜「〜の中に」に注目して，getが「移動」を表していると考えればOKです。

3 (Exactly) ⟨what happens to these plastics ⟨once they're in the environment⟩⟩
　　　　　　　　　　　　　　　　　　　　　　　　　　　S　　　　　　　S′ V′
is (largely) unknown.
V　　　　　　　C

> **訳** こういったプラスチックがいったん環境中に入り込むとそれらに何が起こるのか
> は，はっきりわかっていないところが大きい。

> **語句** once S′V′ いったんS′V′すると／unknown 形 わかっていない

"It's (crucially) important ⟨that we get a hold on ⟨what's happening (on the
仮SV　　　　　　　C　　　　　　　　　　　真S S′　V′　　　　O′(S)　　(V)
land)⟩⟩," said professor Anne Marie Mahon of the Galway-Mayo Institute of
　　　　　V　　　　　　　　　　　　　　　　S
Technology.

> **訳** 「陸地で何が起こっているのかを把握することはきわめて重要です」と，ゴール
> ウェイ・メイヨー工科大学のアン・マリー・マーン教授は述べた。

> **語句** crucially 副 きわめて／get a hold on 〜 〜について把握する

> **文法・構文** cruciallyは，「重要な」を意味する単語 crucial (***Rule 2*** ▶ p.47) の副詞形で，
> importantの意味合いをさらに強めています。

She studies microplastic pollution and has found it (in Irish tap water).
S　　V　　　　　　O　　　　　　　　　　　V　　　O

> **訳** 彼女はマイクロプラスチック汚染を研究しており，アイルランドの水道水にそれ
> が含まれていることを発見した。

Other research (recently) found microplastics [in bottled water] (around the
　　　S　　　　　　　　　　V　　　　　O
world).

> **訳** 別の研究によって最近，マイクロプラスチックが世界中のペットボトル入り飲料
> 水に入っていることがわかった。

⟨Though there's little known (about the effect of microplastics [on plants] or
　　　　　　　V′　S′

[on the wider food chain])), studies have shown ⟨that earthworms [living in

S　　　　　V　　　O　　　　　　S´

研究 show ~ の形

soil [containing microplastics]] have slower growth and higher death rate⟩.

V´　　　O´

訳　マイクロプラスチックが植物，あるいはもっと広い範囲の食物連鎖に与える影響
についてはほとんど判明していないが，研究によって，マイクロプラスチックを
含む土壌に生息するミミズは成長速度が遅く，死亡率が高いことがわかっている。

語句　though S´V´ S´V´だけれども／food chain 食物連鎖／death rate 死亡率

文法・構文　orは前置詞句のカタマリ2つ（on plants／on the wider food chain）を，and
は2つの名詞句（slower growth／higher death rate）をそれぞれ結んでいます。

4 (As well as polluting the land), microplastics have been detected (in the air).

S　　　　　　　V

訳　マイクロプラスチックは，土地を汚染するのみならず，大気中でも検出されている。

語句　detect 動 検出する，探知する

Sの同格

Professor Frank Kelly, director of the Environmental Research Group at the

S

University of London, is researching the presence of microplastics [in London's

V　　　　　　　O

air].

訳　ロンドン大学の環境調査グループの責任者を務めるフランク・ケリー教授は，ロ
ンドンの大気中におけるマイクロプラスチックの存在を研究している。

語句　presence 名 存在，有無

"They're (definitely) present," he said.

S　V　　　　　　C　　S　V

訳　彼は「間違いなく存在します」と述べた。

語句　be present 存在している／definitely 副 間違いなく

One source of microplastics [in the air] is the same fertilizers [that pollute the

S　　　　　　　　　V　　　　　　　C

ground]; (as these fertilizers dry out), some of the plastics may get carried away

S´　　　　V´　　　S　　　　　　V

(by wind).

大気中にマイクロプラスチックを送り込んでいる源の1つは，土地を汚染しているのと同じ肥料だ。これらの肥料が乾くのにともない，プラスチックの一部が風によって運ばれてしまうことがあるのだ。

dry out 乾く／get carried away（波や風などに）さらわれる

先行詞 fertilizers に the same がついているため，続く関係代名詞がthatになっています。また，as these fertilizers dry out, ~ の as は「比例（~につれて）」を表しています。get carried away は，get + p.p. という受動態の形です。

And you can't avoid the plastics (by staying at home): they've (also) been
    S   V   O   S   V
detected (in buildings).

> コロン (:) → 具体化

そして，家にこもっていてもそのプラスチックから逃れることはできない。それらはまた，屋内でも検出されているのだ。

avoid 動 避ける

コロン（:）以下で，前文の内容を具体的に説明しています。

"Fibers could be released (from carpets), and (by putting on and taking off our
  S   V
clothes)," Kelly said.
           S   V

「カーペットから繊維が出たり，衣類の着脱によって繊維が出たりすることがあります」とケリーは述べた。

release 動 放つ／put on ~ ~を身につける／take off ~ ~を脱ぐ

could は「~できた」ではなく「現在に関する可能性（~あり得る）」を表しています。また，1つ目の and は前置詞句2つ（from ~／by ~）を結んでいます。

The big question is ⟨what effect these plastics have (on humans)⟩.
      S   V C   O′   S′   V′

大きな問題は，これらのプラスチックが人間にどのような影響を及ぼすのかということだ。

have an effect on ~ ~に影響を与える

本来 These plastics have ~ effect on humans. で，そこから "~ effect" → "what effect" になって前へ出た形です。

The short answer is ⟨that we just don't know⟩, but scientists, [including Kelly
and Mahon], believe ⟨{that}there is a potential health risk⟩.

> S V C S′ V′ S
> V O V′ S′

具体例の目印

訳 簡単に言ってしまえば，私たちには何ともわからないという答えになるが，ケリーやマーンを含む科学者たちは，人間に健康被害をもたらす可能性があると考えている。

語句 The short answer is that ～ 簡単に言ってしまえば～だ／including 前 ～を含めて

文法・構文 including ～ は「～を含めて」という意味が有名ですが，*A* including *B*「A，たとえばB」という形で「具体例」を示すときによく使われます（今回も Kelly and Mahon を scientists の具体例として示しています）。

Lesson 10

　　You might have seen the photos of dead seabirds, // their stomachs full of small pieces of plastic. // You've probably also heard of the microplastics / polluting our seas: // pieces of plastic / that have been broken down into tiny fragments, // smaller than 5 mm, // that can harm fish and other wildlife. // While marine plastic pollution has been studied for decades, // the extent and effects of plastic pollution elsewhere / is only just beginning to be explored. //

　　In the past few years, // scientists have found microplastics in our soil, // tap water, / bottled water, // beer // and even in the air we breathe. // And there's growing concern / about the potential health risks / they pose to humans. // Some studies have suggested / there are more microplastics on land / than there are in our oceans. // Globally, more than 330 million tons of plastic / is produced each year, // leaving potential sources of microplastic pollution / all around us. // Fertilizers are thought to be one of the leading contributors. // Sewage sludge is used in many countries / to fertilize agricultural fields. // But the sludge can contain microplastics / in the form of clothing fibers / that get into sewage systems / when clothes made of chemical material / are washed with a washing machine. //

　　Exactly what happens to these plastics once they're in the environment / is largely unknown. // "It's crucially important / that we get a hold on what's happening / on the land," // said professor Anne Marie Mahon / of the Galway-Mayo Institute of Technology. // She studies microplastic pollution / and has found it in Irish tap water. // Other research recently found microplastics / in bottled water / around the world. // Though there's little known about the effect of microplastics / on plants or on the wider food chain, // studies have shown that earthworms / living in soil containing microplastics / have slower growth and higher death rate. //

　　As well as polluting the land, // microplastics have been detected in the air. // Professor Frank Kelly, // director of the Environmental Research Group / at the University of London, // is researching the presence of microplastics / in London's air. // "They're definitely present," // he said. // One source of microplastics in the air / is the same fertilizers that pollute the ground; // as these fertilizers dry out, // some of the plastics may get carried away by wind. // And you can't avoid the plastics / by staying at home: // they've also been detected in buildings. // "Fibers could be released from carpets, // and by putting on and taking off our clothes," // Kelly said. // The big question is / what effect these plastics have on humans. // The short answer is / that we just don't know, // but scientists, // including Kelly and Mahon, // believe there is a potential health risk. //

日本語訳

死んでいる海鳥の写真を見たことがあるかもしれない／／胃いっぱいにプラスチックの小片を詰まらせて。／／また，おそらく，マイクロプラスチックというものについて耳にしたことがあるだろう／海を汚染している。／／それはプラスチックのかけらのことである／壊れて細かい破片になった／／5mm未満の／魚やその他の野生生物に害を及ぼし得る。／／海洋のプラスチック汚染は何十年にもわたって研究されてきたが，／／他の場所におけるプラスチック汚染の規模や影響は／まだ調査が始まったばかりだ。／／

ここ数年間で，／／科学者たちは土壌…の中にマイクロプラスチックが入っていることを発見した／／水道水，／ペットボトルに入った飲料水，／／ビール，／そしてさらには私たちが吸い込む空気の中にまでも。／／そして，懸念が高まりつつある／可能性のある健康被害に関する／それらが人間にもたらす。／／一部の研究は，示している／陸地のほうがマイクロプラスチックの量が多いということを／海中よりも。／／地球全体では，3億3000万トン以上のプラスチックが／毎年生産されており，／／マイクロプラスチック汚染の発生源となり得るものを残している／私たちの周りのいたる所に。／／肥料は主たる原因の1つだと考えられている。／／下水汚泥は多くの国で使われている／農地を肥沃にするために。／／しかし汚泥は，マイクロプラスチックを含んでいる可能性がある／衣料繊維という／下水設備に入り込んだ／化学物質で作られた衣服が…ときに／洗濯機で洗われた。／／

こういったプラスチックがいったん環境中に入り込むとそれらに何が起こるのかは，正確には／わかっていないところが大きい。／／「きわめて重要です／何が起こっているのかを把握することは／陸地で」／／と，アン・マリー・マーン教授は述べた／ゴールウェイ・メイヨー工科大学の。／／彼女はマイクロプラスチック汚染を研究しており，／アイルランドの水道水にそれが含まれていることを発見した。／／別の研究によって最近マイクロプラスチックが…わかった／ペットボトル入り飲料水に入っていることが／世界中の。／／マイクロプラスチックの影響についてはほとんど判明していないが／植物，あるいはもっと広い範囲の食物連鎖に与える／研究によって，（…に生息する）ミミズは…ことがわかっている／マイクロプラスチックを含む土壌に生息する／成長速度が遅く，死亡率が高い。／／

土地を汚染するのみならず，／／マイクロプラスチックは，大気中でも検出されている。／／フランク・ケリー教授は／／環境調査グループの責任者を務める／ロンドン大学の，／／マイクロプラスチックの存在を研究している／ロンドンの大気中における。／／「間違いなく存在します」と彼は述べた。／／大気中にマイクロプラスチックを送り込んでいる源の1つは，／土地を汚染しているのと同じ肥料だ。／／これらの肥料が乾くのにともない，／／プラスチックの一部が風によって運ばれてしまうことがあるのだ。／／そして，そのプラスチックから逃れることはできない／家にこもっていても。／／それらはまた，屋内でも検出されているのだ。／／「カーペットから…繊維が出たりすることがあります，／／また衣類の着脱によって」とケリーは述べた。／／大きな問題は，／これらのプラスチックが人間にどのような影響を及ぼすのかということだ。／／簡単に言ってしまえば，／私たちには何ともわからないということになる／／が，科学者たちは／／ケリーやマーンを含む／／人間に健康被害をもたらす可能性があると考えている。／／

Lesson 11 解答・解説

▶問題 別冊 p.41

このLessonで出てくるルール

Rule 48 解法 「数字」を使ったひっかけパターン ⇒ 問1
Rule 46 解法 「過剰」選択肢のパターン（all系）⇒ 問7

解答

問1 ②　　問2 ④　　問3 ①　　問4 ④　　問5 ②　　問6 ③　　問7 ③
問8 ①

問1 難易度 ★★☆　思考力

1行目に In the early part of the twentieth century, an American woman named Emily Post wrote a book on etiquette.「20世紀初頭, エミリー・ポストという名のアメリカ人女性がエチケットに関する本を執筆した」とあります。「20世紀初頭（1900年代初め）」なので,「今から約100年前」と合致する②が正解です。「**違う数字を使っても内容は同じ**」という内容一致問題の典型パターンです。

≫≫ *Rule 48* 解法 「数字」を使ったひっかけパターン

内容一致問題では, 数字がポイントになることがよくあります。本文と選択肢で「違う数字を使って同じ内容を表す」パターンはよくありますし, その逆に「同じ数字を利用したひっかけ」もよく出ます。以下の手順で考えてください。

> **数字を使った問題を解くときの手順**
>
> **1）「数字」をチェック**
> 　数字はよく問われるので, 丸印をつけるなどチェックしておきます。
>
> **2）本文と「同値」かをチェック**
> 　そのままの表現ではなく, 言い換えが生じることが多いので注意です。
> 　例）**本文**……Aは10, Bは40
> 　　　**選択肢**…Aは40, Bは10 → ×　　※「数字の入れ替え」によるひっかけ
> 　　　　　　…BはAの4倍／AとBの差は30 → ○
> 　　　　　　※正解の選択肢では, 本文に出てこない数字（4や30）を使うことがよくある。

今回のような「本文と異なる数字を使う」問題は，英語を読みながら計算を求められることも多いです。非常に単純な計算がほとんどとはいえ，英語となると苦手意識が出てしまう受験生も多いようです。対策は単純で，パターン・頻出語句は決まっているので，あらかじめチェックしておけば完璧に対応できますよ。

「数字」を使った注意すべき表現

□ **「倍数」**：X times　例）three times 3倍
　　※「2倍」はtwiceで表す。／動詞double「倍に増える，倍に増やす」なども大事。

□ **「分数」**：分子（基数）→ 分母（序数）
　　例）a [one] third 3分の1，two-thirds 3分の2
　　※分子が2以上のときは，最後に（分母に）複数のsをつける。

□ **「B個のうちA個」**：*A* in [out of] *B*
　　例）one in [out of] five 5個のうち1個

□ **「〜年代」**：the 数字 s　例）in the 1990s 1990年代

□ **「〜歳代」**：in *one's* 数字 s　例）in my thirties（私の）30歳代
　　※「〜年代」と「〜歳代」には early「前半」・mid-「半ば」・late「後半」がつくこともある。

□ **「〜世紀」**：the 序数 century　例）the 21st [twenty-first] century

設問文と選択肢の訳

『エミリー・ポストのエチケット』というタイトルの本は，

① エミリーという名のアメリカ人少女のために書かれた。

　→ 1行目に an American woman named Emily Post wrote a book on etiquette「エミリー・ポストという名のアメリカ人女性がエチケットに関する本を執筆した」とあります。「エミリーという名前の人が書いた」わけです。

② **約100年前に出版された。**

③ 最初に出版されて以来，改訂されていない。

　→ 5行目に some of the rules Ms. Post gave needed to be updated by the publishers over the years「年月とともにポストが挙げたルールの一部は出版社が改訂する必要があった」とあり，改訂されていると予想できます。

④ 主に職場での正しい作法について扱っている。

　→ good manners については扱っていますが，mainly 〜 in the workplace「主に職場での〜」がアウトです。

問2 難易度 ★★☆

設問文のin modern societyに注目すると，6行目にBut in modern society, it is not enough to <u>simply</u> know the proper rules for behavior in your own country. 「しかし現代社会では，ただ自国における適切な作法を知っているだけでは不十分である」が見つかります。**not**があるので，**この後に「主張」がくる**と予想できます（**Rule 1** ▶ p.138）。

その後7行目に，International travel for work and pleasure now makes it necessary for people to understand the rules of etiquette in other cultures <u>as well</u>. 「今では，海外出張や海外旅行があるので，人々が他文化におけるエチケットのルールを理解しておくことも必要になっているのだ」とあります。not only A but also B「AだけでなくBも」が変形して，onlyの代わりにsimply，butが消えて，alsoの代わりにas wellが使われています。ここが主張だとわかれば，簡単に④を選べます。このように「主張」の部分は必ず設問で問われるのです。つまり「主張を1つ見つける」＝「1問正解できる」と言っても過言ではありません。

ちなみに，この文にあるnowは「昔と違って今は」というニュアンスを持ち，過去と対比して「現在」について述べるときによく使われます。誰もが読み流してしまうのですが，「主張」の目印になることが多いので，みなさんはぜひ反応してください（**Rule 24** ▶ p.16）。

設問文と選択肢の訳

本文によると，現代社会では，

① エチケットのルールが，世界中でますます似たものになりつつある。
 → 「似たものになりつつある」とは書かれていませんし，むしろ14行目に one should not assume that the rules of etiquette are the same or even similar to the rules in one's own culture「エチケットのルールが自分の文化におけるルールと同じであると思ってはいけないし，似ているものとさえ思い込んではならない」とあり，同じだと思い込むことへの警告が書かれています。

② 海外旅行の作法に，正しいルールというものはない。
 → 7行目で「海外旅行では，他文化におけるエチケットのルールを理解しておくべき」と主張しているので，選択肢の「正しいルールはない」とは合致しません。

③ エチケットの基本的なルールはここ1世紀の間にがらりと変わった。
 → 5行目に some of the rules Ms. Post gave needed to be updated by the publishers over the years「年月とともにポストが挙げたルールの一部は出版社が改訂する必要があった」とあり，「ルールが変わった」とは考えられますが，radically「根本的に，急激に」とは書かれていません（some「一部」とあるだけ）。「言い過ぎ」の選択肢です。

④ **他文化におけるエチケットのルールを学ぶべきだ。**

問3 難易度 ★★☆

設問文の do business abroad「海外で仕事する」に注目すると，10行目の As a business traveler, it might be necessary from time to time to give a gift to a client or co-worker from another culture.「出張をする人だったら，他文化の顧客や同僚に贈り物をすることがときには必要かもしれない」が見つかります。さらに，14行目に In both giving and receiving gifts, one should not assume that the rules of etiquette are the same or even similar to the rules in one's own culture.「贈り物を贈る際も受け取る際も，エチケットのルールが自分の文化におけるルールと同じであると思ってはいけないし，似ているものとさえ思い込んではならない」とあります（assume は「（証拠なしに）思い込む」です）。以上から「海外出張では，贈り物をする際に気を付けるべき」と考えて，①を選べば OK です。

設問文と選択肢の訳

海外で仕事をするのなら，
① 贈り物を贈る際には気を付けたほうがよい。
② ほとんどの国において，贈答が求められることはめったにない。
　→ 第2段落以降では「贈答の機会がある」と言って，その際の話をしています。
③ 顧客はよく彼らの同僚と贈り物を交換する。
　→ 10行目に As a business traveler, it might be necessary from time to time to give a gift to a client or co-worker from another culture. とあり，「出張した人が，顧客・同僚に渡す」関係です。「交換する」わけではありません。
④ 国際ルールに従うことが常に必要というわけではない。
　→ 7行目に International travel for work and pleasure now makes it necessary for people to understand the rules of etiquette in other cultures as well.「今では，海外出張や海外旅行があるので，人々が他文化におけるエチケットのルールを理解しておくことも必要になっているのだ」とあり，むしろ「国際ルールに従うべき」と主張しているとわかります。

問4 難易度 ★★★

21行目に In Chinese culture, a receiver will typically refuse to accept the gift at first, ...「中国文化では，受け取り手は一般的に，最初は贈り物の受け取りを拒むのだが，…」が見つかります。これに合致する ④ people normally refuse a gift a few times at first. が正解です。本文 typically「一般的に」が，選択肢 normally「通常」に言い換えられています。

ちなみに，**at first** は「初めは～だけど，その後で…」という流れでよく使われます。今回も「最初は受け取りを拒むが，最終的には受け取る」という流れです

Lesson 11

173

ね（at first→finallyの流れ）。

設問文と選択肢の訳

第3段落によると，中国文化では，

① 贈り物を贈ったり受け取ったりする行為は，シンプルにしておくべきである。

→「シンプルにしておくべき」という主張はしていません。むしろ何度か断ったりして，西欧の人から見たら煩わしいのです（20行目のthis process may appear confusing or frustrating to Westerners「これは西洋人にはわかりにくかったり，じれったかったりするように思えるかもしれない」）。

② 一度でも贈り物を拒むことは失礼だとみなされている。

→ 21行目にIn Chinese culture, a receiver will typically refuse to accept the gift at first, with the understanding between the giver and receiver that after being turned down two or three times, the gift will finally be accepted.「中国文化では，受け取り手は一般的に，最初は贈り物の受け取りを拒むのだが，贈り手と受け取り手の間には，2〜3回の拒否の後，最終的には贈り物を受け取ってもらえるという暗黙の了解があるのだ」とあるので，選択肢と矛盾します（むしろ「一度贈り物を拒むことが礼儀とされている」とわかります）。

③ 贈り物を受け取る人は，それを開封する前にお礼を言わないといけない。

→ 第3段落では特に言及されていません。

④ **人々は通常，最初に何度か贈り物を拒む。**

問5 難易度 ★★★

27行目にIn many Western cultures, etiquette requires the receiver to open the gift immediately and show appreciation for the thoughtfulness of the giver.「多くの西洋文化では，受け取り手は贈り物をすぐに開けて，贈り手の心遣いに感謝を示すことがエチケットで求められている」とあります。これに合致する② a receiver opens the gift right away to thank the giver. が正解です。本文と選択肢で，immediately→right away「すぐに」，show appreciation→thank「感謝する」と言い換えられています。

設問文と選択肢の訳

第4段落によると，多くの西洋文化では，

① 誰かに贈り物を渡す際は，両手を使わないといけない。

② **贈り物をもらった人は，贈り手にお礼を言うために贈り物をすぐに開封する。**

③ 贈り物は，一度拒まれたら，受け取ってもらえないだろう。

④ 中には，開けずに取っておいて，こっそりと開封しないといけない贈り物もある。

→ 誤答肢はどれも，西洋文化ではなく「アジアの文化」の話（第3・4段落）や，それと混乱させる選択肢です。

174

41行目に A good rule of thumb for wrapping gifts, especially for business travelers, is to travel with unwrapped gifts, and then <u>wrap the gift with paper bought in the country where the gift will be given.</u>「特に出張者がギフトラッピングをする際には，贈り物を包装しないで出張に持って行き，<u>その贈り物を渡す国で買った紙でラッピングをする</u>という方法がよいだろう」とあります。

下線部を言い換えた，③ buy wrapping paper in the country in which they will be giving the present. が正解です。

ちなみに，rule of thumb は「（経験則に基づく）大まかな方法」ですが，受験レベルを超えているので気にしなくて OK です。今回は good や business travelers から，設問文の It would be wise of business travelers to ~ に対応していると判断できれば十分です。

設問文と選択肢の訳

出張者は，…のが賢明だろう。

① 喜びを表現するために明るい色の包み紙を選択する

→ 33行目に In Japan, for example, white or very bright colors are traditionally not good choices for wrapping a gift.「たとえば日本では昔から，白やかなり明るい色は，贈り物を包むのに適した選択ではないとされている」とあります。

② アジアの国々ではにぎやかな色が避けられていることを覚えておく

→ 39行目に Joyful colors such as red, yellow, and pink are preferred in Chinese culture.「中国文化では，赤や黄色，ピンクなどのにぎやかな色が好まれる」とあるので，中国では好まれています。ちなみに，such as は「具体例」を出す表現で，A such as B は「A，たとえば B だ」と考えると文意がとりやすくなります。

③ プレゼントを渡す予定の国で包み紙を買う

④ 地元で売られている贈り物を，自分の国から持ってきた紙でラッピングする

→ 46行目に It is better to travel with quality gifts from one's own region or culture.「自分の地域や文化の，上質な贈り物を持って旅行に行くほうが望ましい」とあり，「地元で売られている贈り物」と一致しませんし，「自分の国から持ってきた紙」の部分もアウトです。

46行目に It is better to travel with quality gifts from one's own region or culture. These are much more likely to be appreciated in other cultures because of their unique nature.「自分の地域や文化の，上質な贈り物を持って旅行に行くほうが望ましい。そういったもののほうが，その珍しさゆえに他文化で高く評価

される可能性がはるかに高い」とあり，これに合致する③が正解です。

本文のappreciateは「評価する」という意味で，とても重要な多義語です（よく設問で問われます）。

多義語appreciate　核心：よ〜くわかる
1）正しく理解する，評価する　　2）よさがわかる，鑑賞する　　3）感謝する

---

appreciateは「値段（preciate＝price）をつけられるくらい，価値がよ〜くわかる」で，そこから上記の意味が生まれました。3）は「相手の親切がよ〜くわかる」→「感謝する」となります。ちなみに28，30行目のappreciation「感謝」は，appreciateの名詞形です。

誤りの選択肢② inexpensive gifts are always more suitable than expensive ones「どんな場合でも高価な贈り物より安価な贈り物のほうが適切だ」について，本文では「価格」には言及していません。また，always「いつも」はひっかけの選択肢でよく使われます。

>>> *Rule 46* 解法 「過剰」選択肢のパターン（all系）

内容一致問題でよく使われるひっかけの1つで，本文の内容を「**選択肢で過剰に言う（極端に言い過ぎる）**」というパターンがあります。たとえば本文で「6つのうち，5つはプラス，1つだけマイナス」とあったとして，それを選択肢で「6つ全部がプラス」とする選択肢です（当然アウト）。まずは以下の「全部」の表現をチェックして，選択肢で反応できるようにしておきましょう。

---

all（全部）系の語句　※不正解の可能性「高」
☐all 全ての／☐both 両方の（両方とも全部）／☐every 全ての／
☐whole 全体の／☐entire 全体の／☐entirely 全体に／☐complete 完全な／
☐completely 完全に／☐totally 全く，完全に／☐always いつも／
☐necessarily 必ず／☐cannot 〜 without ... 〜すれば必ず…する（※二重否定）

こういった語句に反応したら，「さすがに全部ではないでしょ？／例外あるんじゃないの？」とツッコミながら，本文に戻って該当箇所を探してください。また，「全部」の応用として，〈no＋名詞〉やnothing「全部〜ない」というパターンもあるので，これも同じ発想でチェックしてください。

注意 このテクニックを拡大解釈して，「選択肢にallがあったら不正解」なんて考えないでください。確かに不正解になる確率は高いです（経験上7〜8割は不正解）が，絶対ではないので，

必ず「allに注意しながら本文に戻って確認する」姿勢を忘れずに。

設問文と選択肢の訳

贈答の便利なルールは…ということだ。

① ロシア人にはウォッカをあげるといったように，相手が好きなものをあげるべきだ
→ 45行目にNever give vodka to Russians「ロシア人にウォッカを決してあげてはいけない」とあり，本文と真逆の内容です。

② どんな場合でも高価な贈り物より安価な贈り物のほうが適切だ

③ 自分の国で買った上質な贈り物は，他国において喜ばれる贈り物になるだろう

④ チョコレートのような甘いものは世界中どんな国でも喜ばれる
→ 45行目にNever give vodka to Russians, chocolate to Belgians「ロシア人にウォッカを，ベルギー人にチョコレートを決してあげてはいけない」とあります。ちなみに，これもany「どんな〜でも」を使った「過剰」選択肢です。②の選択肢と同じように「さすがに，どの国でも，は言い過ぎでは？」とツッコミを入れてください。

問8 難易度 ★★★

第1段落で「他文化を理解すべき」，第2段落以降は「贈答における文化の違い・コツ」について説明しています。32行目のAnother tip for cross-cultural gift-giving, 41行目のA good rule of thumb for wrapping gifts, 44行目のFinally, when choosing the appropriate gift to give, a good rule to bear in mind is 〜 などからも，「異文化間の贈答に関するコツ」を説明しているとわかります。適切なタイトルは① Tips on Gift Giving across Cultures. です。

tipは本来「（もらったら）ちょっとうれしいもの」という意味で，お金なら「チップ（心づけ）」，言葉なら「助言」となるわけです（onは「意識の接触（〜について）」を表します）。

設問文と選択肢の訳

この文章に最もふさわしいタイトルは…だ。

①『異文化間の贈答に関するコツ』

②『他文化に関する誤解』
→ Misunderstanding「誤解」ではなく，「違い」を中心に扱っています。

③『ギフトラッピングの重要性』
→ Wrappingは「贈答の1つの側面」に過ぎません。英文全体のテーマではありませんね。タイトル選択問題では，「出てくるけど，1つの話題に過ぎない」という選択肢がひっかけで使われます。

④『贈答に関する世界共通の性質』

文構造の分析

1 (In the early part of the twentieth century), an American woman [named Emily Post] wrote a book [on etiquette].

S: an American woman [named Emily Post]
V: wrote
O: a book

> 「関連」の on

訳 20世紀初頭，エミリー・ポストという名のアメリカ人女性がエチケットに関する本を執筆した。

語句 etiquette 名 エチケット

This book explained the proper behavior [Americans should follow φ (in many different social situations), (from birthday parties to funerals)].

S: This book
V: explained
O: the proper behavior

> 具体例の目印

訳 この本では，誕生日パーティーから葬儀までさまざまな社会生活の場面においてアメリカ人が倣うべき適切なふるまいが解説された。

語句 proper 形 適切な／follow 動 従う，倣う／funeral 名 葬儀

文法・構文 the proper behavior {which} Americans should follow φ ～ から，目的格の関係代名詞が省略された形です。また，from A to B「A から B まで」は「具体例」を示すときによく使われます（今回も「誕生日パーティーや葬儀」という「社会生活の場面」の具体例が挙げられています）。

> S の同格

This book, *The Emily Post Book of Etiquette*, continues to sell (well) (today), (although some of the rules [Ms. Post gave φ] needed to be updated (by the publishers) (over the years)).

S: This book
V: continues to sell
S´: some of the rules
V´: needed to be updated

訳 『エミリー・ポストのエチケット』というタイトルのこの本は，現代でもよく売れ続けている。もっとも年月とともにポストが挙げたルールの一部は出版社が改訂する必要があったのだが。

語句 sell well 売れ行きがよい／update 動 改訂する／publisher 名 出版社

文法・構文 the rules {which} Ms. Post gave φ ～ から，目的格の関係代名詞が省略された形です。

But (in modern society), it is not enough to simply know the proper rules [for
　　　　　　　　　　　　　仮S V　　 C 　　真S
behavior] [in your own country].

> **訳** しかし現代社会では，ただ自国における適切な作法を知っているだけでは不十分
> である。

> **文法・構文** it is ... to 原形「〜することは…だ」の仮主語構文です。今回の英文は，筆
> 者の「他国のエチケットを理解することがますます必要になっている」という主
> 張が明確に示され，それを裏付けるため，具体例として実際の地域や国を取り上
> げるという流れになっています。この構成をきちんと意識しつつ読んでいきまし
> ょう。

意味上のS

International travel [for work and pleasure] (now) makes it necessary for people
　　　　　　　　　　　　 S 　　　　　　　　　　　　 V 仮O 　 C
to understand the rules of etiquette [in other cultures] (as well).
真O

> **訳** 今では，海外出張や海外旅行があるので，人々が他文化におけるエチケットのル
> ールを理解しておくことも必要になっているのだ。

> **文法・構文** make OC の形で，it が仮O，to 以下が真O です。直訳「海外出張や海外への
> 観光旅行は，人々がルールを理解しておくことも必要にする」→「海外出張や海外
> への観光旅行があるので，人々がルールを理解しておくことも必要になっている」
> となります。

2 Take, (for example), the etiquette [required (in giving and receiving gifts)].
　　 V 　　　　　　　　　　　　　　 O

> **訳** たとえば，贈り物を贈ったり受け取ったりする際に求められるエチケットを例に
> 挙げてみよう。

> **語句** take 動 (通例命令文で) (例として) 取り上げる

> **文法・構文** take は「(例として) 取り上げる」という意味です (今回のように，Take, for
> example, 〜 の形でよく用いられる)。

(As a business traveler), it might be necessary (from time to time) to give a gift
　　　　　　　　　　　　　 仮S V 　　 C 　　　　　　　　　　　　 真S
to a client or co-worker [from another culture].

> **訳** 出張をする人だったら，他文化の顧客や同僚に贈り物をすることがときには必要
> かもしれない。

> **語句** from time to time ときには／client 名 顧客／co-worker 名 同僚

it is ... to 原形 「〜することは…だ」の仮主語構文です。

Or, (as a visitor in another country), a person might receive a gift [of welcome
　　　　　　　　　　　　　　　　　　　S　　　　V　　　　　　　O
or of thanks] (from members of the host culture).

> 訳　あるいは，他の国を訪れる人だったら，現地文化の人から，歓迎や感謝の意を込めた贈り物をもらうかもしれない。

> 語句　host 名 主催側(の)，受け入れ側(の)　※ここでは形容詞的に使われています。

> 文法・構文　2つ目のorは前置詞句of welcome と of thanksを結んでおり，どちらもa gift を修飾しています。

「人」を表すone

(In both giving and receiving gifts), one should not assume 〈that the rules of
　　　　　　　　　　　　　　　　　　　S　　　　V　　　　　O　　　S'
etiquette are the same {as} or {are} (even) similar to the rules in one's own
　　　　　V'　　C'　　　　　　　　　V'　　　　　　　　　　　　O'
culture〉.

> 訳　贈り物を贈る際も受け取る際も，エチケットのルールが自分の文化におけるルールと同じであると思ってはいけないし，似ているものとさえ思い込んではならない。

> 語句　both A and B AもBも／assume 動 思い込む／be similar to 〜 〜と似ている

> 文法・構文　the sameの後ろにはasがある (the same as 〜 or 〜 similar to 〜) のが本来の形ですが，今回は後ろにor 〜 similar to 〜があるため，asがなくても違和感のない文になっています。

3 Cultural differences may appear even (in such simple processes [as giving or
　　　　　S　　　　　V
receiving a gift]).

> 訳　文化の違いは，贈り物を贈ったり受け取ったりというような単純な行為にさえ表れ得る。

> 語句　appear 動 表れる／such A as B BのようなA／process 名 過程，進行

(In Western cultures), a gift can be handed over (to the receiver) (with relatively
　　　　　　　　　　　　　S　　　　V
little ceremony).

> 訳　西洋文化では，贈り物はあまり大げさにせず受け取り手に手渡されることがある。

(When a gift is offered), the receiver (typically) takes the gift (while expressing
   S′   V′   S   V   O
his or her thanks).

> S′＋beの省略

> 訳 贈り物が渡されるとき，受け取る人は一般的に，お礼を言いながらそれを受け取る。

> 語句 offer 動 渡す，提供する／typically 副 一般的に／express 動 表現する

> 文法・構文 while expressing ～ は while {the receiver is} expressing から〈主節の主語＋be動詞〉が省略された形です。

(However), (in some Asian cultures), the act of giving is an important aspect [of
                                 S   V   C
gift-giving], and this process may appear confusing or frustrating (to
                S   V   C
Westerners).

> 訳 しかし，一部のアジア文化では，贈るという行為自体が贈答の重要な面であり，これは西洋人にはわかりにくかったり，じれったかったりするように思えるかもしれない。

> 語句 aspect 名 側面／confusing 形 わかりにくい／frustrating 形 じれったい

(In Chinese culture), a receiver will (typically) refuse to accept the gift (at first),
                     S   V   O
(with the understanding [between the giver and receiver] 〈 that (after being

> at first, ～, finally ...「初めは～だが，最終的に…」という対比

> 同格の that

turned down two or three times), the gift will (finally) be accepted〉).
                                  S′   V′

> 訳 中国文化では，受け取り手は一般的に，最初は贈り物の受け取りを拒むのだが，贈り手と受け取り手の間には，2～3回の拒否の後，最終的には贈り物を受け取ってもらえるという暗黙の了解があるのだ。

> 語句 refuse 動 拒む／turn down 拒む

> 文法・構文 that ～は同格の名詞節で，the understanding を具体的に説明しています。今回は，the understanding と that の間に between the giver and receiver という修飾語句が割り込んでいるため，構造が少しわかりづらくなっています。

Lesson 11

181

(In addition), (to show respect for the receiver), it is customary (in several Asian
                     仮S V C
cultures) to use two hands (when offering a gift to another person).
    真S

> **訳** さらに，受け取り手への敬意を示すために，いくつかのアジア文化では，贈り物
> を人に渡すときは両手を使うことが慣習とされている。

> **語句** customary 形 慣習となっている

> **文法・構文** it が仮主語，to use ～ が真主語の仮主語構文です。when の後ろには {you
> are} が省略されています（分詞構文 offering ～ の前に接続詞 when が残った形と
> 考えても OK）。

4 (After receiving a gift), tradition may demand 〈that the person open the gift
            S V   O S´ V´ O´
(right away) or, (alternatively), wait (before opening the gift)〉.
          V´

> **訳** 贈り物を受け取った後にその贈り物をすぐに開封するのか，あるいは開封せずに
> 待つのかも，慣習によって決まっていることがある。

> **語句** tradition 名 伝統／demand 動 要求する／right away すぐに／alternatively 副
> その代わりに

> **文法・構文** or は open ～ と wait ～ を結んでいます。tradition may demand that S´ V´ は，
> 直訳「伝統は S´ V´ することを要求するかもしれない」→「伝統によって S´ V´ す
> ると決まっているかもしれない」となります。

(In many Western cultures), etiquette requires the receiver to open the gift
           S V   O   C
immediately and show appreciation [for the thoughtfulness of the giver].

> **訳** 多くの西洋文化では，受け取り手は贈り物をすぐに開けて，贈り手の心遣いに感
> 謝を示すことがエチケットで求められている。

> **語句** appreciation 名 感謝／thoughtfulness 名 心遣い

> **文法・構文** require 人 to 原形 「人 が～するのを要求する」の形で，直訳「エチケット
> は受け取り手が～することを要求する」→「受け取り手が～することがエチケッ
> トで求められている」と訳しています。and は to open ～ と {to} show ～ を結ん
> でいます。

(In Asian cultures), (on the other hand), the gift may be accepted (with
                S   V
appreciation) and (then) set aside (to be opened later).
          V

訳 一方，アジア文化では，贈り物がお礼の言葉とともに受け取られた後にそのまま置いておかれて，後から開封されることがある。

語句 on the other hand 一方／set aside 脇に置いておく，取っておく

文法・構文 and は accepted 〜 と set aside 〜 を結んでいます（accepted も set も過去分詞です）。

The gift will (then) be opened (in private) (to avoid appearing greedy or
　　　S　　　　　　　　V
impatient).

訳 がつがつしているように見えたり，忍耐力がなさそうに思われたりしないように，その贈り物はこっそりと開封されるのだ。

語句 in private こっそりと／avoid –ing 〜するのを避ける／appear 動 〜のように見える／greedy 形 貪欲な／impatient 形 忍耐力がない

5 Another tip [for cross-cultural gift-giving] relates to wrapping presents,
　　　　　　　　　　　　S　　　　　　　　　　　　　　V　　　　　　O
especially (in choosing the color of paper [used to wrap a gift]).

訳 異文化間の贈答に関するもう1つのポイントは，プレゼントのラッピング，特に包み紙の色のチョイスに関わることだ。

語句 cross-cultural 形 異文化間の／relate to 〜 〜に関わる／wrap 動 包む

文法・構文 used to wrap a gift は分詞のカタマリで，paper を修飾しています（直訳「贈り物を包むために使われる紙」→「包み紙」）。used to 〜「よく〜したものだ」ではありません。

(In Japan), (for example), white or very bright colors are (traditionally) not
　　　　　　　　　　　　　　　　　　S　　　　　　　　　　are
good choices [for wrapping a gift].
　　　C

訳 たとえば日本では昔から，白やかなり明るい色は，贈り物を包むのに適した選択ではないとされている。

語句 bright 形 明るい／traditionally 副 伝統的に，従来

(In Japanese culture), white is the color [associated with mourning] and bright
　　　　　　　　　　　　S　　V　　　　　C　　　　　　　　　　　　　　S
colors may be considered (by some people) to be vulgar (because they are too
　　　　　　V　　　　　　　　　　　　　　　　　C　　　　　　　　S'　V'　C'

flashy）.

> **訳** 日本文化では，白は服喪を連想させるものであり，明るい色は，あまりにも派手だという理由で一部の人々からは下品だと思われかねない。

> **語句** (be) associated with 〜 〜と関連している，〜を連想させる／mourning 图 服喪／vulgar 形 下品な／flashy 形 派手な

> **文法・構文** be considered to 原形 「〜だと考えられている」の間に"by 人"が入り込んだ形です。

be to 構文

Plain white and black are (also) to be avoided (when wrapping presents in
S   V
China) (because of the relation of these colors to funerals).

> **訳** 無地の白黒もまた，葬儀と関連する色なので，中国においてプレゼントのラッピングをする際には避けられるようになっている。

> **文法・構文** be to 構文が使われています。be to 構文は色々な訳し方があると言われますが，核となる意味は「これから〜する（to 原形）ことになっている（be）」です。

具体例の合図

Joyful colors [such as red, yellow, and pink] are preferred (in Chinese culture).
S   V

> **訳** 中国文化では，赤や黄色，ピンクなどのにぎやかな色が好まれる。

> **語句** prefer 動 〜のほうを好む

> **文法・構文** such as 〜 「〜のような」という意味が有名ですが，A such as B「A，たとえばB」のように「具体例」を示すときに使われることをぜひ知っておいてください。

(In contrast), Europeans seem to prefer more subdued colors (for wrapping
S   V   O
presents).

> **訳** 一方で，ヨーロッパ人は，プレゼントのラッピングにはもっと控えめな色を好むようである。

> **語句** in contrast 対照的に／seem to 原形 〜するようだ／subdued 形 控えめな

A good rule of thumb [for wrapping gifts], [especially for business travelers], is
S   V
to travel with unwrapped gifts, and (then) wrap the gift with paper [bought in
C

the country [where the gift will be given]].
      S´   V´

> 訳 特に出張者がギフトラッピングをする際には，贈り物を包装しないで出張に持って
> 行き，その贈り物を渡す国で買った紙でラッピングをするという方法がよいだろう。

> 語句 rule of thumb（経験則に基づく）大まかな方法

> 文法・構文 and は travel ～ と wrap ～ を結んでいます。

6 (Finally), (when choosing the appropriate gift [to give]), a good rule [to bear
in mind] is the following: "Never give vodka (to Russians), chocolate (to
Belgians), or beer (to Germans)."

> 訳 最後に，渡すのにふさわしい贈り物を選ぶ際に心に留めておくべき便利なルール
> は，次のとおりだ。「ロシア人にウォッカを，ベルギー人にチョコレートを，ドイ
> ツ人にビールを決してあげてはいけない」

> 語句 appropriate 形 ～にふさわしい／bear in mind 覚えておく，念頭に置く／vodka
> 名 ウォッカ

> 文法・構文 vodka, chocolate, beer は全て give の O です。

It is better to travel with quality gifts [from one's own region or culture].
仮S V C 真S

> 訳 自分の地域や文化の，上質な贈り物を持って旅行に行くほうが望ましい。

> 語句 quality 形 質の高い／region 名 地域

These are (much more) likely to be appreciated (in other cultures) (because of
 S   V
their unique nature).

> 訳 そういったもののほうが，その珍しさゆえに他文化で高く評価される可能性がは
> るかに高いのである。

> 語句 be likely to 原形 ～する可能性が高い／appreciate 動 評価する／unique 形 独
> 自の，特有の／nature 名 性質

In the early part of the twentieth century, // an American woman named Emily Post / wrote a book on etiquette. // This book explained the proper behavior Americans should follow / in many different social situations, // from birthday parties to funerals. // This book, // *The Emily Post Book of Etiquette*, // continues to sell well today, // although some of the rules Ms. Post gave / needed to be updated by the publishers / over the years. // But in modern society, // it is not enough to simply know the proper rules for behavior / in your own country. // International travel for work and pleasure / now makes it necessary / for people to understand the rules of etiquette / in other cultures as well. //

Take, // for example, // the etiquette required in giving and receiving gifts. // As a business traveler, // it might be necessary from time to time / to give a gift to a client or co-worker / from another culture. // Or, // as a visitor in another country, // a person might receive a gift of welcome / or of thanks / from members of the host culture. // In both giving and receiving gifts, // one should not assume / that the rules of etiquette / are the same / or even similar to the rules in one's own culture. //

Cultural differences may appear even in such simple processes / as giving or receiving a gift. // In Western cultures, // a gift can be handed over to the receiver / with relatively little ceremony. // When a gift is offered, // the receiver typically takes the gift / while expressing his or her thanks. // However, // in some Asian cultures, // the act of giving is an important aspect of gift-giving, // and this process may appear confusing or frustrating / to Westerners. // In Chinese culture, // a receiver will typically refuse to accept the gift at first, // with the understanding between the giver and receiver / that after being turned down two or three times, // the gift will finally be accepted. // In addition, // to show respect for the receiver, // it is customary in several Asian cultures / to use two hands / when offering a gift to another person. //

After receiving a gift, // tradition may demand / that the person open the gift right away / or, // alternatively, // wait before opening the gift. // In many Western cultures, // etiquette requires the receiver / to open the gift immediately // and show appreciation for the thoughtfulness of the giver. // In Asian cultures, // on the other hand, // the gift may be accepted with appreciation // and then set aside to be opened later. // The gift will then be opened in private / to avoid appearing greedy or impatient. //

Another tip for cross-cultural gift-giving / relates to wrapping presents, // especially in choosing the color of paper / used to wrap a gift. // In Japan, // for example, // white or very bright colors / are traditionally not good choices / for wrapping a gift. // In Japanese culture, // white is the color associated with mourning // and bright colors may be considered by some people to be vulgar // because they are too flashy. // Plain white and black / are also to be avoided when wrapping presents in China // because of the relation of these colors to funerals. // Joyful colors such as red, // yellow, // and pink / are preferred in Chinese culture. // In contrast, // Europeans seem to prefer more subdued colors / for wrapping presents. // A good rule of thumb for wrapping gifts, // especially for business travelers, // is to travel with unwrapped gifts, // and then wrap the gift with paper / bought in the country / where the gift will be given. //

日本語訳

　20世紀初頭，//エミリー・ポストという名のアメリカ人女性が／エチケットに関する本を執筆した。//この本では，アメリカ人が倣うべき適切なふるまいが解説された／さまざまな社会生活の場面において／誕生日パーティーから葬儀まで。//この本は，//『エミリー・ポストのエチケット』というタイトルの／現代でもよく売れ続けている//もっともポストが挙げたルールの一部は…だが／出版社が改訂する必要があった／年月とともに。//しかし現代社会では，//ただ適切な作法を知っているだけでは不十分である／自国における。//海外出張や海外旅行があるので，／今では，必要になっているのだ／人々がエチケットのルールを理解しておくことが／他文化においても。//

　例に挙げてみよう//たとえば，//贈り物を贈ったり受け取ったりする際に求められるエチケットを。//出張をする人だったら，//ときには必要かもしれない／顧客や同僚に贈り物をすることが／他文化の。//あるいは，//他の国を訪れる人だったら，//歓迎や…意を込めた贈り物をもらうかもしれない／感謝の／現地文化の人から。//贈り物を贈る際も受け取る際も，//思い込んではならない／エチケットのルールが…と／同じである／あるいは自分の文化におけるルールと似ているものとさえ。//

　文化の違いは，単純な行為にさえ表れ得る／贈り物を贈ったり受け取ったりというような。//西洋文化では，//贈り物は受け取り手に手渡されることがある／あまり大げさにせず。//贈り物が渡されるとき，//受け取る人は一般的にそれを受け取る／お礼を言いながら。//しかし，//一部のアジア文化では，//贈るという行為自体が贈答の重要な面であり，//これはわかりにくかったり，じれったかったりするように思えるかもしれない／西洋人には。//中国文化では，//受け取り手は一般的に，最初は贈り物の受け取りを拒むのだが，//贈り手と受け取り手の間には，暗黙の了解があるのだ／2〜3回の拒否の後，…という／最終的には贈り物を受け取ってもらえる。//さらに，//受け取り手への敬意を示すために，//いくつかのアジア文化では，慣習とされている／両手を使うことが／贈り物を人に渡すときは。//

　贈り物を受け取った後に//慣習によって決まっていることがある／その贈り物をすぐに開封するのか，／あるいは//そうではなく//開封せずに待つのかも。//多くの西洋文化では，//受け取り手はエチケットで求められている／贈り物をすぐに開けて，//贈り手の心遣いに感謝を示すことが。//アジア文化では，//一方，//贈り物がお礼の言葉とともに受け取られ…ことがある／その後にそのまま置いておかれて，後から開封される。//その贈り物はこっそりと開封されるのだ／がつがつしているように見えたり，忍耐力がなさそうに思われたりしないように。//

　異文化間の贈答に関するもう1つのポイントは，／プレゼントのラッピングに関わることだ／特に紙の色のチョイス／贈り物を包むのに使われる。//日本では//たとえば//白やかなり明るい色は，／昔から，適した選択ではないとされている／贈り物を包むのに。//日本文化では，//白は服喪を連想させるものであり，//明るい色は，一部の人々からは下品だと思われかねない／あまりにも派手だという理由で。//無地の白黒／もまた，中国においてプレゼントのラッピングをする際には避けられるようになっている//葬儀と関連する色なので。//赤や…などのにぎやかな色が／黄色//ピンク／中国文化では好まれる。//一方で，//ヨーロッパ人は，もっと控えめな色を好むようである／プレゼントのラッピングには。//ギフトラッピングをする際の適当なやり方としては//特に出張者の場合，//贈り物を包装しないで出張に持って行き，//後でその贈り物を（…で買った）紙で包むことだ／（…を渡す）国で買った／その贈り物を渡す。//

Finally, // when choosing the appropriate gift to give, // a good rule to bear in mind / is the following: // "Never give vodka to Russians, // chocolate to Belgians, // or beer to Germans." // It is better to travel with quality gifts / from one's own region or culture. // These are much more likely to be appreciated in other cultures / because of their unique nature. //

最後に，//渡すのにふさわしい贈り物を選ぶ際に//心に留めておくべき便利なルールは，/次の
とおりだ。//「ロシア人にウォッカを…決してあげてはいけない，//ベルギー人にチョコレート
を，//ドイツ人にビールを」//上質な贈り物を持って旅行に行くほうが望ましい/自分の地域や文
化の。//そういったもののほうが，他文化で高く評価される可能性がはるかに高いのである/その
珍しさゆえに。//

▶問題 別冊 p.45

このLessonで出てくるルール

Rule 60 解法 下線部解釈問題の解法 ⇒ 問1
Rule 34 読解 "-ly"で終わる単語は「すごく」と考えてみる！⇒ 問1
Rule 42 解法 NOT問題の解法 ⇒ 問2
Rule 67 構文 使役・知覚動詞とSVOCを徹底マスター！⇒ 問4
Rule 35 読解 長文単語・語句をマスターする！(enjoy) ⇒ 問7

解答

問1 ①　　問2 ②　　問3 ③　　問4 ②　　問5 ②　　問6 ①
問7 ①, ⑤（順不同）　　問8 ②

問1 難易度 ★★★

>>> *Rule 60* 解法 下線部解釈問題の解法

■すぐに選択肢を見ない！ 自力で解釈してみる！

「下線部と同じ意味になるものを選ぶ」問題は，（和訳問題と違って）選択肢があるので，選択肢を見ながら「どれかなぁ」なんて考えがちですが，その姿勢ではダミーにひっかかってしまいます。

ベストな解き方は「**すぐには選択肢を見ない**」ことです。下線部和訳のつもりで自力で解釈して，「**自分ならこう解釈する**」という下地ができてから選択肢を見ます。選択肢の中から「**自分の解釈と同じ（似た）ものを探す**」姿勢です。

■「本文5回・選択肢1回」という姿勢で！

もし選択肢で迷ったら，「選択肢同士をよく見比べる」のではなく，一度**本文に戻って読み直す**ほうが絶対にうまくいきます。

選択肢には，「ウソの内容，正論だけど本文には書いていない内容，本文に書いてあるけど設問文の要求に応えていない内容」などが入り混じっています。選択肢を読み込んでいるうちに，本文の内容や設問文で問われていることを忘れてしまうことがあるわけです。

本文は何度も読むべきです。3回，4回，何なら5回でもいいくらいです。該当箇所を繰り返し読むだけであれば，さほど時間はかかりません。ためしに時間を計ってやってみてください。たとえば該当箇所が2行なら，5回読んでも1分かからないはずです。

　※もちろん毎回「5回」読む必要はなく，それくらいの姿勢が必要ということです。一見遠回りに見えて，実は速く確実に解けるようになります。

● **よくない解き方：**
　(a) すぐ選択肢を見る
　(b) 本文を1回読む → 選択肢だけを見比べる
● **理想的な解き方：**
　本文を何度も読む → 自分なりの解釈をする → 選択肢から探す！

　以上を踏まえ，下線部Aを和訳してみましょう。we want them so badly {that} they feel like needsは，**so ～ that ...**「とても～なので…だ」の形です。このようにthatが省略されることはよくあります。soを見たら「何かペアになるもの（thatなど）があるのでは？」と考えながら読む姿勢が必要です。

　また，今回のbadlyは，「下手に」ではなく，**単なる強調「ひどく，とても」**です。仮にこの意味を知らなくても，実は推測することができます。

≫≫ *Rule 34* 読解 "-ly"で終わる単語は「すごく」と考えてみる！

■ **単語を知らないときの必殺技**

　surprisingly「驚くほど」のような**副詞の働きの1つに「強調」**があります。「強調」なので，「とても」とも解釈できます。これを逆手にとれば「知らない単語が"-ly"で終わっていたら，『すごく』と考えてみる」という必殺技が生まれます。

■ **"-ly"で終わる語の実例**

　たとえば，exceptionally「例外的に」，extraordinarily「法外的に」，extremely「極端に」，tremendously「猛烈に」，incredibly「信じられないほど」などを覚えるのに苦労する受験生が多いのですが，どれも「すごく」といった強調で通用します。もちろん細かいニュアンスは失われますが，意味は十分にわかります。たとえば，exceptionally luckyは「すごく運がよい」で十分です。

※ちなみに日本語でも，（古くからの）若者言葉で「バカ細い」「鬼安い」などがありますね。「バカ」「鬼」は形容詞（細い，安い）を強調している副詞で，実際は「すごく」という意味ですよね（「バカで細い」「鬼が安い」わけではありませんよね）。

もちろん，-lyがつく単語全てにこれが当てはまるわけではありません。probably「たぶん」やhardly「ほとんど～ない」などは常識的に知っておかないといけませんが，長文の中で知らない単語が出てきたときに，この技を試してみる価値は十分にありますよ。

　また下線部Aに戻りますが，feel like ～「～のように感じられる」のlikeは前置詞なので，直後にあるneedsは名詞「必要（なもの）」です。

　以上から，we want them so badly {that} they feel like needsは「私たちはそれら（them）がとても欲しいので，それらが（they）必要なものに感じられる」という意味だとわかります。

　この意味に近い選択肢を探して，①を選べばOKです。ちなみに本文のbadlyが，選択肢でvery muchという単なる強調に言い換えられています。

■ **固有名詞もヒントになる**

　第2段落で**固有名詞**（Molly）が出てきて，具体的なエピソードになっています（固有名詞は「具体例」の合図になることがよくあります）。ここも同じ内容になると予想すれば，下線部と同じ内容がこの段落に出てくる（つまりヒントがある）はずです。ここでは7行目のShe wants them so badly it actually feels painful not to get them.「彼女は，それが手に入らないと本当につらくて耐えられないほど，どうしてもそれが欲しいのだ」がそれに当たります。「形がそっくり」だということも大きな目印になります。

選択肢の訳

① **私たちは，それらが非常に欲しいために，それらが必要なものだと感じられる**
② 私たちはそれらが欲しいかもしれないが，それらは買うに値しない
③ 私たちは，他の人々が好むものを手に入れたがる
④ 必要なものを欲しがるのは私たちの悪いところだ
　　→ ④はbadを使ったひっかけです。

問2 難易度 ★★☆

　第2段落の内容に「合致しないもの」が問われています。5行目にThe shoes Molly is wearing still fit.「モリーが履いている靴はまだサイズが合っている」とあり，②の内容と合致しないため，これが正解です。

>>> *Rule 42* 解法 NOT問題の解法

■内容一致問題の原則

内容一致問題では,「**設問文**」を先読みします(先に設問文に目を通してから本文を読む)。しかし「**選択肢**」**まで見る必要はありません**(4つのうち3つが「ウソの内容」の可能性があり,本文を読む前にウソの情報が頭に入ってしまうため)。

■ NOT問題は別

ただし,「選択肢から<u>当てはまらないもの</u>を選ぶ問題(<u>NOT問題</u>)」の場合,**先に選択肢を見ておくのもアリです**。普通なら4つ中3つが「ウソ」であっても,NOT問題ならウソは1つだけなので,先に目を通してもダメージが少ないのです(好みなので,無理にそうする必要はありません。自分で試してみてどっちが合うか判断してみてください)。

■ NOT問題は「消去法」か「確実に違う部分を見つけ次第即答」

NOT問題は消去法を使うことが多くなりますが,「明らかに本文と反対の内容」を見つけたら,即解答を選んでOKです。

選択肢の訳 ※NOT問題なので,誤りの選択肢は本文の内容と合致するものです

① モリーは新しいサンダルを欲しがっている。
　→ 7行目にShe wants them so badly「彼女はどうしてもそれが欲しい」とあります。
② **モリーの靴はあまりにきつくなっている。**
③ モリーは,実際には新作のサンダルを必要としていない。
　→ Mollyはサンダルをwantしていますが,needではありません。5行目にThe shoes Molly is wearing still fit. There are no holes in the soles. They look good.「モリーが履いている靴はまだサイズが合っている。靴底には一切穴があいていない。見た目もきれいだ」とあり,「実際には必要でない」とわかります。そもそも第2段落は,第1段落の具体例でしたね。
④ モリーは,自分には新しいサンダルが必要だと考えている。
　→ 7行目にMolly is sure she *needs* those new sandals.「モリーは,その新しいサンダルが『必要』なのだと固く信じている」とあります。

問3 難易度 ★★★

tieは「結ぶ」で(ネクタイは「首(neck)に結ぶ(tie)」ものですね),*be* tied togetherは「一緒に結ばれる」→「結びついている,関連している」です。これに最も意味が近いのは,③ connected「関連している」です。

その後に「脳の快楽中枢は,お金を使ったときに反応する/買い物をすると幸

福感がもたらされる」などと書かれており，「お金と感情が関連している」ことを詳しく説明しています。

選択肢の訳

① 閉じられている　　② 調べられる　　**③ 関連している**　　④ 固定されている

問4 難易度 ★★★

　下線部解釈問題は，選択肢を見る前にまずは下線部の意味をきちんと考えます（**_Rule 60_** ▶ p.190）。最初は，Pleasure が S，centers が V（3単現の s）だと思うのが普通です（実際，center には動詞「中心にある」という用法があります）。発想自体はよいのですが，後で不自然な箇所に気付かなければいけません。

> **【予想】centers を V と考えてみる**
>
> Pleasure centers in our brains respond（when we spend money）.
> 　　S　　　V　　　　　　　　V??
> 　　　　　　　　　　　　　　　　　　　　→ S V V となるので変

　動詞 respond を見て，SVV の形はあり得ないので，「centers は V」という予想を修正して考え直します。Pleasure centers がまとめて S（centers はただの「複数形」）で，respond が V と考えます。

> **【修正後】Pleasure centers が S，respond が V と考え直す**
>
> Pleasure centers ［in our brains］ respond（when we spend money）.
> 　　　　S　　　　　　　　　　　V　　　　S´　V´　　O´
> 「脳内の快楽中枢は，お金を使ったときに反応する」

　pleasure centers の意味を知っている受験生はいませんから，「脳の喜びの中心部（が反応する）」くらいに考えれば十分です。

　これに意味が近いのは，② It makes us happy to spend money. です。It は仮主語，to ～ が真主語で，**make OC** の形です。これを「お金を使うことによって，私たちは幸せになる」と考えると意味をスッキリ理解できます。

≫ **_Rule 67_** 構文 使役・知覚動詞と SVOC を徹底マスター！

■ **使役・知覚動詞は SVOC を作る**

　次の動詞を見たら「SVOC がくるのでは？」と考えるようにしてください。

- **使役動詞**：make（強制，必然）／have（利害）／let（許可）の３つだけ！
- **知覚動詞**：see 見える／hear 聞こえる／feel 感じる／consider 思う／find 思う／catch 目撃する／smell においがする　など

■ SVOCの考え方と訳し方

　SVOCは「Sによって，OがCする・Cになる」と訳すときれいになることが多いです。たとえば，The news made me happy. は「そのニュースは私をうれしくさせた」より，「そのニュースによって（を聞いて），私はうれしくなった」のほうが自然ですね。

構文	S	V	O	C
実際	M′	×	S′	V′
概念	原因（理由）	無視or助動詞や副詞	主語	動詞
訳	Sによって	（ナシ／ニュアンス追加）	Oが	Cする，Cになる
例	The news	made	me	happy.

　SはM′（原因，理由），Vは無視して，Oを「主語」，Cを「動詞」っぽく考えます（Vのニュアンスを加えられれば完璧ですが，意味がわからなければ無視してOK。ただし，時制は考慮しましょう）。

選択肢の訳

① お金は私たちの生活の質を左右する中核部分である。
　→ 本文のcentersに関連するcentralを利用したひっかけです。選択肢は *be* central to ～「～の中心である」という表現で，本文のpleasure centers「快楽中枢」とは異なります。構文をきちんと把握せず，何となく選択肢を選ぶとひっかかってしまうわけです。
② **お金を消費することによって私たちは幸福を感じる。**
③ 私たちの脳は，お金の使い方をコントロールしている。
④ お金の使い方を決めるのは難しい。

問5 難易度 ★★☆

　satisfyは「満足させる」という意味で，<u>satisfy all our wants</u>「欲求を全て満たす」となります。これに近いのは，② fulfill「満たす」です。「十分に（ful＝full）満たす（fill）」→「満たす」です（他に「実行する，果たす，実現させる」などの意味もあります）。

① 識別する　　② **満たす**　　③ 要求する　　④ 驚かせる

問6 難易度 ★★☆

18行目に I meet people all the time who can't tell the differences between a need and a want.「私は，必要なものと欲しいものの区別がつかない人にしょっちゅう出くわす」とあります。この内容に合致する，①が正解です。本文の can't tell the differences between a need and a want「必要なものと欲しいものの違いがわからない」（tell the differences between *A* and *B*「A と B の違いがわかる」という熟語）を，選択肢では don't realize what they really need「本当に必要としているものに気付いていない」と言い換えています。

選択肢の訳

① **自分が本当に必要としているものに気付いていない人は多くいる。**
② 私たちは生きている限り働き続けなくてはいけない。
　　→ 19行目の *Needs* are the things we must have to keep our lives working.「『必要なもの』とは，生活を維持するために持っておかなければならないものである」を正確に解釈しないとひっかかるかもしれません。特に最後の keep our lives working「私たちの生活を維持する」は keep OC「O を C のままにする」の形で，keep working「働き続ける」とは意味が異なります（keep -ing「～し続ける」）。
③ 住む場所の確保は，必要な物事ではなく欲しい物事である。
　　→ 19行目に We need a place to live.「私たちには，住む場所が必要だ」とあり，「needだ」と言っています。選択肢は <u>a want</u> rather than <u>a need</u>「必要なものではなく欲しいもの」と，want と need を入れ替えています。*A* rather than *B*「B ではなくて A だ」の A と B を入れ替えたひっかけパターンです（***Rule 47*** ▶ p.118）。
④ 職場や学校に通えることは，必ずしも常に必須ではない。
　　→ 20行目に We need to be able to get to and from work or school or church.「私たちには，職場や学校，あるいは教会への移動手段が必要だ」とあります。本文で「needだ」と言ってますね。

補足 **want と need の違いでひっかけてくる**
　問題編の別冊 p.45 でも触れましたが，今回の英文は want「欲しいもの」と need「必要なもの」の違いに関する説明です。この区別ができたかどうかを問う設問が多いので，本文の説明が want なのか，need なのかを常に意識することが大切です。ひっかけの選択肢はことごとく want と need を入れ替えたものばかりだからです。

　まず，正解の選択肢①と⑤について見ていきます。

① **自分が必要としているものと自分が欲しいものを区別する必要がある。**

　1行目でOne thing that confuses some people and messes up their money is thinking, "I *need* this."「一部の人々を混乱させ，彼らのお金を台無しにすることの1つに，『私にはこれが"必要"だ』と考えることがある」と言い，18行目のI meet people all the time who can't tell the differences between a need and a want. 以降では「必要なものと欲しいものを混同している例」が紹介されています。全体を通して「必要なものと欲しいものを区別すべき」と主張しているので，選択肢①の内容と合致します。

※ちなみに，最終段落のHere's a heads-up以降も該当箇所にはなりますが，かなり難しいので，全体から主張を読み取って判断するのが現実的でしょう。

⑤ **中には，他者が味わっている喜びを自分も経験して当然だと考えている人もいる。**

　30行目にPeople who confuse needs and wants simply can't imagine their lives without all the extras they see others enjoying. They want to enjoy those pleasures, too.「必要なものと欲しいものを混同する人は単に，他者が享受している様子が見受けられる特別な物事が1つでも欠けた生活を想像することができないのだ。彼らもそれらの喜びを味わいたいのである」とあり，選択肢⑤と合致します。

　all the extras {that} they see others enjoying φ「他者が享受している様子が見受けられる特別な物事」では，関係代名詞thatが省略（enjoyの目的語が欠けた「不完全文」）されており，その後はsee O -ing「Oが～しているのを見る」の形です。ここではenjoyの意味にも注意が必要です。

≫≫≫ *Rule 35* 読解 長文単語・語句をマスターする！（enjoy）

> **長文単語 enjoy**
>
> 　enjoyは常に「楽しむ」とは限らず，実際にはもっとテンション抑え目な感じで，「**細く長く楽しむ**」→「**享受する**」という意味が重要です。「（利益・よいことを）受け入れて味わう，手に入れている，恵まれている」といった感じです。
>
> 　例）enjoy good health「健康に恵まれている」
> 　　　enjoy a high salary「たくさん給料をもらっている」
>
> ※英英辞典でenjoyを引くと，haveやexperience「経験する」を使って説明されています。

本文の all the extras they see others <u>enjoying</u> や They want to <u>enjoy</u> those pleasures, too./選択肢の they should enjoy pleasures も「楽しむ」ではなく,「享受する,味わう,手に入れる」のほうが適切ですね。

選択肢の訳

① 自分が必要としているものと自分が欲しいものを区別する必要がある。

② 子どもは自分が欲しいものを必要なものと考えるが,大人はそうではない。
 → 本文では「子どもと大人の対比」はしていません。

③ 私たちは必要なものだけを買うべきだ。
 →「必要なものと欲しいものを混同しないことが大切」とは書かれていますが,「必要なものだけを買うべき」とまでは言っていません。only を使った「過剰」選択肢のパターンです (***Rule 46*** ▶ p.48)。

④ 私たちは,必要なものを買う際には価格を気にする必要はない。
 → これについては書かれていません。ひっかかりそうな所として,14行目に This wouldn't be a problem if we had the money to satisfy all our wants.「もし自分の欲求を全て満たせるだけのお金があるのなら,これは何の問題もない」とはありますが,これは「欲しいもの(wants)」のことで,「必要なもの(needs)」ではありません。

⑤ 中には,他者が味わっている喜びを自分も経験して当然だと考えている人もいる。

⑥ クレジットカード利用は,私たちの欲望に対処するための理想的な解決策である。
 →「クレジットカード利用」については15行目(The problem comes ～)や,32行目(And if they ～)にはありますが,the ideal solution「理想的な解決策」とまでは書かれていません。むしろ,The problem comes when we don't have the money ～ and we must turn to credit to scratch our shopping itch.「この問題は,お金が～がなく,買い物欲を満たすためにクレジットカードに頼らざるを得ないときに起こるのである」では,欲を満たすためにクレジットカードを利用することが否定的に書かれています。

問8 難易度 ★★★

全体を通して「必要なものと欲しいものの区別」についての英文なので,②が適切です。今回のように,これまで解いてきた設問がヒントになることはよくあります(数学で問1が次の問のヒントになる感覚)。

選択肢の訳

① お金と脳　　**② 必要なものと欲しいもの**　　③ 節約の仕方　　④ 買い物のコツ
 → ① Money and the Brain は第3段落に書かれていますが,「なぜ欲しいものを買ってしまうのか」の理由に過ぎません。タイトル選択は,1つの具体例や理由にひっぱられないようにすることが大切です。

文構造の分析

1 One thing [that confuses some people ¦and¦ messes up their money] is
$\underset{\text{S}}{\hphantom{}}$ ... $\underset{\text{V}}{\hphantom{}}$

thinking, "I *need* this."
$\underset{\text{C}}{\hphantom{}}$ $\underset{\text{S}}{\hphantom{}}$ $\underset{\text{V}}{\hphantom{}}$ $\underset{\text{O}}{\hphantom{}}$

> **訳** 一部の人々を混乱させ, 彼らのお金を台無しにすることの1つに, 「私にはこれが "必要"だ」と考えることがある。

> **語句** confuse 動 混乱させる, 混同する／mess up 台無しにする

(Maybe) it's a pair of shoes, a bottle of body lotion, ¦or¦ a magazine.
$\underset{\text{S V}}{\hphantom{}}$ $\underset{\text{C}}{\hphantom{}}$

> **訳** それは靴かもしれないし, ボディローションかもしれないし, 雑誌かもしれない。

(Very often) we talk about the things [we want φ] (as things [we need φ])
$\underset{\text{S}}{\hphantom{}}$ $\underset{\text{V}}{\hphantom{}}$ $\underset{\text{O}}{\hphantom{}}$

(because we want them so badly ({that} they feel like needs)).
$\underset{\text{S´}}{\hphantom{}}$ $\underset{\text{V´}}{\hphantom{}}$ $\underset{\text{O´}}{\hphantom{}}$ $\underset{\text{(S)}}{\hphantom{}}$ $\underset{\text{(V)}}{\hphantom{}}$

so ~ that構文

> **訳** 私たちは, 自分が欲しいものについて, それらが欲しくてたまらないあまりに必要なもののように感じられて, それらを必要なものとして話すことがしょっちゅうある。

> **語句** talk about *A* as *B* AをBとして話す／badly 副 ひどく, 非常に

> **文法・構文** because以降はso ~ that構文で, 接続詞thatが省略されています。

2 Children speak (this way): "¦But¦ Mom, I need those new sandals."
$\underset{\text{S}}{\hphantom{}}$ $\underset{\text{V}}{\hphantom{}}$ $\underset{\text{S}}{\hphantom{}}$ $\underset{\text{V}}{\hphantom{}}$ $\underset{\text{O}}{\hphantom{}}$

> **訳** 子どもは次のように言う。「でもねママ, 私にはこの新しいサンダルが必要なの」

> **文法・構文** this wayは {in} this wayからinが省略された形です。

The shoes [Molly is wearing φ] (still) fit.
$\underset{\text{S}}{\hphantom{}}$ $\underset{\text{V}}{\hphantom{}}$

> **訳** モリーが履いている靴はまだサイズが合っている。

> **語句** fit 動 (形や大きさが) 合う

Lesson 12

199

There are no holes (in the soles).
 ‾V‾ ‾S‾

> **訳** 靴底には一切穴があいていない。

They look good.
‾S‾ ‾V‾ ‾C‾

> **訳** 見た目もきれいである。

But they are not this year's style.
   ‾S‾ ‾V‾   ‾‾‾‾‾C‾‾‾‾‾

> **訳** しかし，今年の流行ではない。

Molly is sure ⟨{that} she *needs* those new sandals⟩.
‾S‾ ‾V‾ ‾O‾   ‾S'‾ ‾V'‾ ‾‾‾‾‾O'‾‾‾‾‾

> **訳** モリーは，その新しいサンダルが「必要」なのだと固く信じている。

> **語句** *be* sure that S'V' S'V'だと確信している

so 〜 that構文

She wants them so badly ({that} it actually feels painful not to get them).
‾S‾ ‾V‾ ‾O‾   仮S' ‾‾‾‾‾ ‾V'‾ ‾C'‾ ‾‾‾真S'‾‾‾

> **訳** 彼女は，それが手に入らないと本当につらくて耐えられないほど，どうしてもそれが欲しいのだ。

> **語句** painful 形 つらい

> **文法・構文** so 〜 that構文で，接続詞thatが省略されています。thatの後ろはitが仮主語，not to 〜 が真主語の形です。

3 Money and emotions are (closely) tied together.
     ‾‾‾‾‾‾ S ‾‾‾‾‾‾   ‾‾‾‾‾‾‾ V ‾‾‾‾‾‾‾

> **訳** お金と感情は密接に関係している。

> **語句** tie together 結びつける

Pleasure centers [in our brains] respond (when we spend money).
‾‾‾‾‾‾‾ S ‾‾‾‾‾‾‾   ‾V‾   ‾S'‾ ‾V'‾ ‾O'‾

> **訳** 脳内の快楽中枢は，お金を使ったときに反応する。

> **語句** pleasure center 快楽中枢

Some people become addicted to the drugs [their brains release φ (when they go
S   V   O   S′ V′
shopping)].

訳 中には，買い物に行ったときに分泌される脳内麻薬の依存症になる人もいる。

語句 become addicted to ～　～の依存症になる

Shopping creates a sense [of well-being].
S   V   O

訳 買い物をすると幸福感がもたらされる。

語句 sense 图 感覚／well-being 图 幸福

Not shopping creates a sense [of loss].
S   V   O

訳 買い物をしないと喪失感がもたらされるのだ。

文法・構文 前文の Shopping と *Not* shopping，a sense of well-being と a sense of loss が
対応して，対比の関係になっています。

4 And that is ⟨how *wants* become *needs*⟩.
S V   C   S′   V′   C′

訳 そして，そのようにして「欲しいもの」が「必要なもの」になるのである。

文法・構文 that is how S′ V′ は直訳「それは S′ V′ する方法である」→「そのようにして
S′ V′ する」と訳すのが基本です。wants と needs が強調のためにイタリックにな
っています。

We convince ourselves to go out and buy something [we want φ] (by telling
S   V   O   C

tell型動詞

ourselves ⟨{that} we need it⟩).
S′   V′ O′

訳 私たちは，それが必要なのだと自分自身に言い聞かせることによって自分を納得
させ，自分が欲しいものを買いに出かけるのである。

語句 convince 働 納得させる

文法・構文 convince は tell 型の動詞で，convince 人 of ～／convince 人 that S′ V′／
convince 人 to 原形 という形をとります。by telling 以降は tell 人 {that} S′ V′
から接続詞 that が省略された形です。

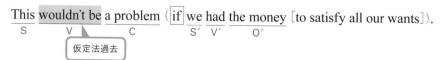

This wouldn't be a problem (if we had the money [to satisfy all our wants]).
S　V　　　　C　　　　　S′　V′　　O′

仮定法過去

訳 もし自分の欲求を全て満たせるだけのお金があるのなら，これは何の問題もない。

語句 satisfy 動 満たす

文法・構文 S would 原形 if S′ 過去形. という「仮定法過去」の文です。

The problem comes (when we don't have the money — the cold hard cash —
　　S　　　　V　　　　S′　　V′　　　　O′

and we must turn to credit (to scratch our shopping itch)).
　　S′　　V′　　　O′

訳 この問題は，お金，厳密には現金がなく，買い物欲を満たすためにクレジットカードに頼らざるを得ないときに起こるのである。

語句 cold hard cash 現金／turn to 〜 〜に頼る／scratch an itch ニーズを満たす
※直訳「かゆいところをかく」

文法・構文 The problem comes の comes は「生じる」という意味です。第1文型（SVM）の場合は「存在（いる）・移動（動く）」の意味が基本で，これは読解でとても役立ちます。

5 I meet people (all the time) [who can't tell the differences [between a need
　　S　V　　O

and a want]].

訳 私は，必要なものと欲しいものの区別がつかない人にしょっちゅう出くわす。

語句 tell the difference between A and B AとBの違いがわかる

keep O -ing「Oに〜させ続ける」

Needs are the things [we must have φ (to keep our lives working)].
S　V　　　　　　　　　　　C

訳 「必要なもの」とは，生活を維持するために持っておかなければならないものである。

文法・構文 the things {which} we must have φ 〜 から目的格の関係代名詞が省略された形です。have to 原形「〜する必要がある」と誤読しないように注意しましょう（そもそも（×）must have to という形はありません）。to keep 以下は不定詞の副詞的用法（目的）です。

We need a place [to live].
S　V　　O

訳 私たちには，住む場所が必要である。

We need food [to eat].
S　　V　　　　O

訳 私たちには，食べるものが必要である。

> ここまで同じ形 (We need ～) が羅列

We need to be able to get (to and from work or school or church).
S　　　　V

訳 私たちには，職場や学校，あるいは教会への移動手段が必要である。

文法・構文 and は前置詞 to と from を結び，共通の O が work or school or church です。ここまで We need ～ の文が3つ続いていて，どれも「生活を維持するために必要なもの」を説明しているだけです。同じ形を羅列しているので，「意味も似たものを羅列している」と考えれば OK です。

6 *Wants* are the things [we really like φ].
　　　S　　V　　　　　　　　C

訳 「欲しいもの」は，すごく好きなものである。

(While we need a roof over our heads), we want a four-bedroom, three-
　　　　S′　V′　　O′　　　　　　　　　　S　　V　　　　　　O
bathroom house [on a nice lot], [with parking, schools close by, and not too
much traffic].

訳 住む場所があれば事足りるのに，寝室が4つと浴室［お手洗い］が3つあり，駐車場と学校が近くにあってそれほど交通量が多くない，立地のよい家に住みたがる。

語句 bathroom 名 ＜英＞浴室，＜米＞トイレ／lot 名 場所，立地／traffic 名 交通量

文法・構文 on a nice lot と with ～ traffic という前置詞句のカタマリが，どちらも house を修飾しています。

(While we need food), we want steak.
　　　S′　V′　O′　　　S　V　　O

訳 食べ物があれば何でもよいのに，ステーキを食べたがる。

> ここまで同じ形 (While S′V′, SV.) が羅列

And (while we need to get (to work)), we want to arrive (in a snappy car [our
　　　　　S′　　V′　　　　　　　　　　S　　V

Lesson 12

203

friends will admire φ]).

> **訳** そして，出社できれば十分なのに，友人がほれぼれするようなかっこいい車で到着したがる。

> **語句** snappy 形 かっこいい／admire 動 ほれぼれする

> **文法・構文** ここでも While S´V´, SV. という同じ形が羅列されているので，「似た意味が羅列されている」と考えればOKです。どれも「need と want の違い」を説明しています。

7 People [who confuse needs with wants] can't imagine not having all the cable
　　　　　　　　　S　　　　　　　　　　　　　V　　　　　O
channels [available].

> **訳** 必要なものと欲しいものを混同する人は，契約可能なケーブルチャンネル全てを利用しないことが想像できない。

> **語句** confuse A with B AとBを混同する

> **文法・構文** having ～ は動名詞のカタマリで，否定のnotが前に置かれた形です。available「利用できる」は1語で，後ろから前のall the cable channelsを修飾しています。

They have fancy cell phones [with expensive call features].
S　　V　　　　　O

> **訳** 彼らは，高価な通話機能を備えた高級携帯電話を持っている。

> **語句** fancy 形 高級な，おしゃれな／feature 名 機能，特徴

And they think ⟨that ⟨because they work hard⟩ they deserve a vacation in
　　　S　　V　　O　　　　　(S)　　(V)　　　S´　　V´　　　O´
Florida in the winter⟩.

> **訳** そして彼らは，自分は仕事を頑張っているから，冬にはフロリダで休暇を過ごしてもよいと考えるのだ。

> **語句** deserve 動 ～に値する，～する資格がある

> **文法・構文** 接続詞thatの後ろが，さらに because S´V´, SV の形になっています。

People [who confuse needs and wants] (simply) can't imagine their lives
　　　S　　　　　　　　　　　　　　　　　　　　V　　　　　O

[without all the extras [they see others enjoying ϕ]].

> see 人 –ing「人 が～しているのを見る」

> **訳** 必要なものと欲しいものを混同する人は単に，他者が享受している様子が見受けられる特別な物事が1つでも欠けた生活を想像することができないのだ。

> **語句** extra 图 特上品，余分なもの

> **文法・構文** all the extras {that} they see others enjoying ϕ では，関係代名詞 that が省略されています（先行詞に all がつく場合は which よりも that が好まれるため，ここでは that としています）。

They want to enjoy those pleasures, (too).
 S   V   O

> **訳** 彼らもそれらの喜びを味わいたいのである。

And (if they have to use credit), that's ⟨what they'll do ϕ⟩.
     S′   V′   O′   S V   C

> **訳** そして，クレジットカード利用をしないといけない場合には，利用するのだ。

8 Here's a heads-up: (since none of your wants stand (between you and a
    V   S   S′   V′
grave)), they aren't needs, (plain and simple), (no matter how badly you may
        S   V   C
want them).

> **訳** ここで1つ警告をしよう。あなたが欲しいもののうち，あなたと墓の間に立ちはだかるものが1つもない以上，それらは必要なものではないのだ。単純明快なことである。あなたがどれだけそれらが欲しくて仕方なくても，その事実は変わらない。

> **語句** here is ～（紹介して）～です，これが～です／heads-up 图 警告／stand between A and B AとBの間に立つ，AのBを邪魔する／grave 图 墓／plain and simple 単純明快である

> **文法・構文** コロン（:）以下で，前文の具体的な内容を説明しています。stand between you and a grave「あなたと墓の間に立ちはだかる」とは，「あなたが墓に入るのを防いでくれる（死ぬのを防いでくれる）」ということです。また，plain and simple は「単純明快である」という挿入句です。この文は完全に入試レベルを超えるほど難しいので，わからないのが当然です。要は「wants が手に入らなくても死にはしない」ということですが，最後の they aren't needs, ～, no matter how badly you may want them. からこのことがわかれば十分です。

One thing that confuses some people / and messes up their money / is thinking, // "I *need* this." // Maybe it's a pair of shoes, // a bottle of body lotion, // or a magazine. // Very often / we talk about the things we want / as things we need / because we want them so badly / they feel like needs. //

Children speak this way: // "But Mom, / I need those new sandals." // The shoes Molly is wearing still fit. // There are no holes in the soles. // They look good. // But they are not this year's style. // Molly is sure she *needs* those new sandals. // She wants them so badly / it actually feels painful not to get them. //

Money and emotions are closely tied together. // Pleasure centers in our brains / respond when we spend money. // Some people become addicted / to the drugs their brains release / when they go shopping. // Shopping creates a sense of well-being. // *Not* shopping creates a sense of loss. //

And that is how *wants* become *needs*. // We convince ourselves to go out and buy something we want / by telling ourselves we need it. // This wouldn't be a problem / if we had the money to satisfy all our wants. // The problem comes when we don't have the money / — the cold hard cash — // and we must turn to credit to scratch our shopping itch. //

I meet people all the time / who can't tell the differences between a need and a want. // *Needs* are the things we must have / to keep our lives working. // We need a place to live. // We need food to eat. // We need to be able to get to / and from work / or school / or church. //

Wants are the things we really like. // While we need a roof over our heads, // we want a four-bedroom, // three-bathroom house on a nice lot, // with parking, // schools close by, / and not too much traffic. // While we need food, // we want steak. // And while we need to get to work, // we want to arrive in a snappy car / our friends will admire. //

People who confuse needs with wants / can't imagine not having all the cable channels available. // They have fancy cell phones / with expensive call features. // And they think that because they work hard / they deserve a vacation in Florida in the winter. // People who confuse needs and wants / simply can't imagine their lives without all the extras / they see others enjoying. // They want to enjoy those pleasures, / too. // And if they have to use credit, that's what they'll do. //

Here's a heads-up: // since none of your wants stand between you and a grave, // they aren't needs, // plain and simple, // no matter how badly you may want them. //

日本語訳

　一部の人々を混乱させ…ことの1つに，／彼らのお金を台無しにする／考えることがある／／「私にはこれが"必要"だ」と。／／それは靴かもしれないし，／／ボディローションかもしれないし，／／雑誌かもしれない。／／非常に多くの場合，／私たちは，自分が欲しいものについて話す／それらを必要なものとして／それらが欲しくてたまらないあまりに／必要なもののように感じられて。／／

　子どもは次のように言う。／／「でもねママ，／私にはこの新しいサンダルが必要なの」／／モリーが履いている靴はまだサイズが合っている。／／靴底には一切穴があいていない。／／見た目もきれいである。／／しかし，今年の流行ではない。／／モリーは，その新しいサンダルが「必要」なのだと固く信じている。／／彼女はどうしてもそれが欲しいので，／それが手に入らないと本当につらいのだ。／／

　お金と感情は密接に関係している。／／脳内の快楽中枢は，／お金を使ったときに反応する。／／中には依存症になる人もいる／分泌される脳内麻薬の／買い物に行ったときに。／／買い物をすると幸福感がもたらされる。／／買い物をしないと喪失感がもたらされるのだ。／／

　そして，そのようにして「欲しいもの」が「必要なもの」になるのである。／／私たちは，自分を納得させ，自分が欲しいものを買いに出かけるのである／それが必要なのだと自分自身に言い聞かせることによって。／／これは何の問題もない／もし自分の欲求を全て満たせるだけのお金があるのなら。／／この問題は，お金がなく…ときに起こるのである／／厳密には現金／／買い物欲を満たすためにクレジットカードに頼らざるを得ない。／／

　私は人にしょっちゅう出くわす／必要なものと欲しいものの区別がつかない。／／「必要なもの」とは，持っておかなければならないものである／生活を維持するために。／／私たちには住む場所が必要である。／／食べるものが必要である。／／私たちは…に行く手段が必要である／そして職場…から戻る／学校／あるいは教会。／／

　「欲しいもの」は，すごく好きなものである。／／住む場所があれば事足りるのに，／／寝室が4つ…を欲しがる／浴室［お手洗い］が3つある立地のよい家／／駐車場と…ある／／学校が近くに／それほど交通量が多くない。／／食べ物があれば何でもよいのに，／／ステーキを食べたがる。／／そして，出社できれば十分なのに，／／かっこいい車で到着したがる／友人がほれぼれするような。／／

　必要なものと欲しいものを混同する人は，／契約可能なケーブルチャンネル全てを利用しないことが想像できない。／／彼らは高級携帯電話を持っている／高価な通話機能を備えた。／／そして彼らは，自分は仕事を頑張っているから，…と考えるのだ／冬にはフロリダで休暇を過ごしてもよい。／／必要なものと欲しいものを混同する人は／単に，特別な物事が1つでも欠けた生活を想像することができないのだ／他者が享受している様子が見受けられる。／／彼らもそれらの喜びを味わいたいのである／また。／／そして，クレジットカード利用をしないといけない場合には，利用するのだ。／／

　ここで1つ警告をしよう。／／あなたが欲しいもののうち，あなたと墓の間に立ちはだかるものが1つもない以上，／／それらは必要なものではないのだ。／／単純明快なことである。／／あなたがどれだけそれらが欲しくて仕方なくても，その事実は変わらない。／／

Lesson 12

出典一覧

ISBN978-4-01-034855-0
C7382 ¥1200E

定価：1,320円
（本体1,200円＋税10%）

9784010348550

1927382012003

関

Tō

32

英語長文
問題集
1
入試基礎

Obunsha

河合出版

●1日3題・2ヶ月完成
●良問=典型・頻出問題
●最新出題傾向に沿った165題を精選

河合塾講師　大石隆司　著

入試精選問題集

理系数学の
良問プラチカ

数学Ⅰ・A・Ⅱ・B・C　改訂版

河合塾
SERIES

河合塾
SERIES

入試精選問題集

理系数学の良問プラチカ

数学 Ⅰ・A・Ⅱ・B・C 四訂版

河合塾講師　大石隆司　著

●最新出題傾向に的を絞って165題を精選
●良問＝典型・頻出問題
●1日3題・2ヵ月完成

河合出版